Pobl Dduw'n

Esboniad yr Ysgol Sul i oedolion

Blwyddyn C

Euros Wyn Jones

CYHOEDDIADAU'R GAIR

Gyda'n Gilydd: Blwyddyn C

Testun Cymraeg: Euros Wyn Jones
Golygyddion: Gwyndaf Jones a John Rice Rowlands
Golygydd Cyffredinol: Aled Davies
Clawr: Elgan Davies

ISBN 1 85994 055 2
Argraffwyd yng Nghymru gan Wasg Pantycelyn, Caernarfon.

Cyhoeddwyd gan:
Cyhoeddiadau'r Gair, Cyngor Ysgolion Sul Cymru,
Ysgol Addysg, P.C.B., Ffordd Deiniol,
Bangor, Gwynedd. LL57 2UW.

Cynnwys

RHAGYMADRODD

Rhoddwyd yr holl Ysgrythurau, yr Hen Destament a'r Testament Newydd, trwy ysbrydoliaeth Duw, i fod yn rheol ffydd a bywyd (2 Tim. 3:16, 'Theopneustos' = Duw-ysbrydoledig). Y mae eu cymeriad a'u hawdurdod yn dibynnu nid ar dystiolaeth dynion nac ar benderfyniad Eglwys, ond yn gyfan gwbl ar Dduw ei hun. Nid oes na chelwydd nac anwadalwch yn Nuw, ef yw "colofn a sylfaen y gwirionedd." Canlyniad anochel hynny yw fod ei Air yn ddibynnol ac yn wir.

Wrth Air Duw yr hyn a olygir yw'r Beibl. Ceisiodd rhai ysgaru Gair Duw a'r Beibl oddi wrth ei gilydd. Ymdrechwyd gwahaniaethu rhwng Crist a'r Beibl gan hawlio bod modd adnabod Iesu heb yr Ysgrythurau. Medd un awdur cyfoes, "...awn y tu ôl i'r geiriau at y Gair." Ac meddai un arall, "...y mae'r Gair i'w ddehongli nid ar sail damcaniaeth o 'lythrenoldeb' ond ar sail y datguddiad o Dduw yng Nghrist. Dewis ymgnawdoli wnaeth Duw yng Nghrist, derbyn holl oblygiadau hynny, ac nid dewis iaith i fod yn gyfrwng llythrennol i wirioneddau tragwyddol." Drysu cynseiliau, fodd bynnag, yw hyn, oherwydd nid oes modd inni wybod nac adnabod Crist o gwbl ond trwy eiriau'r Ysgrythur. Wrth gwrs, Crist yw Arglwydd yr Ysgrythurau ac yn yr ystyr yma y mae ef yn fwy na hwy. Ond ni wyddom am unrhyw beth amdano heb dystiolaeth yr Ysgrythurau, fel y dywedodd John Calfin: "Ni wn i am unrhyw Grist, ond yr un sydd wedi ei wisgo â geiriau'r Ysgrythur." Ofer chwilio am Grist yn unman ond yn y Beibl: "Chwiliwch yr Ysgrythurau, oherwydd tystiolaethu y maent amdanaf fi."

Ffordd arferol diwinyddion o fynegi'r gwahaniaeth rhwng Crist a'r Beibl yw dweud, ar y naill law, Iesu Grist yw Gair Duw yn y cnawd, ac ar y llaw arall, y Beibl yw Gair Ysgrythuredig Duw - y Gair yn ysgrifenedig. Y mae'r Gair, sef Crist, yn fynegiant o feddwl Duw ac y mae'r Ysgrythur yn mynegi meddwl Duw. Nid oes gwrthddywediad rhwng y ddau. Os oes, yna mae Duw yn gelwyddog. Pwy bynnag sy'n dibrisio'r naill y mae'n dilorni'r llall. A yw'r sawl sy'n dibrisio'r Ysgrythur yn sylweddoli ei fod yn dibriso Crist yntau?

O ddarllen yr Efengylau gwelwn fod gan yr Arglwydd Iesu syniad uchel iawn am yr Ysgrythur. Yn wir, credai bod y Gyfraith a'r Proffwydi yn oraclau ysbrydoledig ac anffaeledig ac awdurdodol Duw. “Ni ellir diddymu'r Ysgrythur,” meddai. Mewn geiriau eraill, y maent yn safadwy a digyfnewid. Credai hefyd i'r Ysgrythur gael ei chyflawni yn ei weinidogaeth ef. “Oherwydd amdanaf fi yr ysgrifennodd (Moses) ef.”

A pha fodd y gellir cyfiawnhau’r gosodiad nad trwy gyfrwng iaith y mae Duw wedi cyfathrebu â’i fyd? A ydym i ddehongli hynny i olygu nad yw geiriau Iesu Grist ei hun yn “gyfrwng llythrennol i wirioneddau tragwyddol?” Onid trwy eiriau a brawddegau y mae Duw yn cyfathrebu â ni? Oni chrëwyd dyn gyda’r gallu i ymateb yn ystyrlon i’r datguddiad hwn? Y Beibl felly yw Gair Duw, dyma’n harweinydd anffaeledig, trwy rym yr Ysbryd Glân, at Grist, coron datguddiad Duw i’r byd. ***Ni olyga hynny mai addoli'r Beibl a wneir ond heb yr Ysgrythurau nid adwaenwn Dduw na Christ, hwy yw'r sbectol i ni allu canfod y gwirionedd am Dduw a ni ein hunain.***

Y maent yn cynnwys, yn ôl Cyffes Ffydd Westminster, “Holl gyngor Duw ynglŷn â’r pethau a berthyn i’w ogoniant, i iachawdwriaeth dyn, ffydd a bywyd...ac ni ellir ar unrhyw adeg ychwanegu atynt ddatguddiadau’r Ysbryd neu draddodiadau dynion”(1:vi). Yr Ysgrythurau felly yw sail ein gwybodaeth a’n hadnabyddiaeth o Dduw, o ddyn, ac o’r byd. Y cynsail hwn yr ydym yn adeiladu popeth arno.

Egwyddor fawr y Diwygiad Protestannaidd oedd mai’r Ysgrythur yn unig (‘sola Scriptura’) yw sail ein gwybodaeth a’n cred. Mewn geiriau eraill, ni ellir ystyried unrhyw beth arall yn sylfaen i’n cred. Gesyd rhai draddodiadau neu fywyd a phrofiad yr eglwys ar hyd y canrifoedd yn gynsail cyfochrog â’r Beibl - dyma safbwynt Eglwys Rhufain. Ceisiodd rhai orseddu dyn fel llinyn mesur popeth, a rhaid gwrando ar lais y seicolegydd, y cymdeithasegydd, ac yn y blaen, oherwydd tybir bod ganddynt hwythau rywbeth i ddysgu i ni am Dduw a dyn. Ond o iawn ddeall egwyddor y Diwygiad Protestannaidd, sylfaen pob gwybodaeth o Dduw, o ddyn a’r byd, yw’r Beibl. Tynnu’r casgliadau cywir o’r cynsail, o’r Gair sydd wirionedd, yw’r nod ymhob maes. Yng ngoleuni’r datguddiad Beiblaidd y pwyswn ac y mesurwn eirwiredd honiadau pob disgyblaeth arall, boed seicoleg neu gymdeithaseg neu wyddoniaeth. Wrth gwrs, mae gafael pechod a llygredigaeth dyn i’w weld ymhob maes ac am hynny ni allwn heb Air

Duw i'n goleuo.

Nid dweud yr ydys fod y sawl sydd yn gwrando'r Gair yn well seicolegydd neu wyddonydd, ond cydnabod yn syml mai galwad dyn yw "meddwl ar ôl meddyliau Duw." Meddwl ar ôl cymaint o'i feddyliau ag y gwelodd Duw yn dda eu datguddio i ni yn yr Ysgrythurau. Dyma yw braint pob dyn. Bod yn ufudd a darostyngedig i'r Gair. Wrth chwilio'r Ysgrythurau ceisiwn mewn gwyleidd-dra ac o dan arweiniad yr Ysbryd Glân wrando a dysgu yr hyn a ddatguddiodd Duw i ni amdano'i hun ac amdanom ein hunain a'n byd. Yn ddi-os un o drychinebau mwyaf Cristionogaeth yng Nghymru yn y can mlynedd diwethaf yw'r erydu a fu ar awdurdod y Beibl yn ein plith. Erbyn heddiw credaf fod yna syched gwirioneddol yng nghalonnau aelodau ein heglwysi nid am gael clywed opiniynau dynion, ond am "gael clywed Gair yr Arglwydd" (Amos 8:11).

Dywedodd yr Almaenwr Freidrich Roos yn ei gyfrol ar seicoleg Ysgrythurol a gyhoeddwyd ym 1796: "yn y gwaith hwn fy ffon fesur bob tro ydoedd (y gred) bod yna ymhob rhan o'r Ysgrythur gywirdeb a dilysrwydd yn teyrnasu sydd yn deilwng o Dduw ei Hun." Am hynny, os oes anghysondebau a gwallau yn yr esboniad hwn yr awdur ei hun sy'n gyfrifol amdanynt ac nid y Gair. Llwydded Duw ei waith ynom wrth inni geisio gwell dealltwriaeth o'i Air.

Diolch i'r Cyngor Ysgolion Sul am y gwahoddiad i lunio'r gwersi hyn; i'r Parchg. Aled Davies am ei gydweithrediad; i'm brawd, y Parchg. Gwyndaf Jones am ddarllen y teipysgrif a chynnig llu o welliannau; y Parchg. Gyn-Brifathro John Rice Rowlands am gywiro'r proflenni. Cyflwynir y gyfrol i'm gwraig, Sioned, am ei maith amynedd yn dal pen rheswm â mi wrth baratoi'r gwersi hyn ac am ei gofal ohonom a'i chariad diball tuag atom.

8fed

MEDI — PERTHYNAS DUW Â NI

Gwers 1 — Genesis 2:4-14

PERTHYNAS DUW A DYN

Y ddau gymeriad yn y ddrama fawr, drama'r Creu a'r Cadw, yw Duw a dyn. O lyfr cyntaf y Beibl i'r llyfr olaf ymwneud y ddau yma â'i gilydd a bortreadir trwy gyfrwng stori, dameg, hanes, emyn, llythyr, ac yn y blaen. Pa gyfrwng bynnag a ddefnyddir i gyfleu'r hanes erys y ddau gymeriad yn ganolog iddi. Y nod yn y gwersi hyn fydd gwrando'n astud ar yr hyn a ddywed y Gair wrthym am y ddau gymeriad yn y ddrama.

"Dyma genedlaethau'r nefoedd a'r ddaear pan grëwyd hwy"(ad.4). Wedi cofnodi hanes y creu (Gen. 1-2:3) dyma ddechrau ar hanes cenedlaethau neu dylwythau'r ddaear. Nid adroddiad gwahanol o'r creu a geir yma, ond pwyslais gwahanol a fynegir yn arbennig yn y defnydd a wneir o enw Duw (Elohim ym mhennod 1, ond Yahweh yma). Duw'r Cyfamod yn anad dim yw Yahweh, ac i'r cyfamod mae angen dau mewn perthynas â'i gilydd. Mae'r ymadrodd agoriadol ('elleh toldoth') yn ymddangos ar ddechrau naw adran arall llyfr Genesis (ffaith sy'n awgrymu bod y llyfr yn unoliaeth). Dechreuad hanes achau Adda a geir yma ac ystyr yr ymadrodd "cenedlaethau'r nefoedd a'r ddaear" yw adroddiad am ddigwyddiadau arbennig oddi mewn i'r nefoedd a'r ddaear. Mewn gair, dyma ddechreuad ymwneud Duw gyda dynoliaeth. Dechrau hanes y berthynas neu'r cyfamod rhwng Duw a dyn. Crëwyd dyn i fwynhau cymdeithas gyda Duw. Ceir yn Genesis 2 bopeth angenrheidiol i barhad y gymdeithas berffaith honno. Cafodd nid yn unig anadl Duw yn ei ffroenau, ond hefyd gartref a gwaith yn ymddiriedaeth, perthynas a grëwyd yn arbennig ar ei gyfer ac yn olaf, cyfraith foesol yn sail i'r cyfamod rhyngddo a Duw. Mewn gair, rhoddwyd popeth iddo i gynnal y berthynas honno â Duw. Ei nod yw "gogoneddu Duw A'I FWYNHAU EF YN DRAGYWYDD."

NATUR DYN

Dysg Genesis 2:7 ddau beth sylfaenol ynglŷn â natur dyn: llwch ydyw, fel mae ei enw yn awgrymu (Adda, o 'adamah'= llwch). O ran ei natur y mae yr un fath a'r creaduriaid eraill, wedi ei lunio o lwch y ddaear. Nid oes llwchyn o ddwyfoldeb yn perthyn i ddyn, "pridd wyt, ac i'r pridd y dychweli." Y mae'r BCN yn cyfieithu'r gair 'nephes' gyda'r ymadrodd "a dyn a aeth yn greadur byw" gan gadarnhau y ffaith ei fod yn rhannu yr un natur â'r anifeiliaid. Fel y dywed y Dr. Gwilym H. Jones, "...y mae i'r gair gylch ehangach o ystyron nag 'enaid'. Derbyniodd y BCN mai 'creadur' sy'n cyfleu'r ystyr yma" (*Hen Destament 1988*, td.12). Mae hwn yn wirionedd pwysig ac yn un y dylid ei gofio pan fo dyn yn ymddangos yn ei rwysg a'i hunangyfiawnder yn holl bwysig. Llwch ydyw, wedi'r cwbl. Yn union yr un fath â'r anifeiliaid eraill.

Ond yn ail, mae'r adnod yn dweud mwy. "Anadlodd yn ei ffroenau anadl einioes." Mae'n wir, bod anadl('ruach' neu Ysbryd) Duw yn bywhau'r holl greadigaeth, ond yn wahanol iddi hi, mae Duw'n anadlu anadl einioes yn uniongyrchol i ffroenau dyn. Dyma weithred unigryw y bu i awduron eraill y Beibl sylwi arni: "Ysbryd Duw a'm lluniodd, ac anadl yr Hollalluog a'm ceidw'n fyw" (Job 33:4); "Fel hyn y dywed Duw, yr Arglwydd, a grëodd y nefoedd a'i thaenu allan, a luniodd y ddaear a'i chynnyrch, a roddodd anadl i'r bobl sydd arni, ac ysbryd i'r rhai sy'n rhodio ynddi" (Eseia 42:5). Fe fywheir dyn i bwrpas arbennig. Lluniwyd ef i rodio gyda Duw. Mae i ddyn felly ddimensiwn mwy na'r anifeilaidd yn unig. Y mae'n meddu'r gallu i gynnal perthynas â Duw, ei greawdwr a'i luniwr. Mewn gair, bod crefyddol yw dyn.

Yn wahanol i'r anifeiliaid fe grëwyd dyn yn fod crefyddol. Fe'i lluniwyd gyda'r gallu i ymateb yn rhesymegol i Dduw. Ef yw pinacl y greadigaeth. Dywed Genesis 1 ei fod i "arglwyddiaethu" ar y greadigaeth gyfan, a darlunnir ef yn Genesis 2 yn rhoi enwau i'r creaduriaid neu drefn a dosbarth ar fyd Duw. Dyma allwedd ei berthynas nid yn unig gyda Duw ond gyda'r byd. Duw yw Arglwydd y greadigaeth ac y mae dyn yn ddrych o hynny. Yr hyn yw Duw i'r cread cyfan, y mae dyn i'r ddaear. Y mae'n grëwr yn ei hawl ei hun, yn rhoi trefn a dosbarth ar bopeth ac yn creu diwylliant. Gesyd hynny gyfrifoldeb aruthrol ar ei ysgwyddau, nid yn unig tuag at y ddaear y mae'n stiward arni, ond tuag at ei Dduw. Fel yr awgrymwyd eisoes, y mae'n edrych ddwy ffordd, tuag at ei berthynas â'i gyd-anifeiliaid a thuag at ei berthynas â'i Dduw. Yn y modd hwn y mae'n atebol nid yn unig i'r creaduriaid, ond gerbron Duw am y ffordd y mae'n gweinyddu ar ei roddion. Dyma'r gwaith a osodwyd iddo ac y mae'n ei gyflawni fel gwasanaeth i Dduw. Yn yr ystyr yma mae ei holl fywyd yn grefydd. Y mae'n aredig yr Ardd ac yn enwi'r creaduriaid er mwyn mynegi i Dduw y mawl a'r gogoniant y mae'r ddaear yn ei mudandod yn methu eu mynegi. Ef yw'r deml yng nghanol y greadigaeth, a gwaith teml yw cynnal y mawl. Nid yn amhriodol y disgrifir dyn yn y Beibl fel teml yn y greadigaeth. "Fel teml fywiol yng nghanol byd natur y mae ef i wneud ei mudandod yn llafar a'i seiniau yn ystyrlon, ei llawenydd anifeilaidd yn ddiolchgarwch deallus, ei pharch direswm yn addoliad ei holl galon a'i holl feddwl" (John Laidlaw, *The Bible Doctrine of Man*, tt 120).

Yn wahanol i'r anifeiliaid eraill, crëwyd dyn yn fod rhesymol a hunan-ymwybodol ('self-conscious') a dyma yw ystyr hanfodol y gair 'nephes' yn 2:7. Creadur sy'n meddu'r ddawn i ymresymu a dadansoddi yw dyn ac y mae yn fod personol. Yn anffodus, oherwydd dylanwad seicoleg atheistaidd fodern ystyrir dyn yn gymysgwch o wahanol elfennau digyswllt ac annibynnol gan honni nad yw'r enaid (os yw'n bod!) yn ddim namyn rhan o ddyn. Yn y Beibl, fodd bynnag, nid rhan ohono yw'r enaid, ond ENAID yw dyn. Mae angen gwrando'n astud ar yr hyn a ddywed y Beibl wrthym a rhaid ymwrthod â darllen ein syniadau ni i mewn iddo.

Y peth pwysicaf a ddywedir am natur dyn yn yr adnod hon yw ei fod yn uned gyfan. Nid deuoliaeth o elfennau, ond undod. "A'r dyn a aeth yn ENAID BYW." Y mae'r enaid hwn yn gyfuniad o lwch y ddaear ac anadl Duw. Gellir defnyddio halen fel cyffelybiaeth. Y mae halen yn gyfuniad o undod sodiwm a clorin, ond halen ydyw. Wrth gwrs, mae'r termau hyn yn magu ystyr llawnach yn hanes y Beibl ac erbyn cyfnod y Testament Newydd gwelir, er enghraifft, Paul yn dweud bod modd i'r enaid fodoli heb y corff (II Cor. 5:1). Wrth gwrs, mae'r Beibl yn unfryd yn tystio mai CREADIGAETH DUW YW'R ENAID ac nid rhywbeth sy'n bodoli o dragwyddoldeb fel y dysgodd athroniaeth Roegaidd. Yn ôl y Testament Newydd, mae'r corff yn cael ei ddinistrio, ond yr enaid yn mwynhau cartref y mae Crist wedi ei baratoi ar ei gyfer. Mewn gair, yr enaid yw'r dyn, ef yw'r ddelw. Yn wir, yn ôl I

Cor. 11:7, mae'n "ddrych o ogoniant Duw."

I ddeall gwir natur dyn felly rhaid edrych ar beth a ddywed y Beibl am Dduw. Ysbryd yw Duw; goleuni yw Duw; cariad yw Duw. Y mae holl fywyd dyn - yr anifeilaidd, y deallusol a'r moesol - yn fywyd ysbrydol am mai "anadl Duw" neu "ysbryd Duw" yw'r egwyddor sylfaenol sydd iddo. Ni olyga hynny bod dyn yn ddwyfol. Yn hytrach, fel y dywedwyd eisoes bod crefyddol ydyw, ei holl fywyd yn grefydd. Erys dyn yn fod ysbrydol wrth fyw ac ymddwyn yn unol â'i darddiad dwyfol. Hyd yn oed pan nad yw yn addoli'r gwir Dduw ni phaid â bod yn fod crefyddol. Yr un modd y mae dyn yn ei fywyd deallusol, yn wahanol i'r anifeiliaid eraill, yn meddu'r ddawn i feddwl ar ôl meddyliau Duw. Nid bod direswm fel ci neu gath, neu fuwch neu geffyl, yw dyn, ond creadur sydd wedi ei greu gyda'r gallu i ymateb yn rhesymegol i Dduw. Ni ddisgwylir i greaduriaid direswm ymateb i Dduw.

Ond y peth mwyaf y gellir ei ddweud am Dduw yw mai cariad yw. Nid unrhyw fath o gariad, ond cariad Trindod mewn Undod, y Tad a'r Mab a'r Ysbryd Glân. Mae i gariad oddrych a gwrthrych. Y Tad yw'r goddrych, a'r Mab y gwrthrych a'r Ysbryd yw'r cwlwm cariadus rhyngddynt. Copi o'r berthynas hanfodol hon yn y Duwdod ddylai perthynas dyn a Duw fod. Y mae'n sail hefyd i berthynas dyn â'i gyd-ddyn. Yn y Duwdod ceir undeb perffaith tri bod Personol gwahanol. O'r Drindod y mae deall cyfrinach personoliaeth dyn, dyma'r mowld y ffurfiwyd ef ynddo. ***"GwnAWN ddyn ar EIN delw NI, wrth EIN llun EIN HUNAIN."***

Yn ei ysbryd, ei ddeall, ei bersonoliaeth, ei foesoldeb, ei gyd-berthynas ag eraill y mae dyn yn gopi o'r hyn yw ei Greawdwr. Yn fwy nac erioed mae angen pwysleiso hyn, oherwydd gwedir yn dalog heddiw bod i ddyn unrhyw ddimensiwn ysbrydol nac unrhyw anfarwoldeb. "Beth ydwyt ti a minnau frawd, Ond swp o esgyrn mewn gwisg o gnawd?" Mae'r Beibl yn ddigymrodedd ei bwyslais bod mwy i ddyn na'r anifeilaidd. Fel y dywed Pantycelyn mor odidog yn ei gerdd *Golwg ar Deyrnas Crist:*

> Ond dyn sydd fyd ei hunan, cair gweld y Brenin Mawr
> Yn hwn yn fwy gweledig na dim o'r nen i'r llawr,
> Fel pe na bai beth arall ddatguddiai fath yw Duw,
> Gwneuthuriad dyn ddangosai ei hunan pa fath yw.

Fe grëwyd dyn felly i fwynhau cymdeithas gyda Duw, neu a mynegi'r peth mewn ffordd arall, y cyfamod gyda Duw yw unig ystyr bywyd dyn. Trwy edrych i gyfeiriad ei Greawdwr y mae dyn yn deall dirgelwch ei fodolaeth ac yn cael ystyr i'w fywyd. Fel bod crefyddol yn ei hanfod, ei nod yw gogoneddu Duw ymhob peth a wna.

Trafodwch:

1. Trwy bwysleisio perthynas dyn gyda'r anifeiliaid yn unig a wnaeth damcaniaeth esblygiad gam â gwir natur dyn?
2. Trwy adnabod Duw y down i adnabod ein hunain. Ai gwir yr honiad hwn?
3. "Seek not the face of God to scan, the proper study of mankind is man." Dyma un o sloganau poblogaidd ein hoes. Onid celwydd ydyw yng ngoleuni'r Beibl? Onid trwy adnabod Duw y deuwn i wybod pwy a beth yr ydym ni?
4. O'r berthynas hon â Duw y cawn ninnau ystyr a phwrpas ein bywydau.

Gwers 2 — Genesis 2: 15-24

GŴR A GWRAIG

Methodd dyn â darganfod cymar addas iddo'i hun ymhlith yr anifeiliaid ac felly crëodd Duw "ymgeledd cymwys" iddo. Mae'r geiriau Hebraeg ('ish', 'issha' = dyn, dynes), fel y Gymraeg, yn awgrymu perthynas agos y ddau. Perthynas arbennig ydyw fel y dysgodd Pedr Lombard yn ei Frawddegau. Dywedodd ef rywbeth fel hyn: ni chrëwyd dynes allan o ben dyn rhag iddi arglwyddiaethu arno; ni chrëwyd hi allan o'i droed, rhag iddo ef sathru arni hi; ond fe'i crëwyd o'i ochr, er mwyn bod yn gymar iddo. Beth bynnag a feddyliwn am osodiadau Lombard mae'r gwirionedd y maent yn ei gyfleu yn un dilys.

Trwy'r Ysgrythurau pwysleisir cydraddoldeb llwyr dyn a dynes. "Yn wryw ac yn fenyw y creodd hwynt" medd Genesis 1. Am fod dyn wedi ei greu ar ddelw Duw mae perthynas dyn a dynes yn adlewyrchu rhywbeth ym mherthynas y Duwdod ei hun. Trindod cariad perffaith yw Duw - Tad, Mab ac Ysbryd Glân - ac nid monad unig neu unben dirgel. Y mae Personau'r Drindod yn gyfartal a'u bywyd yn gymdeithas berffaith. Yn gydradd mewn hanfod ac mewn person ond yn amrywio mewn swyddogaeth a diben. Mae uniongrededd erioed wedi mynnu, er bod y personau'n gyfartal, maent yn gwahaniaethu mewn swyddogaeth a phwrpas. Eiddo'r Tad yw'r flaenoriaeth, ohono ef y cenhedlwyd y Mab, ac o'r ddau y deilliodd yr Ysbryd. Dyma'n union yw perthynas gŵr a gwraig, yn gydradd o ran natur, ond o ran gwaith a chyfrifoldeb rhoddir y flaenoriaeth i ddyn. Mae gŵr a gwraig yn gydradd o ran eu personau ond gosododd Duw swyddogaeth neu rôl wahanol ar gyfer y ddau. Swyddogaeth sy'n gydnaws â benywdod i'r naill a chyfrifoldeb sy'n gydnaws â gwrywdod i'r llall. Dyma a bwysleisir gan Paul yn 1 Corinthiaid 7:1-7 a 11:3. Y gŵr yw pen y wraig, fel y mae Crist yn ben yr eglwys. Nid yr un rôl nac yr un cyfrifoldeb a osodwyd i ddyn ac i ddynes. Nid esgus i ddyn wneud fel y myn â'i wraig yw hyn, ond fel y dywed Paul, y mae i'w pharchu fel y mae'n parchu ei gorff ei hun. Oherwydd bod swyddogaeth wahanol iddynt, dywed Paul bod rhai pethau na ddylai gwragedd eu gwneud.

Bu cryn adwaith i ddysgeidiaeth Paul ar berthynas gŵr a gwraig yn ein hoes ni. Ceisiodd rhai ddadlau mai cynghorion perthnasol i'w oes ei hun ac i un eglwys arbennig oedd ei eiriau. Aeth ffeministiaid radical i'r pegwn arall, a gwadu nid yn unig yr hyn a ddywed Paul, ond yr holl Ysgrythurau, gan honni eu bod yn seiliedig ar gymdeithas a diwylliant patriarchaidd. Ceisiant wedyn ailddehongli hanes yng ngoleuni benywdod. Cyfnewidir gormes dynol am oruchafiaeth fenywaidd. Amheuaf a oes unrhyw werth arhosol i'w hymdrech. Mae angen gwrando'n astud ar yr hyn a ddywed y Beibl am berthynas y rhywiau. Ffasiwn ein hoes yw mynd yn groes i ddatguddiad Duw yn ei Air ac i'r drefn a sefydlodd ym myd natur trwy ddileu'r gwahaniaeth mewn swydd a phwrpas rhwng y rhywiau. Mynnir cydraddoldeb ym mhob agwedd ar fywyd. Credaf ein bod yn medi ffrwyth brawychus yr anufuddhau bwriadus hwn ar Air Duw yn ein cartrefi ac yn ein cymdeithas. "Yr ydych yn troi popeth a'i draed i fyny, fel pe bai'r crochennydd i'w drin fel y clai" (Eseia 29:16, NIV). Yn lle'r berthynas brydferth rhwng gŵr a gwraig a ddarlunnir yn y Beibl, gorseddir hunan-foddhad a hunanoldeb balch.

Onid yw creu cartref a chynnal aelwyd yn alwad sylfaenol ac yn gyfle i wneud rhywbeth nas ceir mohono yn unman arall, sef y fraint o weithio nid am arian, ond o gariad tuag at eraill? Nid yw bod yn wraig a mam llawn-amser yn benyd greulon, fel y cais ein byd modern ei ddarlunio, ond mae'n gyfle i greu a rhoi ystyr a phwrpas i fywyd fel y gorchmynnwyd dyn yn y lle cyntaf. Nid israddoldeb yw tynghedu gwraig i swyddogaeth y pwrpasodd Duw yn ei gynllun a'i fwriad ar gyfer y ddynoliaeth gyfan. Rhodd y Duw doeth a deallus yw mamau'r cenedlaethau sy'n codi.

Gelwir tadau hwythau i gyfrifoldeb - cyfrifoldeb gwahanol, bid siwr - gerbron Duw. Bod yn dadau cyfrifol i'w plant ac nid yn dadau esgeulus neu goll. Duw ei hun yw patrwm ein tadolaeth (fel y mae yn batrwm i'r mamau). "Mae teuluoedd heb dadau...yn gyfrifol am lawer mwy o blant anystywallt gyda phroblemau personoliaeth na theuluoedd normal" (Daniel Amenius, *Back to Patriarchy*, 1976, td. 26). Cynhyrchodd seicolegwyr a chymdeithasegwyr ystadegau yn profi bod plant o gartrefi bregus yn troseddu'n barhaus - plant heb unrhyw gydymdeimlad tuag at y bobl yn maent yn eu taro. Cyflawnir troseddau rhywiol (ac eraill) gan blant ar blant. A fu oes a chenhedlaeth gyffelyb i'n hoes ni? Mae mwy o angen gwireddu geiriau Duw wrth y proffwyd Malachi nag erioed: "Ac fe dry galonnau'r tadau at y plant a chalonnau'r plant at y tadau." Onid ydym yn talu'r pris am geisio newid yr hyn y mae Duw wedi ei osod yn rhan o drefn y cread?

Y mae priodas felly i'w hystyried yn gysegredig ymhlith dynion a merched oherwydd ei bod yn un o ordinhadau'r greadigaeth. Gosodwyd hi gan Dduw i bwrpas arbennig, er mwyn i'r naill gael cysur a diddanwch y llall ac er mwyn magu eu plant yn ofn a gwybodaeth a chariad Duw. Cofier, hefyd, mai ffrwyth y cwymp yw gorthrwm y rhywiau ar ei gilydd - canlyniad pechod ydyw.

TREFN FOESOL

Am fod dyn yn greadur moesol, gosodwyd gwaharddiad arno i fwyta o ffrwyth y pren yn yr Ardd. Pwysleisir yn Genesis nad yn niwtral y crëwyd dyn, ond fe'i lluniwyd ynghyd â phopeth arall yn gwbl dda. Yn ei ddiniweidrwydd mae mewn cytgord perffaith â'i fyd. Dedwyddwch perffaith yn teyrnasu rhyngddo â'r creaduriaid eraill, a'i arglwyddiaeth arnynt yn fendith oddi wrth Dduw. Yr oedd ef a'i wraig yn noethion heb arnynt gywilydd o hynny o gwbl. Dyma a eilw diwinyddion yn gyflwr o gyfiawnder cynhenid, yn deillio o'r ffaith i Dduw greu popeth yn dda. Gwadwyd hyn gan Pelagius (5ed. Ganrif) a chan eglwys Rhufain. Haerant hwy bod dyn yn niwtral, crëwyd ef heb gymeriad moesol o gwbl, dim ond meddu'r gallu i ddod yn dda neu ddrwg yr ydoedd. Mwy cydnaws â'r dystiolaeth Feiblaidd yw credu ei fod wedi ei lunio yn gwbl dda yn meddu ewyllys i ufuddhau i Dduw. Hynny oedd ei wir ryddid. Rhyddid i fod yn ufudd i Dduw yw rhyddid dyn bob amser ac nid rhyddid i wneud fel y myn.

Nid oes safon uwch o foesoldeb na Duw ei hun. Felly mae'r hyn y mae ef yn ei orchymyn yn foesol gywir, nid oes amheuaeth am y ffaith honno. Y mae'r gorchymyn i aredig y tir (adn. 15) yn ddealladwy, ond y mae'r gorchymyn yn adn. 17 i beidio bwyta o ffrwyth y pren yn gorwedd yn unig yn y ffaith mai Duw sy'n rhoi'r gwaharddiad. Nid lle dyn yw cwestiynu hynny. Yn hytrach ei le yw ufuddhau. "Mae'r gorchymyn felly yn agor y posibilrwydd o greu perthynas gyda'r un sy'n ei roi. Yn y gorchymyn ei hun ymddiriedir rhywbeth i ddyn; rhoddir iddo ryddid nad yw'n eiddo i'r anifeiliaid; nid cyfyngiad yw hyn ond ehangu ei botensial" (Claus Westermann, *Genesis* cyf. 1 td. 224). Dyma sail y cyfamod rhwng Duw a dyn. Mae dweud "na" wrth Dduw yn golygu dweud "na"wrth fywyd, oherwydd oddi wrth Dduw y daeth bywyd.

Am iddo gael ei greu ar lun a delw Duw, y mae dyn yn greadur rhesymol. Y mae yn foesol gyfrifol am ei wybodaeth. Nid yw anifail yn greadur moesol ac ni ddisgwylir iddo ymddwyn yn foesol ychwaith. Nid yw cath neu gi yn gorfod rhoi cyfrif i neb am eu gweithredoedd. Ond oherwydd ei fod yn gwybod ac yn deall y gwaharddiad mae disgwyl i ddyn ufuddhau os yw am gynnal ei berthynas â Duw ei luniwr.

Trafodwch:

1. Duw yw safon ein moesoldeb, y mae ei orchmynion felly yn sail i'n bywyd moesol. Ein lle ni yw ufuddhau.
2. Yn ôl y Joseph Rowntree Foundation mae llywodraeth ar ôl llywodraeth wedi tanseilio bywyd y teulu trwy gynyddu baich trethi yn arswydus. Ar ŵr a gwraig a dau o blant o dan 11 oed cynyddodd y baich o 9% i 22% mewn 30 mlynedd.
   Dyma gosbi rhieni sy'n magu plant trwy orfodi'r ddau i fynd allan i weithio ac onid yw hynny wedi esgor ar broblemau teuluol?
3. A yw cydraddoldeb gŵr a gwraig yn golygu cydraddoldeb swydd a phwrpas?
4. A ddylid ordeinio merched i'r weinidogaeth Gristionogol? Edrycher 1 Corinthiaid 11:2-16 a 14:34-36.

Gwers 3 — CWYMP DYN

Genesis 3

CWYMP ADDA

Yn ei safle freiniol yn y cread mae Adda, neu'r holl ddynoliaeth yn Adda, yn DEALL arwyddocâd ei arglwyddiaeth tros y creaduriaid eraill ac yn CYDNABOD ei berthynas ddedwydd a hapus yn ei ddibyniaeth ar Dduw, ei Greawdwr. Llefarodd Duw wrtho a deallodd yntau. Nid yw anifeiliaid yn deall, ac felly nid ydynt yn atebol yn foesol; ni allant bechu ac nid ydynt yn cynnal oedfaon addoliad!! Dyn yn unig a grëwyd yn fod crefyddol, ei nod yw gogoneddu ac addoli ac ufuddhau i'w Dduw. Fe'i crëwyd gyda chydwybod bur yn rhan annatod o'i gyfansoddiad neu ei feddwl. Bod rhesymol, fel y dywedwyd, yw dyn a dyma gyfrinach delw Duw arno. Fel y dywed Tomos o Acwin, *Summa Theologica*, I, C.95,1: "Yr oedd ei reswm yn atebol i Dduw; ei ewyllys yn atebol i'w reswm; ei emosiwn yn atebol i'w ewyllys; ei gorff yn ufudd i'w enaid." Nid bod niwtral gerbron Duw mo hwn, ond un mewn cyflwr o gyfiawnder.

Yn y gorffennol collwyd llawer o stêm yn dadlau a oedd dyn yn meddu ewyllys rydd ai peidio? Rhan o'r dryswch yn y ddadl oedd fod y dadleuwyr yn dechrau o ragdybiaethau pur wahanol i'w gilydd. Pwyslais cyson y Beibl yw bod dyn yn rhydd i ufuddhau i Dduw. Ufudd-dod yw ei ryddid a rhyddid yw ei ufudd-dod. Dyma gyflwr Adda yn Eden. Nid bod niwtral yn gallu dewis fel hyn neu fel arall ydoedd, nid bod nad oedd yn dda na drwg. Ond fe'i crëwyd yn dda ac yr oedd yn dda yn ei feddwl a'i ewyllys, ei enaid a'i gorff. Wrth anufuddhau yn fwriadus i orchymyn Duw collodd Adda ei ryddid a'i gyfiawnder cynhenid. Fe'i crëwyd yn rhydd i weithredu daioni ac i etifeddu bywyd, ef a'i ddisgynyddion; yn awr, fodd bynnag, mae'n garcharor i bechod a marwolaeth. Yn wahanol i Efa, a gafodd ei thwyllo gan y sarff, ni thwyllwyd mo Adda. Gyda'i ddeall a'i lygaid yn gwbl agored y troseddodd y gwaharddiad i fwyta'r ffrwyth. O'i fynegi mewn ffordd arall, nid beth a wnaeth Adda gyda'i ewyllys rydd yw'r cwestiwn sylfaenol, ond beth a wnaeth â'i WYBODAETH? Gwybodaeth yw sail ei atebolrwydd ac nid rhyddid ewyllys. (Felly y dysgodd Iesu Grist yn Ioan 15:22: "Pe buaswn i heb ddod a llefaru wrthynt, ni buasai ganddynt bechod." Oni bai iddo ef eu goleuo ni fyddent yn gwybod am eu pechod. Gwyddai Adda am y gwaharddiad. Beth a wnâi â'i wybodaeth? Gwrthryfelodd yn erbyn Duw ei greawdwr. Torrodd y cyfamod oedd yn sail i'w berthynas â Duw. Bellach mae ei ddeall yn llygredig, ei ewyllys yn atebol i'r deall ac felly mae hithau'n llygredig, ei emosiwn yn atebol i'r ewyllys ac yn dechrau gwybod beth yw cywilydd ac ofn. Nid dyma ei stad naturiol, ond stad cwbl annaturiol yw hon.

ADDA Y PEN-CYFAMODWR

Gosododd Duw AMOD yn ôl Genesis 2:17 i Adda. Fel tad yn gosod cymal amodol yn ei ewyllys sy'n rhwymo ei fab, felly mae Duw yma yn gosod amodau ar ufudd-dod Adda. Dyma a adwaenir fel y cyfamod gweithredoedd, o'i dorri marwolaeth yw'r gosb. Dyma hefyd osod sail moesoldeb yn glir a phendant ar sofraniaeth Duw; ei orchymyn ef sy'n gwneud gweithred yn gywir neu anghywir. Mae gweithred yn drosedd oherwydd bod Duw yn ei gwahardd. Ef yw safon ein moesoldeb. Lle nad oes waharddiad, nid oes pechod.

Ond beth oedd yn arbennig am bechod Adda mewn cymhariaeth â'n pechodau ni? Y darn cliriaf o'r Ysgrythur sy'n esbonio hyn yw Rhufeiniaid 5:12-21: "Daeth pechod i'r byd trwy un dyn, a thrwy bechod farwolaeth...yn gymaint ag i bawb bechu...Yn dilyn un weithred o drosedd mae dedfryd gyfreithiol o gollfarn...trwy un weithred o drosedd daeth collfarn ar y ddynolryw i gyd...fel y gwnaethpwyd y rhelyw yn bechaduriaid trwy anufudd-dod un dyn, felly hefyd y gwneir y rhelyw yn gyfiawn trwy ufudd-dod un dyn." Yr unig esboniad digonol ar y geiriau hyn yw bod Adda yn ymddwyn fel ***pen-cyfamodwr*** yr ***holl ddynoliaeth***, ef yw "the Public Man," chwedl Augustus Toplady. Yr oedd yr holl hil ddynol ar brawf ynddo ef. Trwy ei anufudd-dod ef daeth marwolaeth i deyrnasu ar yr holl ddynoliaeth. Sylwer nad ei lygredigaeth yw achos ei farwolaeth, ond mae'r llygredigaeth yn rhan o'r farwolaeth ei hun. Mewn ***cyflwr o farwolaeth*** y mae dyn bellach, marwolaeth gorfforol ac ysbrydol. Y mae'r naill a'r llall yn gosb pechod. Yn Adda yr oedd yr holl hil ddynol ar brawf, yn ei gwymp fe syrthiodd hithau. William Williams, Pantycelyn a welodd arwyddocâd hyn oll i ni yn bersonol:

Yn Eden, cofiaf hynny byth,
Bendithion gollais rif y gwlith;
Syrthiodd fy nghoron wiw...

Pan bechodd Adda, pechodd pawb ohonom.

DEDFRYD DUW

Os oedd yr anufudd-dod yn drychineb,'roedd y canlyniadau'n erchyll. Fel yr eglura Cyffes Ffydd Westminster: "Am mai hwy oedd gwreiddyn yr holl ddynoliaeth, mae euogrwydd pechod yn cael ei GYFRIF ('imputed') iddynt, a'r un farwolaeth mewn pechod a natur lygredig yn cael ei drosglwyddo i'w disgynyddion trwy enedigaeth naturiol" (Pen. 6 adr. 3). Gan fod y gwreiddyn yn bwdr mae gweddill y goeden yn yr un cyflwr. Cyfrifodd Duw eu heuogrwydd i ni, ond fe drosglwyddir effeithiau eu hanufudd-dod trwy enedigaeth naturiol.

Credodd rhai bod y syniad hwn o gyfrif troseddau Adda i'r holl ddynoliaeth yn anfoesol. Ond cofier mai Duw yw safon ein moesoldeb, ef sy'n tynghedu beth sy'n iawn a'r hyn nad yw'n iawn. Gwna'r Ysgrythur y pwynt yn gwbl eglur - crëodd Duw Adda yn gynrychiolydd yr holl ddynoliaeth. Pe bai wedi ufuddhau byddem wedi etifeddu bywyd tragwyddol, ond fel arall y bu, ac felly etifeddwn euogrwydd ei bechod a marwolaeth dragwyddol.

Y gwahaniaeth sylfaenol rhyngom ni ac Adda yw'r ffaith iddo ef gyflawni trosedd wirfoddol ac fel cosb daeth ei natur yn llygredig. Cawn ni ein geni yn llygredig. Mae ein llygredigaeth yn blaenori ein pechodau. Nid yw hynny yn ein gwneud yn ddieuog neu'n ddiesgus am ein pechod fel y cred rhai. I'r gwrthwyneb, yr oeddem ninnau yno gydag Adda, yn ei gwymp ef, cwympais innau. "Mewn pechod y beichiogodd fy mam arnaf", medd y Salmydd. Allan o'n natur lygredig felly y daw ein gweithredoedd gwirfoddol pechadurus ninnau.

Dysgodd yr athronydd, Aristotlys, nad oes i ddyn gymeriad moesol ar ei enedigaeth; nid ydyw dda na drwg. Ffurfio ei gymeriad wrth dyfu y mae. Mae hon yn athroniaeth boblogaidd mewn llawer cylch yn ein hoes ni. Dywedir yn dalog mai effaith cymdeithas ac amgylchfyd sy'n gwneud dyn yr hyn yw. Ffrwyth slymiau a thlodi yw pechod. Ond os yw hynny'n wir, paham y megir hwliganiaid mewn cartrefi cyfoethog? Paham hefyd bod oedolion cyfoethog yn twyllo'r sefydliadau ariannol? Nid oes i bechod gyfyngiadau daearyddol, cymdeithasegol nac academaidd. "Dyn yw dyn ar bob cyfandir" a phan fo pawb dynion yn gwneud drygioni mae'r casgliad yn anochel. Oddi mewn i ddyn mae'r achos. Fel y dywed y Beibl, fe'n genir mewn pechod, wrth reddf yr ydym yn ddrwg.

Am fod dyn wedi ei dorri oddi wrth ffynhonnell ei fywyd, sef y Duw y mae'n dibynnu arno'n gyfangwbl, byw i farw y mae - marwolaeth gorfforol a marwolaeth dragwyddol yr enaid. Yn ôl y Beibl nid yn glaf mewn pechod yn unig y mae dyn, ond y mae yn farw mewn pechod. "Mae holl fwriad meddylfryd ei galon yn wastad yn ddrwg" medd Genesis 6:5. Nid ffisig neu foddion i'r claf mae'r Beibl yn ei gynnig ond iachawdwriaeth sy'n atgyfodiad i fywyd newydd. Tasg pob pregethwr yw deffro dynion a merched i enbydrwydd eu cyflwr gerbron Duw a'u cyfarwyddo ar hyd ffordd iachawdwriaeth. Duw piau'r bywhau. A hyd yn oed yn Genesis ceir addewid am y waredigaeth honno - "Bydd ef yn ysigo dy ben di, a thithau'n ysigo ei sawdl ef." Dyma'r ymadrodd sy'n sôn am yr addewid y trechir y drwg rhyw ddydd - y "protoevangel." Yr addewid a wireddwyd yng Nghrist, sydd yntau yn ben-cyfamodwr y cyfamod newydd ac yn bennaeth hil newydd pobl Dduw.

LLWYR LYGREDIGAETH

Beth yw effaith y cwymp ar gyfansoddiad dyn? Gwelir wrth ddarllen dedfryd Duw bod yr holl sefyllfa wedi newid, condemnir y sarff, caiff gwraig boenau wrth esgor, melltithir yr holl ddaear, try gwaith yn llafur caled, a gwaherddir hwy o'r Ardd. Ond a gollwyd llun a delw Duw am byth? Naddo. Erys dyn o hyd ar ddelw ei Greawdwr, oni wna, ni fyddai'n gyfrifol am ei bechod. Byddai fel yr anifeiliaid, ddim yn adnabod pechod. Ni ddarostyngwyd dyn i lefel yr anifeiliaid, er ei fod yn ymddwyn yn waeth na hwy yn aml. Dyn yw dyn wedi'r cwymp. Y mae para'n berson a bod rhesymol, er ei fod yn ymddwyn yn afresymol yn fynych. Yn ei gyflwr presennol y mae dyn yn adlewyrchu barn gyfiawn Duw arno. Llygru'r ddelw a wnaeth ac nid ei cholli.

O gofio'r hyn a ddywedwyd eisoes mai meddwl neu ddeall neu resymeg dyn yw delw Duw gwelir bod pechod yn effeithio'n sylfaenol ar ei allu i resymu. Y mae'n camresymu ac yn credu celwydd. Ond nid yw wedi colli ei feddwl neu byddai wedi peidio â bod yn ddyn. Y mae ei benderfyniadau moesol yn deillio o'i feddwl. Yng nghanol ei bersonoliaeth, ei feddwl a'i galon, mae dyn yn ddrwg. Dyna a olygir wrth llwyr lygredigaeth. Nid bod pob dyn mor ddrwg ag y maent yn gallu bod bob amser, ond bod eu gweithredoedd oll wedi eu llygru gan bechod.

TARDDIAD Y DRWG

Erys dyfodiad y drwg i'r byd yn ddirgelwch, y cyfan a wyddom yw ei fod yma, a bod dyn, coron y greadigaeth, yn gaeth iddo. Nid digon dweud mai ar Satan yr oedd y bai, nid yw hynny ond yn gwthio'r broblem ymhellach yn ôl. Gan mai Duw a grëodd dyn a'r holl fyd ysbrydol, a grëodd ef y drwg hefyd? Ni allai Duw sanctaidd a pherffaith sy'n casáu drygioni fod yn gyfrifol am bechod ac eto nid oes dim yn digwydd nad yw o dan ei awdurdod a'i lywodraeth ef. Ar sail y Beibl rhaid dal dau wirionedd sylfaenol ynghyd; yn Nuw yr ydym yn byw, symud a bod, ond mae dyn yntau yn llwyr gyfrifol am ei holl weithredoedd.

Cyflog pechod yw marwolaeth, a dyn sy'n gyfrifol am ei bechod. Er hynny, oherwydd bod Duw yn sofran a hollalluog nid oes dim yn digwydd nad yw ef wedi ei ordeinio. "Yr Arglwydd a wnaeth yr hyn oll a fynnai yn y nefoedd, ac ar y ddaear" (Salm 135:6), "Myfi yw'r Arglwydd, ac nid arall: Yn llunio goleuni, ac yn creu tywyllwch; yn gwneuthur heddwch ('shalôm') ac yn creu y drwg ('rah'): myfi yr Arglwydd sydd yn gwneuthur hyn oll" (Eseia 45:6-7 a gweler adn. 9-11). "Yr Arglwydd a wnaeth bob peth er ei fwyn ei hun, a'r annuwiol erbyn y dydd drwg" (Diarhebion 16:4). Nid oes lle i drafod holl oblygiadau'r adnodau hyn (a gellid ychwanegu llawer mwy), ond rhaid bodloni ar yr eglureb annigonol hon. Myfi yw awdur y llyfr hwn a phopeth sydd ynddo, ond Duw yw'r achos eithaf. Y mae'r gwahaniaeth rhwng yr achos cyntaf a'r achos eilradd yn un pwysig. 'Does dim amheuaeth bod Duw yn defnyddio achosion eilradd i ddwyn ei waith i ben, gan gynnwys y drwg. Ond nid yw hynny yn ei wneud yn awdur y drwg.

Trafodwch.

1. Ai ffrwyth rhyw rymuster gwrthwynebol i Dduw ac sydd yn gweithredu yn gwbl annibynnol arno yw y drwg? Os felly, a yw Duw yn sofran a hollalluog? Neu a yw Satan yn ymddwyn o dan ei awdurdod Ef? Gweler Salm 139:8.
2. A oes gennym ryddid ewyllys? Pa mor ddi-duedd a niwtral yw hyd yn oed ein penderfyniadau wrth fyw ein bywyd bob dydd?
3. Onid ydym wedi colli golwg heddiw ar ddifrifoldeb pechod? Onid problem sylfaenol yr hil ddynol yw nid diffyg addysg a phethau materol, ond pechod sy'n wrthryfel yn erbyn Duw?

Medi 29ain

Gwers 4 — Genesis 6:5 - 7:24

DUW Y BARNWR A'R GWAREDWR

Yn ei galon, yn nharddiad y ffynnon, mae dyn yn llygredig ac os yw yn ddrwg yn y fan honno mae ei holl fywyd yn llygredig. Hi yw canolbwynt y bersonoliaeth. Nid y goddrych personol ei hun, ond yr hyn sy'n gwneud y person yr hyn ydyw. Ohoni y tardd holl agweddau bywyd. Ni ŵyr y Beibl am duedd anffodus ein hoes ni i ysgaru rhwng y meddwl a'r galon. Pwyslais cyson y Beibl yw fod y galon yn cynnwys y meddwl: "Yn fwy na dim edrych ar ôl dy feddwl, oherwydd oddi yno y tardd bywyd" (Diarhebion 4:23). Pan bwysleisir yn 6:5 mai'r galon yw gorsedd pechod yr hyn a olygir yw nid yn unig fod geiriau, gweithredoedd allanol ac ati, dyn yn ddrwg, ond mae'r gwreiddiau wedi eu llygru. Gyda'r canlyniad anochel bod y gydwybod wedi ei phylu a'r ewyllys wedi ei dallu yn y fath fodd nes bod dyn yn llwyr anabl i sylweddoli enbydrwydd ei gyflwr. Yn yr union fan lle dylai Duw deyrnasu - yng nghalon dyn - yn awr, y mae pechod ar yr orsedd. Fel y dywed Jeremeia: "Mae'r galon yn fwy ei thwyll na dim a thu hwnt i iachâd" (yr ymadrodd olaf yn gyfystyr â rhywbeth 'malignant'). A chadarnheir yr un gwirionedd am ddyn gan Iesu Grist: "Allan o galon dyn y daw meddyliau drwg"...(Mathew 15:19). Onid oherwydd mai o'r meddwl y daw drygioni y mae Iesu Grist yn pwysleiso bod y sawl sydd hyd yn oed yn meddwl am odinebu eisoes wedi ei gyflawni.

Lledodd drygioni dyn nid yn unig trwy ei holl gyfansoddiad, ond gydag ef a thrwyddo ef i bob rhan o'r greadigaeth. Hyn a fynegir yn adnod 11 a 12: "yn llygredig gerbron Duw...am fod bywyd pawb (h.y. yr holl ddynoliaeth) ar y ddaear wedi ei lygru." Nid trwy ei natur anifeilaidd fel pe bai ei gnawd yn drech na'i ysbryd y daeth pechod i'r ddynoliaeth, ond myn Genesis yn eglur mai gwrthryfel ysbrydol yn y creadur hwn a wnaed ar lun a delw Duw ydoedd. Canlyniadau hynny sy'n araf dreiddio i bob rhan o'r ddynoliaeth gan fyrhau einioes, chwalu undod y ddynoliaeth a chynhyrchu llygredigaeth cyffredinol a barbareiddiwch cyntefig, a chreulondeb digymar. Gwelwyd hynny eisoes yng nghasineb brawd yn lladd brawd (Cain ac Abel).

Dyma gyflwr dyn bellach. Ni chafwyd gwell mynegiant o'r

gwirionedd hwn nag yng ngwaith y Piwritan John Howe. Yn *The Living Temple* mae'n cyffelybu cyflwr dyn wedi'r cwymp i blasdy ysblennydd sydd bellach yn furddun. "Erys digon o urddas yn enaid dyn i brofi i'r Presenoldeb Dwyfol breswylio ynddo unwaith; ond ceir mwy na digon o hagrwch ynddo hefyd i gyhoeddi fod y Dwyfol erbyn hyn wedi hen ymadael. Diffoddodd y lampau, dymchwelwyd yr allor ... i wneud lle i orsedd tywysog y tywyllwch... Deuwch i ganol y dryswch hwn fel i furddun palas rhyw dywysog ysblennydd, ... oll yn gorwedd mewn esgeulusdod yng nghanol tomennydd o faw. Mae anhrefn, llygredigaeth a marweidd-dra'r deml hon yn tystio'n rhy amlwg i'r ffaith bod y Preswylydd Mawr wedi 'madael. Ar yr arysgrif uwchben y drws ceir y geiriau 'Yma y preswyliodd Duw unwaith'" (rhan II, pen iv, adr. 9).

YMATEB DUW - BARN A GWAREDIGAETH

Cynyddodd drygioni dyn i'r fath raddau fel nad oedd gan Dduw unrhyw ddewis ond gweithredu ar y rhybudd yn 2:17. Penderfynodd ymyrryd mewn barn ar ddyn. Nid yma'n unig yr ymddengys yr ymadrodd bod Duw yn edifar am yr hyn a wnaeth. Ceir yr un ymadrodd yn 1 Samuel 15:11 lle pwysleisir ei fod yn edifar am osod Saul yn frenin. Yn adnod 29 yr un bennod ceir yr ymadrodd, "Canys nid dyn yw efe, i edifarhau." Ar y wyneb mae'r geiriau'n croes-ddweud ei gilydd. Ond mae angen bod yn ofalus, nid yr un gair a ddefnyddir yn yr Hebraeg i fynegi edifeirwch dyn ('shubh' = 'troi' neu 'ddychwelyd') a soriant Duw ("nâcham" = cysur; fel Eseia 40:1, "Cysurwch;" Jona 3:10). Y darlun yma yw o Dduw cariadus a grëodd ddyn yn wrthrych i'w gariad yn teimlo i'r byw fod ei greadur wedi gwrthryfela ac yn ceisio cysur am y golled a gafodd. Y mae gwir ergyd y gair "edifar" i'w weld yn y cymal sy'n dilyn, "ymofidiodd" (BCN) ond "galarodd yn ei galon" (yn llythrennol), "he was grieved at heart" (Westermann), "sorrowed in his heart" (Tyndale). Duw sanctaidd na all oddef drygioni yw Yahweh, Duw Israel, ac oherwydd yr hyn ydyw mae'n cosbi pechod. Yr hyn sy'n dod i'r amlwg yn y darn hwn yw mai Duw personol ydyw ac ni chaiff yr Iddew unrhyw anhawster i briodoli rhai nodweddion personoliaeth Iddo. Iaith anthropomorffaidd ('ffordd ddynol o siarad') yn ddiau yw hyn, a rhaid gochel rhag ei gwthio yn rhy bell, ac yn hyn o beth mae rhybudd 1 Samuel 15:29 yn briodol. Dyma enghraifft o'r hyn a eilw diwinyddion yn "accomodation" neu Duw'n addasu ei hun i'n cyfyngiadau dynol ac yn mynegi ei hun mewn termau sy'n ddealladwy i ni. Cofier, hefyd, y tlodir ein syniad am Dduw yn enbyd os collir yr ymadroddion anthropomorffaidd sy'n ei ddarlunio'n cysgu (Salm 44:23), yn llefaru, yn gweithredu, yn deffro, yn cynorthwyo, yn gweld (Salm 10:14; 11:4; 33:13-14), yn clywed ac yn ateb (Salm 4:3; 6:8-9). Duw byw yw Yahweh, y mae'n achub, yn gwaredu, ac yn y blaen. Fel y dywed Ludwig Köhler wrth gyfeirio at y math hwn o iaith am Dduw: "Nid diraddio Duw i safle dyn yw'r bwriad trwy ddefnyddio termau dynol i ddisgrifio Duw... Yn hytrach, diben yr iaith hon yw gwneud Duw yn agored i ddyn allu ei amgyffred. Y maent yn cadw drws holl ymwneud ewyllys Duw â dyn ar agor. Maent yn darlunio Duw fel person gan osgoi ei ddarlunio fel Idea haniaethol sy'n sefyll gyferbyn â dyn fel wal fud rhyw gastell anorchfygol. Duw personol yw... sy'n tristáu wrth weld pechod dyn ac eto sydd â chlust agored i wrando ar gyffes o euogrwydd..." (dyfynnir yn H-J Kraus, *Theology of the Psalms*, td. 24).

Nid oes cyfaddawdu ar fawredd Duw na'i ddianwadalwch mewn unrhyw fodd trwy ddefnyddio termau dynol i'w ddisgrifio, yn wir, cadarnheir gwirionedd pwysig amdano, sef ei fod yn Dduw personol ac am hynny yn trin dyn yn bersonol gyfrifol am ei holl ddrygioni. Wedi dyfodiad Crist mewn cnawd mae pob iaith anthropomorffaidd yn cael ei chyflawni - Duw MEWN cnawd ydyw. Os yw iaith fel hyn yn peri tramgwydd i'r athronydd, ni all y Cristion ei hosgoi, rhoes yr Ymgnawdoliad warant i ni ei defnyddio. (Gweler John Owen, *Works,* cyf. 1 a Carl F. H. Henry, *God, Revelation and Authority*, cyf. 5).

Y mae'n Dduw barn a gwaredigaeth. Achosodd y syniad am Dduw yn barnu ddiffyg traul i lawer yn ein hoes ni. Y mae'r Beibl yn gyson yn darlunio Duw yn ddigllon, nid ffantasi diwinyddion yw hynny. Ffrwyth esgeulusdod ar Dduw yw'r erchyllterau a geir yn ein byd modern. Yn y Beibl mae absenoldeb Duw yn golygu bod barn gerllaw. Mae Duw yn cuddio ei wyneb wrth agosáu i farn. Un agwedd ar farn Duw yw gadael i ddynion fedi canlyniadau erchyll eu ffordd o fyw. "Am iddynt wrthod cydnabod Duw, y mae Duw wedi eu traddodi i gaethiwed meddwl llygredig" (Rhufeiniaid 1:28 a 24). Gan fod Duw yn cynnal pob peth trwy ei air, mae ei absenoldeb yn drasiedi - "Cuddiaist dy wyneb, a bum helbulus" (Salm 30:7b). Nid arwydd o wendid yn Nuw yw ei fod yn gadael i ddynion fedi canlyniadau erchyll eu hesgeulusdod ohono, ond mynegiant ydyw o'i ddicter cyfiawn yn erbyn dyn. Mae'r proffwyd Eseia yn dehongli'r ffaith i'w bobl wrthod ei neges fel arwydd clir bod Duw wrthi yn eu barnu. Onid yw calongaledwch Cymru heddiw i ymateb i neges Duw yn arwydd ei fod wrth ei waith yn ein barnu? Fel y dywed Wolfhart Pannenberg: "dylai'r profiad o absenoldeb Duw rybuddio pob gwyliwr cydwybodol i seinio rhybudd, nid tros Dduw yn gymaint, na thros ddyfodol Cristionogaeth, ond tros ddiwylliant secwlar y Gorllewin gyda'i wyddoniaeth a'i dechnoleg balch" (*Christian Spirituality*, td. 91).

Y mae Genesis 6-7 yn darlunio Duw nid yn unig yn gadael i ddyn fedi canlyniadau ei bechod ond y mae'n gweithredu mewn barn trwy ddinistrio'r ddaear. Mae hanes y dilyw yn cael ei gofnodi mewn mythau a llenyddiaeth gyfatebol yn y Dwyrain Canol ac nid yw archeoleg heb ei thystiolaeth i ddigwyddiad o'r fath yn hanes y byd. Y datguddiad Beiblaidd, fodd bynnag, sy'n dehongli'r digwyddiad fel barn Duw ar y byd. Wrth weithredu barn y mae Duw hefyd yn ddieithriad yn Dduw gwaredigaeth. Mae barn Duw yn cynnwys addewid am iachawdwriaeth. Ni amlygwyd hynny'n rhagorach nag ar y groes, "Cosbedigaeth ein heddwch ni oedd arno ef."

Mae mwy o lawer yn y fantol yn y cwestiwn a yw Duw yn barnu ai peidio na'n sensitifrwydd ni. Pan ddywed pobl yn ddifeddwl, nad yw Duw yn barnu, nid ydynt wedi aros i ystyried beth yw'r dewis. Onid peryclach o lawer yw dweud nad yw Duw yn malio dim am bechod, felly boed i bob un wneud fel y mynno? Cofier hefyd fod yn ei farn waredigaeth. Am ei fod yn Dduw cyfiawn ceir addewid o iachawdwriaeth. Fodd bynnag, pe bai wedi dewis dinistrio Noa a'i deulu, fe safai ei farn a'i drugaredd yr un. Ni cheir tensiwn na pharadocs yn Nuw; rhaid i'w farn ddigwydd fel mae'n rhaid i'w drugaredd. O'i ras cafodd un dyn ffafr yn ei olwg. Y dyn hwnnw oedd Noa.

NOA.

Yn adnod 6:9 (a) dechreuir ar "genedlaethau Noa" ('elleh toldoth', yr un ymadrodd ag yn 2:4). Nid oherwydd ei fod yn berffaith y cafodd

Noa ei achub. Ffafr rasol Duw yw sail y penderfyniad i'w achub ac nid unrhyw beth a wnaeth ef. Dyma bwysleisio dwy wedd allweddol ar Dduw - ei farn gyfiawn a'i drugaredd cwbl anhaeddiannol. Gorchmynnodd Duw ef i adeiladu'r arch. Mae ei orchymyn bob amser yn iachawdwriaeth, er mor anodd ei gyflawni (cymh. Abraham yn gorfod gadael Ur y Caldeaid neu Iesu yng Ngardd Gethsemane). Llefarodd Duw ac ufuddhaodd Noa. Ni welir hyn yn well yn unman nag yn y gwrthgyferbyniad rhwng adnodau 17 ac 18. Yn y naill mae Duw'n barnu'r ddaear trwy'r dilyw ('mabbul' = môr nefol) ond yn y llall gweithreda ei drugaredd, ei gyfamod achubol.

Dyma ragdybio yr hyn a geir yn 9:9, sef Duw yn sefydlu ei gyfamod ('berîth') â dynion ac yn rhoi ei addewid pan wêl y bwa yn y cwmwl ni ddinistria'r ddaear byth eto trwy ddilyw. Nid cytundeb rhwng dau gyfartal sydd yma, ond Duw yn ei ras yn gosod amodau bywyd i ddyn, yn union fel y gwnaeth gydag Adda. Gweithred rasol yw hon ac un sy'n disgwyl ymateb ufudd yng nghalon dyn. Dyma sail pob perthynas rhwng Duw a dyn, ac i bob perthynas rhwng dyn a'i gyd-ddyn, a rhwng dyn a'r holl fyd.

Nid oes sicrwydd ymysg ysgolheigion beth oedd union faint yr arch. Awgrym Westermann yw 130 - 150 medr o hyd, 22 medr o led a 12 medr o uchder, ond erys peth anhawster gan nad oes sicrwydd beth yw union hyd cufydd. Go brin y byddai'r mesurau uchod yn ddigon i gynnwys yr holl anifeiliaid. Mae peth dryswch yn y cyfarwyddyd yn 6:20 a 7:2, ond dichon mai ein diffyg dealltwriaeth o'r cyfarwyddiadau sy'n gyfrifol am hyn. Yr hyn sy'n arwyddocaol yw bod gorchymyn Duw yn cynnwys yr anifeiliaid hefyd. Fel yn Genesis 1 a 2 mae gorchymyn Duw yn berthnasol i fywyd yn ei gyfanrwydd - teulu, gwaith, anifeiliaid, bwyd. Llefarodd Duw, ond yn wahanol i Adda, ufuddhaodd Noa.

Trafodwch:

1. Ufudd-dod i Dduw yw sail pob perthynas iachus rhwng dyn a'i gyd-ddyn.
2. A yw Duw yn barnu'n bersonol bob dyn am ei ddrygioni?
3. "Every inordinate affection brings its own reward" medd John Macquarrie. A yw pob pechod yn medi ei ganlyniadau erchyll?

HYDREF **IESU'N DYSGU**
Gwers 5 **Luc 12: 13-34**

PERTHYNAS DYN A'I EIDDO

Mae'r cyfan a ddysgir yng ngwersi'r mis hwn yn rhagdybio popeth a ddywedwyd yng ngwersi'r mis blaenorol am berthynas Duw a dyn, dyn a'i gyd-ddyn, dyn a'i amgylchfyd. Prif faes y wers gyntaf yw yr hyn a ddysg Iesu am eiddo. Y mae'r tair adran sy'n dilyn yn rhagdybio perthynas iawn â Duw fel yr allwedd i berthynas dyn â'i gyd-ddyn, ei eiddo, a'i ofalon.

RHYDDID ODDI WRTH FATEROLIAETH

***Y brawd diamynedd* (ad. 13-15)**. Gan Luc yn unig y ceir yr hanesyn hwn (13-21). Mae adnod 13 yn gyson â'r arfer Ddwyreiniol o fynd at yr awdurdod crefyddol am ddyfarniad ym materion cyfreithiol - arfer sy'n parhau hyd heddiw mewn rhai gwledydd. Nid yw Iesu, fodd bynnag, yn ymglywed ag unrhyw ddyletswydd i roi barn ar y fath faterion. Fel y dywedodd y Dr. Isaac Thomas wrthym mewn dosbarth ym Mangor, gofal arbennig Iesu yw perthynas dyn a Duw ac yn y ddameg sy'n dilyn mae'n dangos nid yn gymaint bod cybydd-dod a thrachwant yn bechadurus ond eu bod yn gwbl ofer.

"Cod arian y cyw di-ras
Yw crefydd y cybydd cas."

Mae meddiannau yn gallu bod yn faich ar enaid dyn. Cymharodd rhyw esboniwr hwy i'r crach ('blight') a geir ar datws, sydd yn y diwedd yn eu pydru'n gyfan gwbl. Nid osgoi'r cwestiwn a wnaeth Iesu, ond ceisio argyhoeddi'r cwestiynwr bod etifeddiaeth gyfoethocach na meddiannau a cholled waeth na cholli y rheini. Nid meddiannau sy'n rhoi ystyr i fywyd; cymdeithas â Duw yw amcan a nod ein bywyd. Duw sy'n rhoi popeth sydd gennym ac iddo ef yr ydym yn gyfrifol am y defnydd a wnawn ohono. "Ofnwch yr hwn sydd ag awdurdod ganddo i fwrw i uffern.." (12:5) medd Iesu. Mae poeni mwy am gael meddiannau nag am arddel enw Iesu gerbron dynion (12:8-9) yn amlygu trachwant a hunanoldeb.

Y gŵr cyfoethog. Yn nameg Iesu collodd y brawd hwn olwg ar y ffaith sylfaenol mai rhodd Duw yw popeth. "Fy ysguboriau," "fy ŷd," "fy eiddo," "fy enaid" (adn. 18-19). Ei gamgymeriad oedd credu mai meddiannau yw cyfrinach bywyd. Er iddo grynhoi'r holl bethau er mwyn bwyta, yfed a bod yn llawen, nid ei eiddo ef yw ei fywyd. Duw yn unig sy'n Arglwydd bywyd a dim ond trwy fod yn gyfoethog yn ei bethau ef y gallwn feddiannu cyfrinach bywyd.

Mae angau yn gwneud tlodion ohonom i gyd ac ni ellir cludo'r meddiannau gyda ni, yr hyn sy'n gwbl sylfaenol yw ein hagwedd tuag at ein meddiannau. Y cwestiwn canolog yw ai ni sy'n meddiannu ein heiddo neu a yw'n meddiannau yn ein meddiannu ni?

Mewn ysgrif yn *The Times* dywedodd Clifford Longley, cyn-ohebydd crefyddol y papur hwnnw, nad oedd Iesu yn erbyn meddiannau, yn hytrach, condemniai'r sawl sy'n gaeth i'r meddiannau hynny. "Mae'r sawl sy'n gaethwas i'w feddiannau yn garcharor truenus, nid yw'n rhydd i weithio nac i garu, i fyw nac i farw." Y cwestiwn i'w ofyn i'r ffarmwr cyfoethog yw pwy sydd berchen dy fferm, ai ti neu'r ysguboriau mwy? Meistri creulon yw'r ysguboriau mwy, gwaeddant am eu llenwi, Sul, Gŵyl, a Gwaith. A dyfynnu eto o Longley, "Nid yw'r sawl sy'n meddiannu miliwn o bunnoedd, heb fygythiad i iachawdwriaeth ei enaid, yn poeni a yw'n berchen ar filiwn o bunnoedd ai peidio. Y tristwch yw bod y rhan fwyaf o bobl sy'n berchen miliwn o bunnoedd yn poeni'n fawr iawn ac eisiau miliwn yn ychwaneg!" Mae bod yn garcharor y meddiannau yn medi ei ffrwyth yn ein bywydau - trachwant a chaethiwed.

Disgyblion pryderus(ad.22-31). Meddiannu'r ffydd sy'n rhyddhau o bob trachwant a gofal a gofid yw nod bywyd yn ôl Iesu (ad. 22). Nid esgus i ddiogi neu i esgeuluso gwaith er mwyn cael angenrheidiau bywyd yw'r ffydd hon. Byddai pob bywyd economaidd yn darfod pe gweithredid ar batrwm y blodau a'r adar. Yr ergyd yn y geiriau hyn yw bod ffydd yn cydnabod bod y ffrwythau a geir o ganlyniad i ymdrech a llafur yn rhoddion Duw ei hun. Y mae'n rhydd felly oddi wrth bob gofal a phryder. Cynigir tri rheswm dros y ffaith hon. Yn gyntaf, er mor ofnadwy yw Duw y mae ei ofal am ei greaduriaid yn ddiderfyn. Dibynna'r blodau a'r adar ar ragluniaeth neu gynhaliaeth Duw ac felly mae ffydd yn derbyn bod bywyd yn llaw Duw ac nid oes unrhyw bwrpas mewn pryderu am anghenion bywyd.

Nid yw dyn, er ei holl glyfrwch, yn gallu ychwanegu dim at ei daldra trwy luosogi gofalon yn ei ben.

Yn ail, mae darpariaeth haelionus Duw ar gyfer pethau fel glaswellt sy'n cael ei gasglu a'i daflu i'r popty yn llefaru'n huawdl am allu Duw i'n cynnal ninnau. Mae gan Dduw gynllun ar gyfer dyn, mae iddo dynged dragwyddol yn rhinwedd y ffaith iddo gael ei greu ar ei lun a'i ddelw. Nid yw hyn heb ei ochr negyddol. Pe bai pobl y Gorllewin cyfoethog heddiw yn llai trachwantus a gofidus am eu meddiannau, byddai llai o newyn ac eisiau yng ngweddill y byd.

Yn drydydd, mae Duw yn gwybod ein hanghenion yn well na ni ein hunain. Wrth fod yn bryderus am y pethau hyn yr ydym yn bradychu ein diffyg ffydd neu ddiffyg seiliau cadarn i'n bywydau (ystyr yr ymadrodd yn ad. 29 yn y gwreiddiol yw siglo rhwng nef a daear, heb le sicr i sefyll arno). Trwy adeiladu bywyd ar dywod, bywydau llawn pryder a gofid a gawn. Gŵyr Duw am anghenion ei blant cyn iddynt ofyn iddo, rhaid felly i wir ffydd ymddiried ynddo(ad. 30).

Nod bywyd y Cristion yw ceisio lledaenu arglwyddiaeth Crist dros bob agwedd arno, yn bersonol a chymdeithasol. Trwy osod y nod hwn yn uchaf fe gwymp popeth arall i'w le (ad. 31). Gwêl ei fywyd o berspectif cwbl wahanol i'r sawl sy'n gaeth i'w chwant am eiddo a meddiannau. Nid yw hyn yn dweud y caiff bopeth y mae ei eisiau. Yn hytrach, Duw ŵyr orau beth yw ei holl anghenion. Mae gwahaniaeth rhwng yr hyn y mae ef eisiau a'r hyn yw ei wir angen. Nid yw hyn ychwaith yn gwarantu bod y Cristion yn rhydd o ddioddefaint, ei nod yw bod yn ffyddlon i'w Arglwydd. Os na chaiff ei wobr yn y byd hwn sicrheir ei le yn y byd a ddaw (12:6-9).

Un amod gofal Duw dros y disgybl yw ei fod yn ceisio'r Deyrnas, a chan fod canlynwyr Iesu eisoes wedi ei meddiannu, nid oes lle i bryder nac ofn yn eu bywyd. Teyrnas Dduw yw nod y Cristion ac y mae i honno ddau amseriad yn y Testament Newydd. Dywedodd Iesu fod y Deyrnas wedi dod yn ei fywyd a'i weinidogaeth ef. "Os trwy fys Duw yr wyf yn bwrw allan gythreuliaid, mae Teyrnas Dduw wedi dod yn agos..." Ond dysgodd ei ddisgyblion i weddïo, "Deled dy Deyrnas." Y mae'n bresennol ac yn y dyfodol. Yn ôl y Dr. Isaac Thomas y modd i gysoni hyn yw pwysleisio mai rhywbeth yn y dyfodol yw'r Deyrnas, ond ei bod wedi dod yn agos atom ym mywyd a gweinidogaeth Iesu,

Brenin y Deyrnas. Gyda'i ddyfodiad daeth Brenin y Deyrnas atom. Os derbyniwn ef, derbyniwn ei Deyrnas a'i gofynion a'i hamodau. Ond rhaid i'r Cristion gofio mai eto i ddod y mae'r Deyrnas, perthyn i ddyfodol Duw ar gyfer ei fyd y mae. Dylai ochel felly rhag uniaethu ei raglenni gwleidyddol a chymdeithasol ef ei hun â'r Deyrnas. Wrth lafurio tros ac o blaid y Deyrnas, sydd a'i gwerthoedd yn gwbl groes i werthoedd y byd hwn, mae'n cofio'r rhybudd priodol "nid chwi sydd i wybod amseroedd neu brydiau; y mae'r Tad wedi gosod y rhain o fewn i'w awdurdod ef ei hun" (Actau 1:7).

Digon i'r 'praidd bychan' yw gwybod "y rhyngodd fodd y Tad" roddi'r Deyrnas iddynt. Er iddynt fod yn griw bychan, di-nod, diddylanwad a'r gelynion yn gryf, eu heiddo hwy yw'r Deyrnas ac ni all neb ei dwyn oddi arnynt. Cymhellir disgyblion cywir i werthu eu heiddo a'i roi i'r tlodion, dyma ofynion y Deyrnas ar waith. Dyma yw casglu trysorau mewn lle nad yw gwyfyn na rhwd yn dod i'w difetha (ad. 33) - yn Nheyrnas Dduw. Rhoi'r ***galon*** yn y fan honno, yw meddiannu trysor uwchlaw pris.

I gloi, sonnir llawer yn ein hoes faterol ni am y priodoldeb o ymgyfoethogi'n ariannol er mwyn i'r tlodion gael mwy o friwsion o'r byrddau. Yr hyn a elwir yn 'trickle down effect'. Ysywaeth, os nad yw'r galon yn meddu'r agwedd gywir tuag at feddiannau, porthi trachwant yw polisi o'r fath. Dywedir am John Wesley iddo ar ddechrau ei yrfa ennill cyflog o ddeg punt. 'Roedd yn byw ar saith, ond rhannai'r gweddill i'r tlodion. Erbyn diwedd ei yrfa yr oedd yn ennill can punt. Ond yr oedd yn parhau i fyw ar saith a rhannai'r gweddill i'r anghenus. Dyna beth yw bod â chalon a'i thrysor yn y lle iawn.

Trafodwch.

1. "Arian ac aur nid oes gennyf, ond yr hyn sydd gennyf... fe'i rhoddaf i ti. Yn enw Iesu Grist..." Iesu Grist yw'r trysor mwyaf sydd gennym i'w rannu. Tybed a ydym fel Cristionogion wedi anghofio'r gwirionedd hwn?
2. A ydym fel Cristionogion mor haelionus ag y dylem fod wrth roi i'r anghenus?
3. "A oes caethiwed gwaeth na chaethiwed i fateroliaeth"?
4. Pwy sydd berchen eich einioes chwi; chwi neu'r ysguboriau?

Gwers 6 Mathew 5:38-42; 7:1-6,12.

EIN HAGWEDD TUAG AT ERAILL

Prin bod adran arall yn y Testament Newydd wedi bod mor ddylanwadol â'r hyn a adwaenir fel y Bregeth ar y Mynydd. Go brin hefyd, bod unrhyw adran arall wedi achosi cymaint o benbleth i esbonwyr â hi. Ceir cefndir y gwahanol ddehongliadau yn esboniad rhagorol Maurice Loader ar *Mathew* ac yn esboniad W. D. Davies a D. Allison, *Matthew*, ICC. Yn gryno, mae'r Bregeth ar y Mynydd yn gofyn am ymarweddiad ymysg disgyblion sy'n weddus i Deyrnas Dduw sydd wedi dod yn rym gweithredol yn y byd yn Iesu Grist. Gofynion a disgwyliadau'r Deyrnas sydd eto i ddod a geir yma. Er hynny, nid yw popeth ynddi yn newydd neu'n wahanol i draddodiadau blaenorol; yr hyn sydd yn radical ynddi yw awdurdod a Pherson y sawl sydd yn ei llefaru. Arbenigrwydd Person Iesu ei hun a welir yma. Ffolineb, am hynny, yw ceisio gwahanu geiriau a gweithredoedd a Pherson Iesu oddi wrth ei gilydd, fel y gwna ambell bregethwr ac ysgolhaig. Os bu rhywun erioed fyw ei bregeth, Iesu ydoedd hwnnw.

Nid "deddf" newydd yn disodli'r hen mo'r Bregeth, ond "efengyl." Gwneud i ddyn ddibynnu ar ei nerth ei hun a wna deddf, ac wrth wneud hynny, mae'n methu ei chyflawni. Ym marn Joachim Jeremias, dylem ddarllen o flaen pob un o orchmynion y bregeth hon yr hyn a wnaethpwyd dros y disgybl gan Dduw yn Iesu Grist. Heb ddod at Iesu y mae ei gofynion yn faich amhosibl ei gario. Onid yw Ef wedi dweud hynny wrthym? "Deuwch ATAF FI bawb...cymerwch fy iau arnoch a DYSGWCH gennyf." Dod at Iesu yw cyfrinach ceisio byw a chadw gofynion y Bregeth hon.

Mi dalaf yn ôl (adn. 5:38-42). Nid dod i ddisodli'r gyfraith neu'r proffwydi a wnaeth Iesu, ond i'w cyflawni. Am hynny, ni cheir ganddo ddysgeidiaeth cwbl newydd. Y mae wedi ei gwreiddio yn ddwfn yn yr hen gyfraith a roddwyd ar Sinai. "Cynnal y ddeddf a wnaeth Iesu, nid ei distrywio a'i diddymu" (Maurice Loader, td. 59). Cadarnheir hyn yn yr ymadrodd, "Clywsoch ddywedyd..." (adn. 38). Trwy gyflawni'r Torah neu'r Gyfraith mae'r Iesu yn cadarnhau ei gwirionedd ac ni ddylid ei gosod o'r neilltu. "Ni ddeuthum i ddileu ond i gyflawni," medd Iesu. Erys y Torah yn eiriau Duw, a'u grym gorchmynnol yn aros. Yn wir, fel y dengys Davies ac Allison, mae y Pumllyfr ei hun yn rhagdybio y bydd Duw yn codi Proffwyd newydd a'i air yn ei enau a'i galon (Deut. 18:15-20).

Nid proffwyd y Deyrnas yn unig yw Iesu, ef yw y Brenin sydd i ddod ac felly mae ei eiriau yn mynd ymhellach na'r Gyfraith. Mae oes newydd yn hawlio dillad newydd neu fel mae tyfiant newydd ar goeden yn ychwnegu cylch arall at y boncyff sydd yno'n barod. Dyma esbonio'r ymadrodd, "ond yr wyf fi'n dweud.." neu'r ymadrodd cyfatebol "yn wir, yn wir, yr wyf fi'n dweud wrthych" (5:18). Mae gofynion Iesu yn mynd ymhellach. Er enghraifft, gall rhywun ymatal rhag lladd a chadw'r Gyfraith, ond yr un pryd gall goleddu meddyliau llawn malais yn ei galon; neu gall rhywun ymatal rhag godinebu, ond cyflawni godineb yn ei feddwl. Fel y dywedwyd yn y gwersi cyntaf, y galon a'r meddwl sy'n llywodraethu agwedd dyn ymhob peth. Tarddu o'r fan honno wna'r wir foesoldeb, medd Iesu - "Gwyn eu byd y rhai pur o galon" (5:8).

Ceir yr ymadrodd, "llygad am lygad a dant am ddant," yn Exod. 21:24; Lef. 24:20 a Deut. 19:21. Lleoliad yr ymadrodd yn Deuteronomium yw'r llys barn a'r achos dan sylw yw camgyhuddiad. Dyma gefndir yr ymadrodd yma hefyd. Yr oedd y *lex talionis* (cyfraith talu'r pwyth) yn sicr yn cyfyngu ar faint dialedd un person ar y llall, ond mae Iesu yn mynd ymhellach. Y mae'n cadarnhau yr hyn a ddywed Paul yn Rhufeiniaid 12:14-21, lle dywedir na ddylid talu'n ôl ond gadael i'r "digofaint Dwyfol" gymryd ei rawd (cymh. 1 Cor. 3:17).

Peidiwch â gwrthsefyll y sawl sy'n gwneud drwg i chwi (adn. 39). Ceir enghreifftiau o lenyddiaethau eraill am ysbryd cyffelyb i hwn. Edrydd Plutarch am y modd y dioddefodd Pericles wawd a dirmyg oddi wrth hwligan trwy'r dydd a phan ddaeth yr hwyr gorchmynnodd i'w weision ei hebrwng adref. Mae'n wir dweud mai moeseg bersonol a ddarlunnir yma ac nid gofynion gwladwriaeth, er enghraifft. Er ei bod yn bosibl bod i'r geiriau ystyr gwleidyddol gan iddynt gael eu llefaru mewn cyfnod pan oedd gwrthryfel yn erbyn Rhufain yn ddewis amlwg i rai ym Mhalesteina. Yn wyneb hynny, try'r geiriau'n anogaeth gref i heddychiaeth. Ffordd tangnefedd yw ffordd dilynwyr Crist.

Enghreifftir yr agwedd hon deirgwaith yn yr adran gyda "troi'r foch arall," "rhoi dy fantell," a "mynd yr ail filltir." Ceir cyfeiriad at y cyntaf yn y Galarnad (3:30). Yr oedd taro'r foch yn ffordd o ddirmygu rhywun (gwel. Job 16:10; Salm 3:7). Cyfeiria Mathew at y foch dde er mwyn awgrymu mai ergyd gyda chefn y llaw a roddir, neu efallai, trwy gynnig y foch chwith 'roedd y disgybl yn gwahodd ergyd galetach gyda chledr y llaw dde. Gyda'r ail, yr oedd yn arfer i ddynion ifanc o Iddewon wisgo dau ddilledyn; crys yn isaf a chlogyn allanol amdano. Yr oedd y clogyn yn cael ei ddefnyddio fel gwrthban i gysgu ac yn cael ei ystyried yn eiddo hanfodol (gwel. Deut. 24: 12-13). Mae Iesu yn galw arnom i ildio ein hawliau cyfreithiol a dilyn ei esiampl ef. Oni thrawyd ef ar ei foch (26:67) a rhwygo ei ddillad (27:35)? Gyda mynd yr ail filltir, milwyr Rhufeinig oedd fel rheol yn hawlio rhywrai i gludo eu beichiau. Anodd iawn i Iddew fyddai ildio i'w gofynion, ond mae Iesu'n disgwyl llawer mwy. Dywedodd T. W. Manson, "mae'r filltir gyntaf yn rhoi i Gesar eiddo Cesar; y mae'r ail, fodd bynnag, yn cyfarfod dirmyg gyda charedigrwydd, ac yn rhoi pethau Duw i Dduw" (*The Sayings of Jesus*, td. 160). Cloir yr adran trwy adrodd am roi hael, heb gyfrif y gost.

Barnu eraill - 'rydym ni yn well na chi! (7:1-6,12). Nid condemnio rhywun am fynegi barn y mae Iesu yn y geiriau hyn, yn wir, mae angen ymarfer barn a doethineb i fyw. Yn hytrach, condemnio'r agwedd hunanol "dwi'n gwybod yn well na chi" lle mae rhywun yn ystyried ei hun yn farnwr yn lle Duw. Chwarae bod yn Dduw, yn gwahanu'r da a'r drwg. Duw yn unig sydd Farnwr, ef sy'n gwybod dirgelion y galon. Er hynny, mae'r sawl sy'n arfer barn yn gwneud hynny yn yr ymwybyddiaeth ei fod ef ei hun yn dod o dan yr un farn. Mae ceisio ymarfer awdurdod moesol tros eraill heb yn gyntaf fod wedi rhoi ein hunain o dan chwyddwydr barn foesol fel ceisio tynnu brycheuyn o lygad brawd heb sylwi ar y trawst yn ein llygad ein hunain. Gwendid cyffredin pobl grefyddol yw ymateb yn ffyrnig i ddiffygion arwynebol ym mywydau eraill, ond yn gibddall cyn belled ac y mae eu gwendidau hwy eu hunain yn y cwestiwn. Rhaid ceisio glanhad ein calonnau ein hunain yn gyntaf, cyn ymdrechu beirniadu eraill.

Ni ddylai hynny, fodd bynnag, ein rhwystro rhag ceisio cywiro rhywun sy'n amlwg ar fai. Trosedd â'n brawd yw taflu clogyn dros ei ddiffygion. Y mae amser pan yw mynegi barn yn gwbl angenrheidiol neu fe sathrir y gwirionedd dan draed. Dyna pam fod Mathew yn awyddus i bwysleisio cyfrifoldeb y Cristion ymhob sefyllfa. Cofier nad anifeiliaid anwes oedd cŵn yn yr hen fyd ond creaduriaid gwyllt yn crwydro'r strydoedd mewn niferoedd yn chwilio am damaid i'w fwyta yn y tomennydd sbwriel. Yr oedd byw fel ci yn gyfystyr â byw fel pagan (Deut. 23:18 "ci "= pagan, putain gwrywaidd). Weithiau gall y term olygu'r Cenedl-ddynion fel yn 15:26-7 ond annhebygol mai dyma'r ystyr yma. Awgrym Davies ac Allison yw bod y cŵn a'r moch (anifail aflan i'r Iddew, Deut. 14:8) yn cynrychioli'r bobl hynny sydd wedi gwerthu eu hunain i bob oferedd. Dyma'r calon-galed a'r dall sydd i'w cael yn aml yn yr efengylau (Math. 13:10-13). Ac er bod Duw yn rhoi yn ddiwahân i'r da a'r drwg, nid yw popeth i'w osod o flaen y drygionus. "Mae pethau sanctaidd yn sanctaidd." Er enghraifft, gwrthododd y Tadau adael i'r rhai oedd heb eu bedyddio gyfranogi ym Mwrdd yr Arglwydd.

Y Rheol Euraid (adn. 12). Dyma grynhoi ein hagwedd tuag at eraill mewn un dywediad allweddol ac yn adleisio agoriad yr adran (5:17) sy'n sôn am y Gyfraith a'r Proffwydi. Awgryma Davies ac Allinson felly y dylid ei hargraffu ar wahân i'r paragraff blaenorol. Y gorchymyn cyntaf, medd Iesu, yw caru Duw ac y mae'r ail yn debyg iddo, "câr dy gymydog fel ti dy hun." Dyma yw sail y Gyfraith a'r Proffwydi. Ym marn rhai esbonwyr, mae'r dywediad cyffredin hwn yn ymddangos yn ei ffurf negyddol ("na wna i arall...") mewn traddodiadau a chrefyddau eraill a dim ond Iesu a roes iddo ei ffurf gadarnhaol (Jeremias, *Theology*, td. 212). Y gwrthwyneb yw barn Davies ac Allison; gwell ganddynt hwy yw credu bod Mathew am bwysleisio gwirionedd dysgeidiaeth Iesu yn hytrach na'i newydd-deb. Y mae'r rheol yn mynegi gwir bwrpas y Gyfraith. Ond heb galon bur amhosibl ei gweithredu. Dim ond calon wedi ei thanio gan Grist all greu ymddygiad fel hyn. A chalon Cyfraith y Deyrnas yw cariad. Mae hwnnw'n fwy na theimlad neu sentiment - mae'n ewyllysio gweithredu er lles eraill.

Trafodwch:

1. "Bod yn bur o galon yw ewyllysio UN peth," medd

Kierkegaard. Trwy ewyllysio i garu'r Iesu daw ei Gyfraith yn realiti ynom.

2. Pa mor ymarferol ar gyfer bywyd bob dydd yw geiriau Iesu yma?
3. A ddylem ymdrechu i gywiro camymddygiad mewn person arall?
4. "Yr ydym ni yn caru am iddo ef yn gyntaf ein caru ni."

Gwers 7 Mathew 6: 5-15; 7: 7-11

EIN HAGWEDD TUAG AT DDUW

Trafodir dysgeidiaeth Iesu Grist ar weddi yn y wers hon a neilltuir y wers nesaf i drafodaeth fanylach ar 'Weddi'r Arglwydd'.

Yng nghyd-destun trafodaeth ar gyflawni dyletswyddau crefyddol 'gerbron dynion, er mwyn cael eich gweld ganddynt' (6:1) y lleolir dysgeidiaeth Iesu Grist ar weddi gan Mathew. Pwysleisia nad sioe gerbron y byd yw gwir dduwioldeb. Gwobrwyo y rhai pur o galon, nad ydynt yn poeni am yr hyn mae eraill yn ei feddwl amdanynt, a wna'r Tad nefol. Ceisio yr hyn sy'n iawn yng ngolwg Duw ac nid clod ac anrhydedd gan ddynion. Mae rhybudd Davies ac Allison yn berthnasol, "The pride of show is a malignant growth on religion which leads to counterfeit goodness" (*op. cit.* td. 576). Rhaid cofio bod "yr Arglwydd yn gweld beth sydd yn y galon"(1 Sam. 16:7).

Dyma'r allwedd i wir weddi (5-15). Hanfod gweddi yw cymundeb â Duw yn enw Iesu Grist a ger ei fron ef ni ellir cuddio y tu ôl i sioe fawreddog oherwydd fe edrycha ef ar yr hyn sydd yn y galon. Un o roddion Duw i ddyn yw gweddi ac wrth nesáu at Grist yr ydym yn dod at "un sydd wedi ei brofi ym mhob peth, yn yr un modd â ni, ac eto heb bechod" (Heb.4:15,16). Edrych ar Grist a wna Duw ac edrych arnom ni ynddo Ef, a chan mai Ef ei hun sy'n agor y ffordd hon i ni ei throedio nid rhywbeth dewisol ydyw gweddi i'r Cristion. Nid 'optional extra' i'r bywyd Cristionogol, ond mae mor angenrheidiol i'r enaid ag yw anadlu i'r corff.

Y mae hyn yn wir am y weddi gyhoeddus a'r weddi breifat. Wrth annog ei ddisgyblion i ymneilltuo i breifatrwydd yr ystafell nid yw Iesu yn eu hannog i ymatal rhag gweddïo'n gyhoeddus. Condemnio'r arfer o wneud sioe o weddi ymhob lle cyhoeddus ac ar gornel y strydoedd a wna'r Iesu, arfer oedd yn gwneud mwy i chwyddo balchder y gweddïwr nag i gynnydd mewn gwir dduwioldeb, ac nid dilorni'r weddi gyhoeddus yn y gwasanaethau. Ystyr y gair 'ystafell' yn y gwreiddiol yw 'ystordy' neu 'stafell fewnol'. Y man lle ceir adeiladaeth a diogelwch. Cymharer Eseia 26:20 lle mae Duw yn cymell ei bobl i ddod i mewn i'r ystafell er mwyn diogelwch.

Ceisiwyd adeiladu dadleuon di-sail ar y dybiaeth mai rhywbeth personol iawn yw gweddi ac ymesgusodi rhag gweddïo'n gyhoeddus. Wrth gwrs, mae gwedd bersonol i weddi. Ond cofier, hefyd, mai ymestyniad o'r addoliad cyhoeddus yw'r weddi bersonol, fel y dywed J. Neville Ward yn *The Use of Praying*, (td. 17). Dyma eiriau rhagorol John Calfin ar weddi: "Gan Dduw ni ofynnwn am unrhyw fantais breifat; Na, gyda'n gilydd, y gofynnwn yn gyffredin, Am ein bara, Am faddeuant pechodau..." (F. L. Battles, *The Piety of John Calvin*, td 110 a gweler ei *Institutio* llyfr 3 pennod 20). Rhan o dristwch ein sefyllfa gyfoes yw bod pobl yn ei chael yn anodd gweddïo'n gyhoeddus am fod gweddi wedi diflannu o'u bywydau personol. Yn ei dro, nid yw hynny ond amlygiad o wirionedd tristach fyth, sef bod ffydd pobl yn marw. Nid ffydd mewn gweddi yw ffydd y Cristion, ond ffydd yn Nuw. Heb y ffydd honno, go brin y gwêl dyn unrhyw ddiben mewn gweddi. Hyder gweddi yw ffydd seml sy'n credu yn Nuw fel plentyn bach. Credu trwy Iesu Grist ein bod yn blant i Dduw yw cyfrinach gweddi.

Mynegodd y Piwritan o Gymro, Walter Cradoc ddwyster y gwirionedd hwn pan ddywedodd, "beth sydd yn fwy naturiol i blentyn bach na neidio i arffed ei dad a syrthio i'w freichiau a gofyn am unrhyw beth heb ffalsio na gwenieithio. Beth sydd yn fwy naturiol i blentyn Duw na gwneud yr un peth gyda'r Tad nefol y mae'n ei garu" (gweler R Tudur Jones, *Yr Ysbryd Glân*, td. 152). Ond yn gyntaf oll rhaid llafurio am "Ysbryd mabwysiad, trwy yr hwn yr ydym yn llefaru, Abba Dad" (Rhuf 8:15).

Nid dawn neilltuol i rai Cristionogion yn fwy nag i eraill yw gweddi ond rhan o etifeddiaeth pob plentyn i Dduw: "Ffordd... i bawb o blant Duw ymarfer grasusau fel ffydd, gobaith, cariad ac edifeirwch mewn deisyfiadau ar Dduw" (R Tudur Jones, *op cit.* td. 152). Ond gan fod pawb ohonom yn ddiffygiol rhydd Duw ei Ysbryd Glân a'i Air i'n cynorthwyo i weddïo. Ni wyddom beth i weddïo oni bai i'r Ysbryd oleuo'r Ysgrythurau i ni, ac ynddynt hwy amlygir ewyllys Duw ar ein cyfer.

Nid yw ystum na hyd na maint ein geiriau yn bwysig wrth weddïo. Mae'r gair a ddefnyddir yn y gwreiddiol yn adn. 7 yn awgrymu 'bablo'. Yr oedd disgwyl i Iddew duwiol adrodd deunaw bendithiad deirgwaith y dydd, adrodd y 'Shema' ddwywaith, yn ogystal ag adrodd grasusau cyn pob pryd bwyd. Ond nid oes sicrwydd a oedd Iesu'n condemnio'r arfer hwn yn y fan hon. Byddai'n dda i ninnau gofio nad oes angen i'n gweddïau ninnau fod yn faith ac yn amleiriog nac yn ramadegol gywir. Yr hyn sy'n angenrheidiol yw eu bod yn ddiffuant. Yn adnod 8 rhoddir y rheswm pam fod gweddïau dilynwyr Iesu'n fyr ac i'r pwynt - "mae eich Tad nefol yn gwybod cyn i chwi ofyn iddo beth yw eich anghenion."

Mae'r geiriau yn adleisio Eseia 65:24, "Byddaf yn eu hateb cyn iddynt alw, ac yn eu gwrando wrth iddynt lefaru." Mae'r Tad yn y nefoedd yn hollwybodol ac yn gwybod eu hanghenion cyn iddynt ofyn. Nid diben gweddi yw ymarfer y tafod, ond i addoli Duw ac mae'n glanhau'r meddwl a phuro'r galon ac uniaethu'r ewyllys gydag ewyllys Duw ar ein cyfer.

Pwyslais yr adran 7:7-11 yw bod yn daer mewn gweddi - gofyn, chwilio a churo. Ond mae eto yn rhagdybio perthynas agos, fel rhwng plentyn a'i dad. Nid Tad sy'n chwarae tric sâl â'i blant (chwedl Maurice Loader) pan fônt yn gofyn am fwyd yw Duw. Ond nid dyna'r unig bwyslais yn y darn bach hwn. Mae'r Iesu am annog y disgybl sy'n gweld ei ofynion yn anodd a chaled, i bwyso ar gymeriad daionus y Tad sy'n barod i roi "pethau da" (neu gwell efallai yn ôl Luc, "yr Ysbryd Glân," 11:13). Anogaeth sydd yma i ymddiried yn naioni'r Tad nefol sy'n gwybod ein hanghenion cyn inni ofyn ganddo.

Trafodwch:

1. Mae gweddi mor angenrheidiol i'r Cristion ag yw anadlu i'r corff.
2. Rhaid i'r Gair ein goleuo beth i weddïo amdano, rhag ofn mai mynegiant o hunanoldeb yn unig fydd ein geiriau.
3. 'Does dim gwahaniaeth yn y bôn rhwng y weddi gyhoeddus a'r weddi bersonol. Onid y rheswm ein bod wedi mynd yn brin o weddïwyr cyhoeddus yw bod gweddi wedi diflannu o'n bywydau personol hefyd?

Gwers 8 — Mathew 6:9-13

GWEDDI'R ARGLWYDD

Trosglwyddwyd Gweddi'r Arglwydd mewn dwy ffurf yn y Testament Newydd; un hir ym Mathew ac un fer yn Luc. Ym marn y mwyafrif Luc yw'r gwreiddiol, ond wedi dweud hynny, rhaid cydnabod bod geirfa Mathew yn adleisio mwy ar yr Aramaeg gwreiddiol. Honno fyddai'r iaith a ddefnyddiai Iesu a'i ddisgyblion bob dydd er mai Hebraeg fel arfer oedd iaith addoliad a gweddi'r Deml. Dyma ffaith sylfaenol bwysig am weddi. Dylid offrymu gweddi mewn iaith hawdd ei deall. Nid yw hynny yn golygu iaith sathredig.

Dywed rhai pobl iddynt gael profiad o wir addoliad mewn oedfa nad oeddent yn deall gair ohoni. Amheuaf a yw hynny'n bosib yn enwedig o gofio rhybudd Paul yn 1 Cor. 14:13-19. A chadarnheir y pwynt gan Calfin, "nid yw'r tafod heb y meddwl(deall) yn rhyngu bodd Duw" (*Inst.* III,xx,33).

Y gair ar wefusau Iesu am 'Tad' yn yr Aramaeg fyddai 'Abba'. Gair sy'n cyfleu hoffter ac nid ffurfioldeb oeraidd. Dyma gadarnhau ar y dechrau yr hyn a bwysleisiwyd yn y wers flaenorol, sef y gwirionedd a gyhoeddir yn nes ymlaen yn Efengyl Mathew: "Nid oes neb yn adnabod y Mab, ond y Tad, ac nid oes neb yn adnabod y Tad ond y Mab, a phwy bynnag y mae'r Mab yn dewis ei ddatguddio iddo" (11:27). Mae Iesu yn rhoi i'r 'rhai bach' y fraint o ddweud 'Abba' ar ei ôl. Braint plentyn Duw trwy Iesu Grist yw gweddïo'r weddi hon ac nid braint gyffredinol i bawb yn ddiwahân. Addoli Duw y Tad, trwy y Mab, yng ngrym yr Ysbryd Glân a wna plentyn Duw ac wrth weddïo yr ydym mewn cymundeb gyda Duw yn Iesu Grist ei Fab. Nid tadolaeth gyffredinol Duw a ragdybir yma, ond uchel fraint etholedigion Duw yn unig. "Y mae'r dyn newydd," medd Cyprian, "sydd wedi ei aileni a'i adfer i'w Dduw trwy ras, yn gyntaf oll yn dweud 'Abba', oherwydd dim ond yn awr y mae wedi dechrau deall beth yw bod yn fab." Dyma rad rodd mabwysiad i fod yn feibion Duw. Mae hynny, medd Catecism Newydd Eglwys Rhufain, yn creu dwy agwedd ynom: yr awydd i fod yn debyg Iddo, "i ymddwyn fel plant Duw"; ac i greu ymddiriedaeth ynom, "oherwydd pa fodd na rydd Duw bopeth inni ac yntau wedi rhoi inni'r rhodd o'n galw yn blant Iddo?" Nid braint unigol yw hon, ond un i'r holl saint. Felly, dysgwn weddïo gyda'n brodyr a'n chwiorydd yng Nghrist, "ein Tad."

Nid yw Iesu'n cynnwys ei hun yn y gorchymyn hwn, "gweddïwch CHWI fel hyn," meddai, am y rheswm bod ei Fabolaeth ef yn unigryw. Braint mabwysiad yw adleisio ei weddi ef wrth Iddo glywed ei Dad yn ei gyfarch o dragwyddoldeb, "Ti yw fy Mab, yr Anwylyd." Ynddo Ef, fe glywn ninnau yr un cyfarchiad a meiddiwn fel plant mabwysiedig godi'n llef, "Abba, Dad."

Yn y nefoedd. Nid yw'r pwyslais yn yr ymadrodd hwn ar y nefoedd fel lle arbennig, ond yn hytrach y man lle y preswylia Duw. Bod gyda Duw neu yn ei bresenoldeb yw'r nefoedd i'r Cristion. Ar ansawdd bywyd y mae'r pwyslais ac nid ar le arbennig. Gall y Cristion ddechrau yn awr yn y byd hwn fywyd y nefoedd, "O! pam na chaf fi ddechrau'n awr, Fy nefoedd yn y byd?" Lle bynnag y mae Duw, yno mae'r nefoedd. Wrth gwrs, tŷ ein Tad yw cartref y Cristion, ond oherwydd ei bechod y mae'n alltud oddi yno. Yng Nghrist mae nefoedd a daear wedi eu cymodi a thrwy fod ynddo ef cawn ragflas o fywyd y nefoedd. Er yn y byd, dinasyddion byd arall yw Cristionogion.

Mae'r tri deisyfiad nesaf yn canolbwyntio'n sylw nid arnom ni ein hunain, ond ar wrthrych ein ffydd a'n cred; dy enw, dy deyrnas, dy ewyllys.

Sancteiddier dy enw. Duw sanctaidd yw ein Duw ni. Mae ei sancteiddrwydd yn diffinio popeth sydd yn ei nodweddu. Nid yw ei gariad o unrhyw werth onid yw yn gariad sanctaidd; nid oes ystyr i'w drugaredd na'i Dadolaeth na'i farn onid yw yn sanctaidd.

Mewn pregeth gofiadwy manylodd P. T. Forsyth ar bwysigrwydd y gair "sanctaidd" a hynny yn erbyn y rhai oedd yn barod i gyfaddawdu arno trwy bwysleisio Tadolaeth gyffredinol Duw. Mae a wnelo'r gair hwn â gogoniant ac ysblander Duw ei hun ac yng nghyd-destun y deisyfiad hwn gofynnir i Dduw yng nghyflawnder yr amser ogoneddu ei enw trwy gyflawni ei amcanion. I'r pwrpas hwn y daeth Iesu. Dywed yn ei weddi archoffeiriadol: "Dad Sanctaidd...gogonedda dy enw," i'r diben hwn o ddatguddio enw'r Tad y mae'n ei gysegru ei hun. Rhydd y Tad iddo "yr enw sydd goruwch pob enw... er gogoniant Duw Dad." Gogoniant ei enw yw'r peth gwerthfawrocaf yng ngolwg Duw, ac felly nid yw i'w gymryd yn ofer nac yn ysgafn. Nid oes wahanu Duw oddi wrth ei enw, yr enw y dewisodd ddatguddio ei hun trwyddo i ni. "Ydwyf yr Hwn ydwyf," "yr Hwn sydd, yr hwn oedd a'r hwn sydd i ddyfod."

Deled dy deyrnas. Eisoes cyfeiriwyd at arwyddocâd y Deyrnas ar wefusau Iesu. Yma yn arbennig, pwysleisir y dylem weddïo am ddyfodiad brenhiniaeth Duw - am 'telos' neu uchafbwynt hanes. "Tyred, Arglwydd Iesu, tyred ar frys" yw calon gweddi'r Cristion. Dyma yw ei obaith - "cael gweld Iesu a bod yn debyg Iddo." Nid disgwyl diwedd y byd fel y cyfryw yr oedd y Cristionogion Bore, ond disgwyl dyfodiad Iesu eilwaith yng ngrym ei deyrnas fawr. Dylai hynny ein rhybuddio ninnau rhag ymdrechion ofer i ddarogan pryd y daw'r diwedd ac i'n sbarduno i ymdrechu'n fwy dyfal dros Deyrnas ein Duw.

Gwneler dy ewyllys. Mae'r ymadrodd hwn yn perthyn yn agos i'r ddau arall. Dymuniad sydd yma i Dduw ddwyn ei waith i ben a chyflawni ei gynllun mawr ar gyfer y ddynoliaeth a'r bydysawd (Effes. 1:9-11). Yn y nef mae'r angylion yn cyflawni ei ewyllys, ac yma ar y ddaear cawn ninnau ein hannog i fyw mewn ufudd-dod i'w amcanion. Gofynnir i Dduw greu meddyliau a chalonnau newydd ynom gan fod ein hen feddyliau a'n calonnau yn ddim (Salm 51:20). Dim ond y rhai sy'n gwneud ewyllys yr Arglwydd a gaiff fynediad i dŷ Dduw (Math. 7:21).

Dyro inni heddiw ein bara beunyddiol. Y mae'r pedwar deisyfiad nesaf yn ymwneud ag anghenion dynion. Bara neu fwyd beunyddiol yw'r cyntaf. Fel plant yr ydym yn ymddiried yn Nuw am bopeth am ei fod yn peri i'w haul godi ar y drwg a'r da ac yn rhoi bwyd i bob anifail yn ei bryd (Math. 5:45 a Salm 104:27). Nid am "fy mara" yr ydym yn gweddio, ond am "ein bara." Mewn undeb â'r holl ddynoliaeth y gofynnwn am ddigon o fwyd ar gyfer heddiw yn unig. Y mae'r gair 'epiousios' wedi achosi cryn drafferth i esbonwyr. Gall olygu: "angenrheidiol ar gyfer ein bodolaeth"; "ar gyfer heddiw"; "ar gyfer yfory"; neu "y bara sy'n ddyledus." Yr ail yw dewis y BCN er ceir y cyntaf a'r trydydd ar droed y ddalen. Dyma'i gyffelybu i'r manna oedd yn dod bob bore ar gyfer y diwrnod hwnnw (Exod. 16). Y mae rhai yn dehongli'r "bara" fel "Bara'r Bywyd" ac yn esbonio'r cymal hwn i olygu bod angen dathlu'r eucharist bob dydd. Ond prin fod cyfiawnhad i'r arfer hwnnw ar sail y cymal hwn. Y mae cymdeithas wrth y bwrdd bwyd yn feunyddiol yn arwydd o'r Wledd sydd i ddod yn Nheyrnas Dduw. "Yr oedd pob pryd gyda'r Iesu i'w ddisgyblion yn ddisgwyliad o'r Wledd derfynol. Ymhob pryd, ef oedd y gwestai anweledig"...(Jeremias, *op. cit.* td. 200).

Onid yw'n bryd i deuluoedd Cristionogion adfer y wedd bwysig hon o ddathlu wrth y bwrdd bwyd yn eu cartrefi y gobaith gwynfydedig sydd ganddynt i ddod yn Nheyrnas Dduw ac y mae'r danteithion ger eu bron yn gysgod ohoni?

A maddau i ni ein troseddau.... Rhodd rasol yw maddeuant Duw bob amser ac nid rhywbeth i'w ennill. Ond i dderbyn y rhodd rhaid i ninnau faddau i eraill. "Byddwch yn debyg i'ch Tad nefol trwy arfer maddeuant" (Math. 6:14-15). Y mae dameg y Gwas anfaddeugar yn esbonio ystyr y cymal hwn (Math. 18:21-35).

A phaid â'n dwyn i brawf... Profi ein ffydd a olygir yn y cymal hwn ac nid temtio. Nid yw Duw yn temtio neb, medd Iago (1:13), nid ef yw'r temtiwr, ond fel mae'r cymal sy'n dilyn yn esbonio y Diafol yw'r arch demtiwr. Fe ddichon bod Duw yn profi ffydd ei blant, ond fel yr eglura Paul "y mae Duw yn ffyddlon; yr hwn ni âd eich temtio uwchlaw yr hyn a alloch; eithr a wna ynghyd â'r temtasiwn ddihangfa hefyd, fel y galloch ei ddwyn" (1 Cor. 10:13). Gall y prawf olygu'r "Prawf Terfynol" hefyd a oedd yn rhan o'r gwaeau Meseianaidd.

Gwared ni rhag yr Un Drwg. Erbyn y Testament Newydd mae'r Un Drwg wedi magu mwy o arwyddocâd na'r "cyhuddwr" a welir yn llyfr Job. Nid yn unig fe saif gerbron Duw yn ein cyhuddo, ond y mae yn berson dieflig y mae'r byd yn ei gaethiwed. Fel ydywed Catecism Newydd Eglwys Rhufain, "nid haniaeth yw'r drwg, ond Person. Satan, yr Un Drwg, gelyn Duw ...sydd yn llesteirio cynllun Duw" (td. 607). Gan fod y byd i gyd yn llaw yr Un Drwg a phan gymer yr eglwys neges yr efengyl o ddifrif y mae gwrthdaro yn anochel. Yn y groes yn unig y cawn waredigaeth oddi wrth yr Un Drwg, saif honno yn rhagfur rhyngom â gafael y byd drwg. Fel dywed Paul: "croes y mae'r byd drwyddi wedi ei groeshoelio i mi, a minnau i'r byd" (Gal. 6:14).

Trafodwch:

1. Nid patrwm o weddi yn unig a roes Iesu i'w ddisgyblion, ond anogaeth i fod yn daer mewn gweddi.

2. Sancteiddio enw Duw yw cymhelliad pwysicaf a chyntaf pob gweddi, dim ond wedyn y meiddiwn ofyn ganddo.
3. Teyrnas Dduw a'i gofynion yw nod y Cristion ac nid ei amcanion ef ei hun, pa mor ddyrchafol bynnag fo'r rhain.

TACHWEDD — DAFYDD

Gwers 9 — **1 Samuel 16: 1-13; 17:34-36**

DUW YN DEWIS Y BRENIN

Nid oes stori mwy rhamantus yn llenyddiaeth y byd na stori'r bachgen o fugail o Fethlehem a enillodd ffafr y brenin, dim ond i'w golli yr un mor fuan a gorfod troi yn herwr cyn iddo ddod i orsedd y brenin ei hun a chodi ei bobl o ddinodedd i bwysigrwydd mawr yn y Dwyrain Canol. Cwympodd i bechod a gwelodd chwalu yr hyn a grëodd a bu farw'n henwr trist. Mae un peth yn wir am arwyr yr Hen Destament i gyd; arwyr gyda thraed o glai ydynt. Fel y dywed Eric Auerbach yn ei gyfrol *Mimesis*, y mae gwahaniaeth pwysig rhwng y modd y dwyfolwyd arwyr Gwlad Groeg gan ei llenorion a'r modd y mae llenorion a chofnodwyr hanes Israel wedi portredu eu harwyr. Abraham, Isaac, Jacob, Joseff, Moses, Joshua, Elias, Eliseus, Jona, ac yn y blaen. Darlunnir hwy yn eu holl wendidau, "warts and all," gan roi y pwyslais ar y ffaith mai Duw yn ei ras sy'n dewis a defnyddio'r bobl yma. Ef a'i gwnaeth yr hyn oeddent. Eiddo ef y gogoniant.

Mae hyn yn hynod o bwysig wrth drafod Dafydd. Oddeutu 1000 C.C. yr oedd Dafydd yn bugeilio defaid ei dad Jesse yn ardal Bethlehem. Myn traddodiad mai ef oedd yr ieuengaf o wyth o frodyr hynod o ran pryd a gwedd. Disgrifir Dafydd fel un "gwritgoch, gyda llygaid gloyw ac yn hardd yr olwg" (I Sam. 16:12). I bobl croen-dywyll yr oedd rhywun gwritgoch a gwallt coch yn ffaith digon hynod. Yr oedd yn berson poblogaidd ymysg eraill a meddai'r ddawn i ganu'r 'kinnor' (crwth neu delyn fechan). Yr oedd yn ymladdwr ffrynig, hyd yn oed fel bugail dangosodd allu arbennig yn y maes hwnnw. Ymladdodd eirth a llewod er mwyn amddiffyn y praidd (I Sam. 17:34-5). Ond y peth mwyaf arbennig amdano oedd ei feddwl. Meddai'r ddawn i ddeall a dadansoddi sefyllfa yn gliriach na'r cyffredin a gallai gynllunio strategaeth i gyfarfod â'r gofyn.

Ychydig a wyddom am ei dad. Yr oedd yn berchen tiroedd ac yn meddu cryn statws yn y gymuned ym Methlehem. Yn ôl traddodiad yr oedd yn ŵyr i Boas, y gŵr a briododd Ruth (Ruth 4:21) yn "nyddiau'r barnwyr." Tiriogaeth Juda oedd hwn a thueddai gadw hyd braich oddi wrth deyrnas y Gogledd. Lleolwyd Bethlehem yn rhan uchaf Juda, rhyw bum milltir o ganolfan y Jebwsiaid, Jerwsalem - dinas yr oedd Dafydd i'w gwneud yn brifddinas ei deyrnas.

Cyfrifoldeb Dafydd fel bugail fyddai tywys ei braidd i borfeydd glas ac i ffynhonnau dŵr yn ystod y tymhorau sych ac ymlid pob lleidr ac anifail rheibus ymaith. Yr oedd y wybodaeth honno o'r wlad a'r cyffiniau i droi yn waredigaeth iddo yn ystod y cyfnod pan fu ef a'i filwyr ar ffo yn yr anialwch. Mae'n ddiddorol nodi bod y gair bugail yn cael ei ddefnyddio yn drosiadol am frenin yn y Dwyrain Canol. Bugeilio ei bobl fyddai ei gyfrifoldeb pennaf, felly rhwydd iawn oedd trosglwyddo nodweddion bugail defaid i frenin ar deyrnas. Yr oedd holl frenhinoedd pobl Dduw yn cael eu hystyried yn fugeiliaid, gan gynnwys y Meseia Frenin oedd eto i ddod a'r un yr oedd Dafydd yn gysgod ohono. Ef yw'r gwir Fugail.

Daw dawn arbennig a chelfyddyd y storïwr i'r amlwg yn yr adran hon. Ceir ynddi gipolwg ar wir arwriaeth Samuel, gweithred ddirgel er mwyn osgoi llid y brenin Saul; eironi yn y chwilio am y gŵr cywir i'w eneinio a chadarnhad eglur o'r gwirionedd mai Duw sy'n dewis a gwrthod brenhinoedd yn ôl ei arfaeth ei hun. Mae'r gwirionedd olaf hwn yn cael ei bwysleisio drachefn a thrachefn yn yr Ysgrythurau: "Trwof fi y teyrnasa brenhinoedd ac y llunia llywodraethwyr ddeddfau cyfiawn" (Diarh. 8:15); "Drylliaist ei deyrnwialen o'i law, a bwrw ei orsedd i'r llawr" (Salm 89:44). Duw biau gorseddu brenin ac Ef biau ei ddymchwel. "Efe sy'n eistedd ar gromen y ddaear...Yr hwn a wna lywodraethwyr y ddaear yn ddiddim; fel gwagedd y gwna efe farnwyr y ddaear" (Eseia 40:22-23).

Dyma olwg ar waith Duw yn ei ragluniaeth fel y canodd David Charles mor odidog amdani. Wrth wylio llwch y llawr a threfnu lluoedd nef, "cyflawna'r cwbwl oll o'i gyngor Ef." Rhan o'n tlodi fel crefyddwyr heddiw yw ein bod wedi colli ein hyder yn y gred hon.

Gweithred o gryn ddewrder gan Samuel oedd eneinio rhywun arall yn frenin. Yng ngolwg Saul yr oedd yn gyfystyr â brad. 'Roedd cadw'r gyfrinach yn allweddol i sicrhau llwyddiant y weithred. Oni fu i Saul ei hunan gael ei eneinio'n gyfrinachol (II Sam. 9:27 - 10:1)? Gweithred symbolaidd ydoedd, ei hunig ddiben oedd nodi pwy oedd i ddod yn frenin. Nid oedd y sawl a eneiniwyd o angenrheidrwydd yn dechrau ar ei frenhiniaeth ar unwaith. Dyma gadarnhad o'r ffaith mai Duw sydd wrth ei waith yn dewis hyd yn oed bachgen mor ifanc â Dafydd i gyflawni ei amcanion. "Nid dod yn frenin trwy ei hunanymdrech a wnaeth" (Hertzberg, *I and II Samuel*, td. 137).

Y rheswm am ofn Samuel oedd y byddai'r daith i Fethlehem o Rama yn ei arwain trwy Gibea, ardal Saul. Felly, nodir rheswm cwbl ddilys am ei daith, sef mynd i aberthu ym Methlehem. Yr un oedd y rheswm am ymateb henuriaid Bethlehem. Efallai iddynt glywed am yr anghydfod rhwng Samuel a Saul ac nid oeddent am gael eu llusgo i'r ffrae rhwng y ddau. Mae'r esboniad hwn yn llawer mwy rhesymol, medd Hertzberg, na'r awgrym bod ymweliad Samuel mor argyfyngus i bobl Bethlehem ag yw ymweliad y gweinidog ag ambell un o'i braidd! Ond gweithred ddistaw oedd yr eneinio i fod, nid oedd yr henuriaid yn bresennol.

Gwelir crefft y storïwr ar ei gorau yma wrth i'r awdur ddisgrifio'r brodyr bob un yn eu tro yn dod gerbron Samuel dim ond iddo yntau eu gwrthod. Mae'r rheswm a roddir am wrthod Eliab yn awgrymog. Nid edrych ar y wedd allanol mae Duw "ond mae'r Arglwydd yn gweld beth sydd yn y galon"(ad. 7). Fel y dywedwyd eisoes, y galon i'r Iddew oedd canolbwynt y bersonoliaeth. Gweld yr hyn yw dyn yn nirgelwch ei fodolaeth ei hun a wna Duw. "Barnu meddyliau a bwriadau'r galon" y mae. Ar yr un nad oedd yn y cwmni y cwympodd dewis Duw. "Ffôl bethau'r byd a ddewisodd efe" (1 Cor. 1:27). Efallai nad ystyriwyd Dafydd yn ddigon hen i gymryd rhan yn y ddefod arbennig hon, neu 'roedd yn rhaid cael rhywun i wylio'r defaid. Pa reswm bynnag oedd dros absenoldeb Dafydd, ef oedd yr un i'w eneinio.

Ond ai yng ngŵydd ei frodyr ynteu o'r neilltu y digwyddodd yr eneiniad? Yn wyneb yr angen am gyfrinachedd awgrymodd Hertzberg y dylid cyfieithu 'beqereb' ("yn eu mysg") fel "o'u mysg" = o'r neilltu. Ond go brin bod angen y fath ddamcaniaeth, oni allai dyrnaid bychan gadw cyfrinach hefyd? Bid a fo am hynny, dyma uchafbwynt y stori. Dafydd yn cael ei eneinio, ac ar unwaith disgynnodd yr Ysbryd Glân arno. Dyma linach (Eseia 11:2) yr Ysbryd sy'n dod i'w huchafbwynt gyda dyfodiad y Meseia frenin, yr oedd ei fedydd yn yr Iorddonen yn gyfystyr â'i eneinio â'r Ysbryd. Yn hanes Dafydd dyma'r digwyddiad oedd i newid ei holl fywyd.

Dafydd yw'r etholedig, hir-ddisgwyliedig, yr eneiniog un yn ôl yr hanes, ac er gwaethaf yr hyn a ddigwyddodd iddo wedyn yr oedd ei ddyfodiad i'r orsedd wedi ei ragordeinio. Mae ystyr yr enw Dafydd ('Dawidd') wedi achosi peth anhawster. Yn gymharol ddiweddar darganfuwyd testunau Mari lle ceir y gair 'dawidum' ynddynt yn cael ei ddehongli i olygu cadlywydd neu arweinydd. Tybiwyd bod y teitl hwn wedi ei drosglwyddo i Dafydd pan ddaeth i'w swydd ac anghofiwyd ei enw gwreiddiol. Yr un peth a wneir gyda'r teitl Pharo yn yr Hen Destament. Rhagdybiwyd wedyn mai enw gwreiddiol Dafydd oedd Elhanan, sef yr hwn yn ôl II Samuel 21:19 a laddodd Goliath. Damcaniaeth ddigon derbyniol. Ond yn ddiweddar taflwyd amheuaeth arni oherwydd darganfuwyd mai ystyr gwahanol sydd i'r gair uchod yn nhestunau Mari. Tybir felly bod a wnelo enw Dafydd rywbeth â 'brawd tad' ("father's brother") ond nid oes sicrwydd o hynny.

Gan fod Ysbryd yr Arglwydd yn awr gyda Dafydd ni ellir deall rhai cyfeiriadau ym mhennod 17 heb ystyried o leiaf un adnod bwysig yn y darn sy'n ffurfio cyswllt rhwng y ddwy adran. Mae'r adran honno (1 Sam. 16:14-23) yn darlunio Dafydd yn dod i lys y brenin Saul i ganu'r delyn iddo. Er gwaethaf rhai anawsterau nad ydym yn eu deall yn llawn mynegir holl ergyd yr adran hon yn adnod 14 lle dywedir bod ysbryd yr Arglwydd wedi cilio oddi wrth Saul a "dechreuodd ysbryd drwg oddi wrth yr Arglwydd aflonyddu arno." Ym marn yr awdur y mae hyd yn oed y drwg a ddaw i ran dyn yn dod oddi wrth yr Arglwydd.

Adroddir hanesyn am dri Rabbi wedi diwedd yr Ail Ryfel Byd yn penderfynu cynnal achos llys. Yn y doc yr oedd Duw a'r cyhuddiad yn ei erbyn oedd ei fod wedi achosi'r "holocost." Fe'i cafwyd yn euog, ond cyn ei ddedfrydu dyma un ohonynt yn digwydd edrych ar ei oriawr. "Hei, hogia, edrychwch mae hi'n amser yr awr weddi" meddai. A dyma'r tri yn plygu ar eu gliniau mewn gweddi. Ffydd arwrol yw honno sy'n derbyn popeth o law Duw.

Trafodwch

1. I ba raddau y credwn heddiw bod Duw yn llywodraethu ei fyd yn y fath fodd nes dymchwel brenhinoedd neu lywodraethau? Beth yw'r dewis os na chredwn hynny?
2. A yw'r byd yn nwylo pŵerau nad oes gan Dduw unrhyw

awdurdod arnynt?

3. Os galwodd Dafydd i gyflawni gwaith arbennig, a yw Duw yn eich galw chi a minnau i'n gwahanol alwedigaethau?
4. Arwyr gyda thraed o glai yw arwyr y Beibl. Duw a'u gwnaeth yr hyn oeddent. Onid defnyddio pobl fel ni y mae Duw bob amser ac onid dibynnu ar ei ras yw ein lle?

10/11/96

Gwers 10 1 Samuel 17

DAFYDD ARWR Y BOBL

Gan fod Ysbryd yr Arglwydd yn awr gyda Dafydd dyma gyfle i arddangos hynny yn yr hanesyn sy'n dilyn. Daw'r adran o hanes y brwydrau rhwng yr Iddewon a'r Philistiaid yn y mynydd-dir yng ngorllewin Jwda. Ymosododd y Philistiaid ar yr Iddewon ac ymatebodd Saul a'i fyddin a gwersylla gyferbyn â hwy. Y peth newydd yn y sefyllfa oedd bod gan y Philistiaid 'heriwr' neu efallai un oedd o blith y rheng flaen o filwyr i ymladd y gelyn. Y gŵr hwnnw oedd Goliath. Arfau o bres oedd ganddo a phwysai ei holl arfogaeth fwy na thunnell. Yr oedd yr arfer o adael un gŵr i gynrychioli'r fyddin yn perthyn yn nes i ddull y Groegiaid o ymladd ond nid oedd yn ddiarth yn y Dwyrain Canol ychwaith (II Sam. 2:14yml.). Heriodd Goliath yr Iddewon i ddarganfod un gŵr o'u plith i'w wrthwynebu. Ond crynu gan ofn a wnaeth pawb gan gynnwys Saul. Nid oes gan yr awdur ddiddordeb mewn gwrhydri ymladdwyr fel Jonathan ac Abner, y cyfan y mae am ei bwysleisio yw bod Saul (a oedd yntau yn ŵr tal a chryf iawn) wedi colli ei ddewrder a'i allu fel arweinydd o ganlyniad iddo golli grym yr ysbryd. Heb y gallu hwnnw nid oedd ei gryfder o unrhyw werth iddo.

Yn adnod 12 mae'r naratif fel pe bai yn dechrau'r stori o'r newydd gyda byrgofiant Dafydd heb unrhyw awgrym bod Saul wedi ei gyfarfod o'r blaen. Ond mae adnod 15 yn ymgais i bontio rhwng y ddwy ffynhonnell ac yn enghraifft glodwiw o'r modd y llwyddodd casglwr yr hanesion i ieuo gwahanol draddodiadau yn undod diwinyddol ag hanesyddol.

Adroddir yr hanes am Dafydd yn cludo bwyd i'w frodyr yn y frwydr (17-19) ac yr oedd i ddychwelyd gyda rhyw arwydd ganddynt er mwyn i'w tad gael prawf eu bod yn dal yn fyw ac yn iach. Ond unwaith y daw i olwg y frwydr anghofiodd Dafydd am ei gomisiwn. Bellach nid yw hynny'n bwysig i'r hanes, gan fod Dafydd wedi cyrraedd y man yr ewyllysiodd Duw iddo fod.

Pwysleisir nad er mwyn gwobr ariannol na dim arall y mae Dafydd yn ymladd ond oherwydd ei frwdfrydedd dros yr Arglwydd. Mae agwedd Eliab ei frawd hynaf yn ddealladwy. Onid dyma yw tynged pob brawd bach? Daeth geiriau Dafydd i glyw Saul a chludwyd ef ato ar unwaith. Daw profiad Dafydd fel bugail defaid yn gymorth iddo wrth ateb Saul. Yn y sefyllfa, lle nad oedd neb arall yn barod i ymladd Goliath, nid oedd gan Saul fawr o ddewis ond gadael iddo ei ymladd. Yr oedd Goliath nid yn unig yn rhyfelwr cydnerth ond yr oedd yn cynrychioli'r holl rymusterau annuwiol sy'n brwydro yn erbyn Duw. Yr oedd Dafydd nid yn unig yn ymddiried yn yr Arglwydd ond yr oedd yn offeryn yn llaw Duw i gyflawni'r pwrpas mawr.

Ymddengys bod Saul wedi canfod rhywbeth mwy na ffolineb ieuenctid yng ngwrhydri Dafydd neu ni fyddai wedi rhoi ei arfau iddo, ac yn sicr ni fyddai wedi ymddiried tynged ei holl deyrnas iddo oherwydd byddai wedi ei cholli pe bai Dafydd wedi'i drechu. Ond yr oedd yr arfau yn rhy drwm iddo felly aeth Dafydd i gyfarfod y cawr yn ei ddillad bugail. Ei arfau oedd ffon-dafl a cherrig.

Mae'r ymddiddan rhwng y ddau yn dra diddorol oherwydd rhydd yr awdur yng ngenau Dafydd y gwir reswm dros lunio'r hanes. Brwydr rhwng y gwir Dduw a'r eilunod sydd yma. Y wers i'r Philistiaid ac i'r holl fyd yw bod Duw Israel yn ddigon nerthol i ddymchwel y dynion mwyaf balch a hunangyfiawn i'r llawr.

Nid yw'r disgrifiad o'r frwydr yn gwbl eglur ond mae'r canlyniad yn sicr. Y tebycaf yw bod ergyd y garreg wedi bod yn ddigon i daro Goliath yn anymwybodol ac wedyn torrodd Dafydd ei ben â chleddyf. Dyma sy'n egluro pwyslais y traddodiad yn adnod 50 bod Dafydd wedi lladd Goliath ag arfau cyffredin. Trwy law Duw y cafodd fuddugoliaeth "heb fod ganddo gleddyf yn ei law."

Daw'r adran i ben gyda chyfeiriad digon annelwig arall. Yn y dyddiau hynny yr oedd Jerwsalem yn nwylo'r Jebusiaid ac nid yw'n eglur o gwbl pam y cludodd Dafydd ben Goliath yno. Yn ôl un esboniwr dylid deall mai i dŷ'r Arglwydd maes o law y dygodd Dafydd y pen a'r arfau (pen. 21).

Mae pwyslais yr holl adran ar ddangos ffrwyth Ysbryd Duw yn mywyd Dafydd. Hebddo ni all wneud unrhyw beth. Nid oes angen nac arfau na chryfder corfforol neilltuol, oherwydd os yw Duw yn cyflawni ei fwriadau nid oes modd eu gwrthsefyll. Ni all unrhyw Oliath na Diafol eu gwrthwynebu.

Peth peryglus yw darllen gormod i mewn i hanes fel hwn. Ond

rhydd y Testament Newydd warant i ni dros gredu bod ein brwydr ninnau yn erbyn "grymusterau a phŵerau yn y nefolion leoedd" sy'n milwrio yn erbyn bwriadau daionus Duw. Yn wir, pwysleisir bod yr holl fyd yn llaw yr Un Drwg, ef yw "duw y byd hwn" (2 Cor. 4:4; 1 Ioan 5:19; Effes. 6:12; Gal. 4:3,9). Mae'r weledigaeth apocalyptaidd yma yn treiddio trwy epistolau Paul ac yn cyfeirio nid yn unig at lefel gosmig pechod ond hefyd at helaethrwydd y fuddugoliaeth trwy Grist. Yn Galatiaid 4: 1-11 mae Paul yn pwysleisio bod unrhyw eilunaddoliad yn ddrwg oherwydd ei fod yn lladrata oddi wrth y gwir Dduw y gogoniant a berthyn i'w enw ef yn unig ac yn caethiwo dynion i rymusterau'r tywyllwch.

Y delwau sy'n caethiwo dynion a merched heddiw yw materoliaeth. Trodd y pethau hyn o fod yn wasanaethgar i ddyn yn feistri caethiwus oherwydd i ddynoliaeth eu haddoli. Dyma'n Goliath ni heddiw sy'n ceisio llesteirio bwriadau Duw.

Temtasiwn yr eglwys yw ildio i'r delwau a throi addoliad y gwir Dduw yn fydolrwydd marwol. Un syniad difaol i fywyd yr eglwys yw tybied mai ei harfau a'i hadnoddau hi ei hun neu ei threfniadaeth a'i strwythurau hi ei hun a rydd fuddugoliaeth iddi. Un celwydd y gofynnir inni gredu ynddo heddiw yw y dylid uno'r enwadau yng Nghymru er mwyn bod yn fwy effeithiol ein cenhadaeth. Nid strwythurau eglwysig sy'n cynnal cenhadaeth ond y Duw mawr, ein harfau yw'r newyddion da am fuddugoliaeth Iesu Grist dros ein pechod a'r drwg. Pe baem o ddifrif ynglŷn â rhannu'r neges honno, nid poeni am gau capeli y byddem nac am brinder gweinidogion. Mae'r dystiolaeth yn eglur, tra bo'r enwadau traddodiadol yn edwino yn Ynysoedd Prydain, mae'r eglwysi sydd wedi aros yn fwyaf ffyddlon i'w hetifeddiaeth efengylaidd yn cynyddu.

Trafodwch:

1. "Ein digonedd ni sydd o Dduw," medd y Gair. Onid ydym yn rhy fynych yn credu mai ein cryfder ein hunain a rydd fuddugoliaeth i ni?
2. Cysur y Cristion yw gwybod bod Duw o'i blaid, ni all dim ei orchfygu.
3. Nid mewn trefniadaeth a strwythurau mae ein diogelwch, ond

ym muddugoliaeth Duw yng Nghrist. Onid ofer felly yw ceisio diogelwch mewn pethau daearol, boed fateroliaeth neu enwadaeth?

4. Ai arfau ysbrydol yn unig yw arfau'r Cristion?

Gwers 11 1 Samuel 20

DAFYDD Y CYFAILL

Wrth i enwogrwydd Dafydd gynyddu, dyfnhau a wnaeth eiddigedd Saul tuag ato. "A bu Saul â'i lygad ar Dafydd o'r dydd hwnnw allan" (I Sam. 18:9). Yr oedd dau reswm yn arbennig dros eiddigedd Saul: gwelodd fod yr Arglwydd gyda Dafydd ond ei fod wedi ei adael ef (I Sam. 18:12), a gwelodd fod Israel gyfan yn caru Dafydd. Er iddo roi ei ferch, Michal, yn wraig i Dafydd, rheswm cwbl hunanol oedd ganddo. Gofynnodd i Dafydd gyflawni tasg anodd, a dweud y lleiaf, os oedd am ei chael yn wraig, sef dod â blaengrwyn cant o Philistiaid iddo. Ei obaith oedd y byddai Dafydd yn cael ei ladd wrth ymladd. Ond cymaint oedd llwyddiant Dafydd nes iddo ddyblu'r nifer o flaengrwyn y Philistiaid! Erbyn hynny 'roedd eiddigedd Saul wedi troi yn gasineb agored ac nid oedd modd ei fodloni heb ladd Dafydd (I Sam. 19:10). Ceir tair enghraifft ym mhennod 19 o gasineb Saul tuag ato, ond trwy gymorth ei wraig Michal a Jonathan, mab Saul, llwyddodd i ddianc yn ddianaf. Un peth sy'n dod i'r amlwg yn yr hanes yw perthynas agos Dafydd a Jonathan. "Ymglymodd enaid Jonathan wrth enaid Dafydd" (I Sam. 18:1).

DAFYDD A JONATHAN

Sefydlu'r berthynas.

Dyma un o straeon cyfeillgarwch prydferthaf y Beibl. Ar ochr Jonathan yr oedd yn gyfeillgarwch cwbl anhunanol. Ef wedi'r cyfan oedd etifedd y frenhiniaeth, ond cymaint oedd ei edmygedd o Dafydd fel nad oedd o wahaniaeth ganddo am ei goron. Dyna beth yw gwir gyfeillgarwch. Wrth wneud cyfamod â Dafydd gerbron Duw yr oedd Jonathan yn mynd ymhellach na mynegi teimladau cynnes tuag at Dafydd; ymhellach na nawdd haelionus tywysog tuag at fachgen o fugail. Trwy roi ei ddillad a'i arfogaeth ei hun iddo yr oedd Jonathan yn rhoi ef ei hun i Dafydd. Wrth edrych ar Dafydd gwelai'r bobl ail-hunan ('alter ego') Jonathan, medd yr esboniwr Mathew Henry.

Profwyd didwylledd Jonathan i'r eithaf yn enwedig yn y bennod o dan sylw. Yr oedd yn naturiol iddo gredu'r gorau am ei dad hefyd ac nid oedd yn breuddwydio am funud bod cymaint o falais yng nghalon Saul. Y cyfan a fynegir yn y stori yw'r modd y daeth Jonathan i weld cymaint oedd eiddigedd Saul.

Yr oedd dyfodiad Dafydd i'r llys brenhinol a'i ddihangfa oddi yno yn fater o gryn bwys i'r haneswyr. Yr oeddent yn awyddus i ddangos bod ei esgyniad i'r orsedd yn gyfreithlon ac felly 'roedd yn bwysig dangos bod merch Saul ei hun a hyd yn oed y tywysog yn gyfrannog yn ei enciliad. Pwrpas yr hanesyn yw dangos pa mor anochel oedd i Dafydd droi'n alltud diniwed oherwydd casineb Saul. Ond cyn hynny yr oedd rhaid rhoi un cynnig arall i brofi agwedd Saul tuag ato.

Profi'r Berthynas

Esgorwyd ar gynllun i roi prawf pellach ar fwriadau Saul. Yr oedd disgwyl i Dafydd fod yn bresennol wrth fwrdd y brenin yn enwedig yn ystod y wledd oedd i ddod. Byddai ei absenoldeb yn sicr o gynhyrfu'r brenin. Ond 'roedd yn ofynnol diogelu safle Jonathan yn osgystal, felly esgorwyd ar y syniad y dylai Jonathan rybuddio Dafydd o agwedd Saul tuag ato. Adroddiad digon cymhleth a geir o'r modd y dylid rhybuddio Dafydd. Efallai bod hyn yn adlewyrchu'r ffaith bod yma ddau adroddiad gwahanol wedi eu plethu i'w gilydd, un yn cynnwys y cynllun gyda'r saethau a'r llall yn cyfeirio'n unig at y ffaith y byddai Jonathan yn rhybuddio Dafydd, heb fanylu ar y dull.

Unwaith eto mae'r naratif yn troi o amgylch y berthynas rhwng y ddau lanc. Byddai'n rhwydd iawn i Jonathan fradychu Dafydd i'w dad a chael gwared o'i gydymgeisydd am y frenhiniaeth. Ond prawf o ddidwylledd ei gyfeillgarwch oedd ei barodrwydd i fynd i'r fath eithafion er mwyn diogelu Dafydd. Yn y prawf ar eu cyfeillgarwch gwelir hunan-aberth dewr a theyrngarwch diffuant. "Y mae cyfaill yn gyfaill bob amser" neu "mae cyfaill yn caru bob amser" (Diarhebion 17:17). "Cyfaill a lŷn" oedd Jonathan. Nid gyda'i eiriau yn unig y profodd Jonathan ei gyfeillgarwch ond gyda'i weithredoedd hefyd.

Cymdeithas dlawd yw honno lle mae cyfeillgarwch yn cael ei wenwyno gan amheuaeth ynglŷn â didwylledd pobl i'w gilydd. Er addo'n dda, fel ar ddydd priodas, er enghraifft, dinistrir ymddiriedaeth y naill yn y llall gan amheuaeth a drwgdybiaeth. Dangosodd Jonathan trwy roi ei hun yn llwyr i Dafydd, heb gyfri'r gost, mai dyma lwybr gwir gyfeillgarwch. Y rhoi costus hwnnw sy'n cyfoethogi cymaint ar fywyd ac yn esgor ar wir wasanaeth yn y byd. Dyma ffordd Iesu ei hun a'r ffordd y mae'n galw ar ei ddilynwyr i'w dilyn.

Parhad y berthynas.

Nid oedd absenoldeb Dafydd o'r ŵyl yn peri llawer o boendod i Saul ar y dechrau, ond 'roedd disgwyl i'w osgorddion fod yn bresennol. Tybiodd Saul bod Dafydd wedi cyffwrdd â chorff marw, rhywbeth a'i gwnâi'n amhosibl iddo ddod i'r cwmni am ei fod yn aflan. Ond ar ail ddiwrnod y wledd ni allai Saul atal ei lid ac ymosododd ar Dafydd. Fel mab ffyddlon ni allai Jonathan oddef ymosodiad ar ei gyfaill cywir ac nid oedd arno ofn dweud ei farn. Yr oedd ei ymadawiad oddi wrth fwrdd y wledd yn brawf eglur nad oedd yn cefnogi agwedd ei dad tuag at ei gyfaill. Yn eironig yr oedd geiriau Saul yn adn. 31 yn wir. Tra 'roedd Dafydd yn fyw nid oedd teyrnas Jonathan yn ddiogel.

Ar drydydd dydd yr ŵyl, wedi gweld beth oedd agwedd Saul, aeth Jonathan allan i roi'r arwydd disgwyliedig. Ond wedi cwblhau'r ddefod ni allai'r ddau ymwahanu heb weld ei gilydd. Mae gwir deimladrwydd yn nisgrifiad yr awdur o'r ddau gyfaill yn ffarwelio â'i gilydd. Tristwch yn bennaf oedd yn llenwi eu meddyliau oherwydd agwedd Saul tuag at Dafydd, ond yr oedd yna wir ymdeimlad o hiraeth hefyd. Yn y gwahanu yr oedd yna barhad hefyd. Parhad y cyfamod rhyngddynt a'u disgynyddion yr oedd yr Arglwydd yn dyst iddo. Cyfamod nas torrir byth oherwydd mai yr Arglwydd Dduw oedd y gwarantwr. Unwaith eto mae'r awdur yn awyddus i ddangos nad oedd gan Jonathan unrhyw falais yn erbyn Dafydd, ac nid oedd Dafydd mewn unrhyw ffordd wedi dwyn yr orsedd oddi arno. Yn wir, ni alarodd neb yn fwy na Dafydd pan laddwyd Jonathan mewn brwydr gyda'r Philistiaid ynghyd â'i dad Saul (pen. 31). Yn ôl yr awdur, gŵr gorffwyll oedd Saul yn brwydro yn erbyn ewyllys Duw.

Trafodwch

1. Rhoi heb ddisgwyl dim yn ôl yw sail gwir gyfeillgarwch. A ydych yn cytuno?
2. A oes terfyn ar gyfeillgarwch?
3. A ydych yn credu y dylem ddweud y gwir bob amser wrth ein cyfeillion hyd yn oed pan fo hynny yn siwr o'u brifo?

24/11/96

Gwers 12 — 2 Samuel 7

DUW'R CYFAMOD A GWEDDI DAFYDD

Wedi ei ddyrchafu'n frenin yn dilyn trychineb lladd Saul a'i feibion yn Gilboa (I Sam. 31:1-6 a II Sam. 1:11-12; 5:1-5) a'r cyfnod ansefydlog o ryfel cartref rhyngddo ac Abner a gweddill tŷ Saul, gorseddwyd Dafydd yn frenin. Erbyn hyn yr oedd yn ddwy ar bymtheg ar hugain oed. Dyma ddechrau teyrnasiad oedd i bara am dair blynedd ar ddeg ar hugain. Yr oedd yn anterth ei nerth ac yn meddu byddin gref.

Ei gam cyntaf oedd concro Jerwsalem oedd yn nwylo'r Jebusiaid a'i gwneud yn brif ddinas iddo'i hun. Wedyn trechodd y Philistiaid (II Sam. 5:1-16 a 5:17-25). Daeth ag Arch y Cyfamod i mewn i Jerwsalem (II Sam. 6:1-23) a dawnsio mewn llawenydd o'i blaen. Cafodd y syniad o adeiladu cartref parhaol iddi, ond rhwystrwyd ef rhag gwneud hynny gan eiriau'r proffwyd Nathan. Yr oedd Duw, meddai hwnnw, wedi preswylio mewn pabell symudol erioed. Ond cafodd duwioldeb Dafydd ei wobrwyo yn y diwedd trwy'r addewid y câi ei linach deyrnasu'n dragwyddol, ac mewn ymateb offrymodd weddi o ddiolchgarwch.

Y CYFAMOD A'R FRENHINIAETH (1-17)

Yn hanes cyfamod Duw â'i bobl mae'r cyfamod gyda Dafydd yn ffurfio rhan allweddol o hanes y genedl o'i deyrnasiad hyd Sedeceia y brenin olaf, a hefyd ymlaen i'r Testament Newydd lle darlunnir Crist fel mab Dafydd (Math. 1:1-7; Rhuf. 1:3; 2 Tim. 2:8). Y bennod hon yw pinacl y traddodiadau ynglŷn â Dafydd. Wedi adeiladu ei balas mynegodd Dafydd y dymuniad cwbl ddidwyll o adeiladu tŷ addas i Arch y Cyfamod. Er iddo gael ateb ffafriol ar y dechrau gan y proffwyd, eto mae'r arlliw o ffurfioldeb yng ngeiriau Nathan yn bradychu mai ateb arwynebol oedd hwn. Wedi cael gair gan yr Arglwydd y noson honno yr oedd Nathan i wrthod y cais. Mae'r gosodiad nad yw'r Arglwydd wedi preswylio mewn tŷ sefydlog oddi ar yr ecsodus o'r Aifft yn un rhyfedd gan fod tŷ wedi bod yn Seilo i gartrefu'r Arch. Dichon fod pwyslais y gair a ddefnyddir yma i ddisgrifo'r babell ('miskân') yn awgrymu adeilad symudol ac mae'n ddigon posibl mai fel cartref dros dro yr ystyrid Seilo hefyd.

Yn ddiwinyddol yr oedd y gwaharddiad yn pwysleisio nad mewn temlau o waith llaw yr oedd yr Arglwydd yn preswylio ac nid oes modd ei gyfyngu i un lle. Duwiau'r paganiaid oedd yn byw mewn temlau o'r fath. Yr oedd Arglwydd Dduw Israel yn Dduw yr holl fyd.

Wedi gwrthod un peth mae Duw yn awr yn rhoi addewidion mawr i Dafydd ac er nad yw'r gair cyfamod yn ymddangos, eto mae'r holl elfennau angenrheidiol yn bresennol. Yn Salm 89:21-37 defnyddir yr ymadrodd: "bydd fy nghyfamod ag ef yn sefydlog." Y mae'r addewidion yn rhai cyfoethog ac yn berthnasol nid yn unig i Dafydd yn bersonol ond hefyd i bobl Dduw. Cânt breswylio yn eu lle eu hunain, "ac ni fydd treiswyr yn eu cystuddio eto (adn. 10)." Dyma addewid a roddwyd i'r Iddewon o'r blaen, ond y mae elfennau newydd yn yr addewid hon hefyd: (1) Bydd Duw yn gwneud enw Dafydd yn fawr - adn. 9; (2) Bydd yn rhoi gorffwys i Dafydd oddi wrth ei elynion; (3) Rhydd Duw iddo linach brenhinol a fydd ar yr orsedd am byth (11-13); (4) Cofir am y berthynas hon yn y dyfodol yn y geiriau "Byddaf fi'n dad iddo ef, ac yntau'n fab i mi" (14). Fe fydd Duw'n ceryddu a chywiro ei etholedig, ond erys ei drugaredd neu ei ffyddlondeb ('chesedd'), term a gysylltir â'r cyfamod, gyda Dafydd a'i ddisgynyddion.

Gweithred rasol Duw tuag at bobl cwbl anhaeddiannol yw'r cyfamod yn y Beibl. Dyma a geir yma. Duw yn cymryd y bugail di-nod hwn a gwneud ei enw'n fawr. Gwaith Duw yw'r cwbl. Er gwaethaf y ffaith y ceir yn I a II Samuel ddwy agwedd cwbl wrthgyferbyniol i'w gilydd tuag at sefydlu'r frenhiniaeth yn Israel, nid yw hynny, fodd bynnag, yn diddymu'r argyhoeddiad mai trwy ofal rhagluniaethol Duw y penodir y brenin. Yr hyn sy'n rhaid cofio yw nad yw sofraniaeth Duw yn negyddu cyfrifoldeb dyn o gwbl. Trwy ddiffygion ac amherffeithrwydd dynion mae Duw yn dod â'i waith i ben: "Diau cynddaredd dyn a'th folianna di" (Salm 76:10, felly'r Hebraeg ond nid y BCN). Gogoneddir Duw yn ei waith creadigol gyda phobl er gwaethaf eu diffygion. Er i'r frenhiniaeth gael ei chyflwyno i Israel gan bobl annheilwng nid rhwystro bwriadau Duw a wnaethant oherwydd daw ei fwriadau i'r amlwg gyda dyfodiad Dafydd i'r orsedd; offeryn yn llaw Duw yw'r brenin Dafydd. Daw dau beth yn arbennig i'r amlwg:

Gwawrio'r gobaith Meseianaidd. Rhoddwyd addewid am ffyniant a heddwch a phopeth sy'n gysylltiedig â'r gair Hebraeg 'shalôm'. Ond rywfodd ni chafodd y breuddwydion eu gwireddu a gwelir Eseia'r proffwyd ddau gan mlynedd yn ddiweddarach yn sôn am frenin o gyff Jesse, y Meseia, y bydd Ysbryd Duw yn syrthio arno a bydd yn barnu'r tlodion mewn cyfiawnder a bydd y ddaear yn llawn o wybodaeth yr Arglwydd (Eseia 11:1-9). Bwriwyd y gobeithion ymlaen i'r dyfodol a helaethir ar y darlun gan Jeremeia ac Eseciel. Cawn drafod y cysylltiad rhwng y gobeithion hyn a Iesu o Nasareth y tro nesaf.

Seion anorchfygol. Ail ganlyniad y cyfamod hwn â Dafydd oedd twf y gred y byddai Seion yn anorchfygol. Yr oedd yn anorchfygol nid yn unig oherwydd bod Arch y Cyfamod yn bresennol ynddi, ond oherwydd bod gorsedd Dafydd gerllaw, gorsedd dragwyddol. Adleisir yr hyder hwn yn y Salmau. Ceir un ohonynt yn cysylltu etholedigaeth Seion gydag etholedigaeth Dafydd (gwel. Salm 132). Ffynnodd y cwlt offeiriadol a brenhinol ar sail y gred hon ac yn ystod yr wythfed ganrif fe'i cyfiawnhawyd. Ond ganrif yn ddiweddarach yr oedd y gred o dan gondemniad oherwydd ei bod yn amlygu ffydd wag. Nid oedd o wahaniaeth faint o weiddi "Teml yr Arglwydd, teml yr Arglwydd" a wnâi'r bobl, nid oedd ymwared rhag y gelyn (gwel. Jeremeia 7:4).

Nid oedd cyfamod Duw â Dafydd yn newid ei gyfamod â'i bobl mewn unrhyw fodd. Cyfamod ag unigolyn oddi mewn i fframwaith y cyfamod gyda'i bobl oedd hwn. Amlygiad o weithgarwch grasol Duw gyda'i bobl ydyw. Mae pob cyfamod yn rhagdybio cydberthynas o ymddiriedaeth rhwng dau. Yn wahanol i gontract, ffyddlondeb yw'r elfen allweddol mewn cyfamod. Er nad yw'r bennod hon yn manylu ar oblygiadau'r ffyddlondeb o ochr Dafydd yr oedd disgwyl iddo a'i ddisgynyddion gadw tystiolaeth yr Arglwydd (gwel. Salm 132:11-12). Mae ymddiriedaeth ostyngedig i gyfraith Duw yn rhan o gyfrifoldeb cyfamodol y brenin. Yr oedd un canlyniad y cyfamod hwn yn gadarnhaol ei effaith oherwydd yng nghanol pob adfyd cynhaliwyd ffydd a gobaith y bobl mewn gwaredwr oedd eto i ddod, ond yr oedd yr ail ganlyniad yn gyfrifol am gamsyniad cwbl di-sail.

GWEDDI DAFYDD (18-29)

Dim ond mewn un ffordd y gall Dafydd ymateb i'r fath haelioni â hwn - trwy Weddi o Ddiolchgarwch. Dyma un o weddïau cyfoethocaf yr Hen Destament a cheir ynddi elfennau allweddol gweddi. ***Gostyngeiddrwydd:*** egyr Dafydd (adn. 18) trwy gydnabod mai o law Duw y daeth pob llwyddiant a gafodd. Di-nod ydoedd ef cyn i Dduw ei alw i'w wasanaeth. ***Diolchgarwch:*** yr oedd helaethrwydd ffafr Duw yn fater o ryfeddod iddo (adn. 19). Duw a'i dygodd i binacl ei lwyddiant a rhoi iddo'r addewid am ddyfodol gogoneddus. ***Moliant:*** mynegodd Dafydd ei ddiolchgarwch trwy foliannu Duw am ei ddaioni a'i fawredd (adn. 22). ***Cofio*:** crynhoir holl arwyddocâd hanes cynnar Israel a gosodir llwyddiant Dafydd yn erbyn y cefndir hwnnw. Y mae'r hanes hwnnw'n amlygu tair elfen allweddol: etholedigaeth Duw, cariad Duw tuag atynt a'i ofal gwarcheidiol amdanynt. Parhad o'r hanes hwn oedd llwyddiant presennol Dafydd (adn.23). ***Cydnabod:*** mae'r weddi'n gorffen gyda chydnabyddiaeth o addewidion Duw yn awr ac ymbil arno i'w dwyn i ben. Y mae ffydd yn Nuw yn cael ei chynnal trwy gofio'i roddion yn y gorffennol, pwyso ar ei addewidion heddiw a gobeithio yn ei amcanion ar gyfer yfory.

Mae credu yn hollalluogrwydd Duw a'i hollwybodolrwydd yn ôl rhai yn gwneud dynion a merched yn ddim mwy na robotiaid. Nid felly y dysg y Beibl. Trwy ddynion a merched digon amherffaith y mae ef yn dwyn ei waith i ben. Ei allu a'i fwriadau ef sydd ar waith yn y cyfan. Nid tarfu ar ryddid dyn mae hynny, ond ei gynnal. Ein gwir ryddid yw byw yn unol â'i ewyllys ef. "Rhaid i'n gweddi," medd R. E. Clements, "adlewyrchu ein huchel alwedigaeth. Ymhell o fod yn gwadu gwir ddynoliaeth, golyga hynny mai yn Nuw yn unig y cyrhaeddwn ein potensial llawn o fod yn ddynol." Trwy ildio'n llwyr i ras Duw y sylweddolwn ein rhyddid a'n cyfrifoldeb dynol. Am hynny, mae gweddi Dafydd ar i Dduw "gadarnhau ei air" yn weddi y gellir ei hadleisio yn ein bywydau ninnau.

Trafodwch

1. Mae Duw yn defnyddio'r teilwng a'r annheilwng i gyflawni ei fwriadau. A ydych yn cydweld?
2. Perygl parhaol yr eglwys yw llithro i gredu fod ei threfniadaeth yn ddigyfnewid ac yn achos ymffrost iddi.
3. Gweddi yw'r cyfrwng pwysicaf i ni sylweddoli ein huchel alwedigaeth mewn bywyd.

RHAGFYR GOBAITH I'R BYD (NADOLIG)

Gwers 13 Mathew 24:3-14, 36-51

YR ADFENT - DYDD GOBAITH

Nid disgwyl diwedd y byd y mae Cristionogion fel y cyfryw, ond disgwyl ail-ddyfodiad yr Arglwydd Iesu (y 'parousia'). Gobaith am weld Iesu yw gobaith y Cristion. "Beth yw'r gobaith sy'n puro'r enaid?" gofynnodd Emrys ap Iwan. A'r ateb, "Cael gweld Iesu fel y mae, a bod yn debyg Iddo." Wrth gwrs, mae dyfodiad Iesu a diwedd y byd ynghlwm wrth ei gilydd. Ofer fodd bynnag yw ceisio darogan a phroffwydo, fel y gwnaeth llawer, pa bryd y daw diwedd y byd. Mae rhybudd Iesu'n berthnasol o hyd, "ond am y dydd hwnnw, a'r awr ni ŵyr neb, nac angylion yn y nef, na'r Mab, neb ond y Tad yn unig" (adn. 36). Braint Duw y Tad yw pennu'r "amseroedd a'r prydiau" gan mai ei gynllun a'i fwriadau ef sydd ar waith (cymh. Actau 1:6-7). Ond gall y Cristion fod yn hyderus am mai disgwyl yr Arglwydd Iesu Grist y mae.

Wrth ddisgwyl am Iesu mae'r Cristion yn disgwyl am rywun y mae'n ei adnabod. Nid aros am ddieithryn y mae, ond am un a fu yma yn ein byd ac a ddioddefodd ac a fu farw ac a atgyfododd. Un y bu'r disgyblion yn cydgerdded, cydlawenhau a chydwylo ag ef; yn torri bara ac yn yfed y cwpan ag ef; hwnnw y maent yn ei ddisgwyl. Un sydd eisoes yn eistedd yn Arglwydd ac yn Frenin ar ddeheulaw Duw, yn ei ddynoliaeth ogoneddus ym meddu pob gallu ac anrhydedd yn y nef ac ar y ddaear (Effes. 1:20-21). Ynddo ef mae holl hanes a'r holl greadigaeth wedi dod i'w cyflawniad (Effes. 1:10). Am hynny, rhywbeth i obeithio amdano yw diwedd y byd i'r Cristion. "Gweld f'anwylyd" a "Hyfryd fore caf ei weled fel y mae" yw hyder yr emynwyr. Daw diwedd ar bob delweddau a symbolau, bydd y gweld yn weld "wyneb yn wyneb." Gweddi'r Cristionogion bore oedd "marana tha", "tyred, Arglwydd" a dyma weddi Cristionogion o hyd. Nid optimistiaeth wag yw gobaith y Cristion felly, ond hyder sicr yn yr addewid glir fod Iesu'n dod eilwaith.

Oddi ar ddyrchafiad Iesu mae'r "awr olaf wedi dod" a dydd adnewyddu'r greadigaeth oll wedi dechrau ac mae grym gweithredol teyrnas Dduw eisoes ar waith. Er hynny daw ymosodiadau parhaus ar y deyrnas honno o gyfeiriad y Drwg a dioddefa Cristionogion saethau mileinig a threialon enbyd ar eu ffydd. Ond mae'r fuddugoliaeth derfynol yn sicr oherwydd atgyfodiad ac esgyniad Iesu i eistedd ar ddeheulaw Duw yn ein natur ni.

DYDD BARN

Dod i deyrnasu ac i ddymchwel teyrnas y tywyllwch am byth, dod yn Farnwr y byw a'r meirw, dod i "ddarostwng ei elynion yn droedfainc i'w draed" y mae Crist. Yn sicr, y mae yn ddydd i'w ofni, ond i'r sawl sydd yng Nghrist y mae'n ddydd i'w groesawu am fod "dydd barnu'r byd hwn" wedi dod. Dyma oedd gobaith Israel am frenin yn llinach Dafydd yn eistedd ar yr orsedd dragwyddol: "O'r cyff a adewir i Jesse fe ddaw blaguryn, ac fe dyf cangen o'i wraidd ef...Fe dery'r ddaear â gwialen ei enau, ac â gwynt ei wefusau fe ladd y rhai anwir...felly llenwir y ddaear â gwybodaeth yr Arglwydd..." (Eseia 11).

Y mae Duw wedi penodi diwrnod i farnu'r byd mewn cyfiawnder trwy Iesu Grist, ef yw dewis offeryn y Tad i gyflawni ei farn ("y mae wedi rhoi pob hawl i farnu i'r Mab," Ioan 5:22, a gweler adnod 27). Rhaid i bob un ymddangos gerbron brawdle Crist i roi cyfrif am eu "meddyliau, geiriau a gweithredoedd" (II Cor. 5:10; Rhuf. 2:16; 14:10,12; Math. 12:36,37).

Amcan Duw yn penodi'r diwrnod hwn yw er mwyn amlygu gogoniant ei drugaredd yn achub yr etholedig, a'i gyfiawnder yn barnu'r gwrthodedig sy'n ddrwg ac anufudd. Caiff y cyfiawn etifeddu'r deyrnas y mae Duw wedi ei pharatoi ar eu cyfer, ond bwrir y rhai drwg nad ydynt yn adnabod Duw i boenedigaeth dragwyddol. Ceir digon o dystiolaeth yn yr Efengylau yn unig i ddyfodiad diwrnod o'r fath. Ar wefusau Iesu clywir am ddydd pan "fydd dau mewn cae; cymerir un a gadewir y llall"; am ddydd pan fydd ef yn dweud wrth y rhai ar y chwith iddo, "Ewch oddi wrthyf, chwi sydd dan felltith, i'r tân tragwyddol a baratowyd i'r diafol a'i angylion" (Math. 25:41 ymlaen); am ddydd gwahanu'r defaid oddi wrth y geifr; am ddydd "bwrw tân ar y ddaear."

DYDD PRAWF

Cyn i'r farn olaf ddod rhaid i'r eglwys ddioddef prawf terfynol a fydd yn siglo ffydd llawer crediniwr ("am fod drygioni yn amlhau, bydd cariad llawer iawn yn oeri" Math. 24:12). Yn yr erlid a ddaw ar y saint yn ystod eu pererindod ar y ddaear daw twyllwyr ac ymhonnwyr i'w hudo trwy gynnig atebion slic i'w problemau. Y pris a delir am hynny yw cefnu oddi wrth y gwirionedd. Y twyllwr eithaf yw'r Anghrist neu'r Ffug-Feseia y mae dynion yn ei osod yn lle Duw a'r Gwir Feseia (II Thes. 2:4-12; I Thes. 5:2-3; II Ioan 7; I Ioan 2:18,22). Mae twyll yr Anghrist eisoes yn digwydd pan honna dynion eu bod wedi sefydlu teyrnas Dduw ar y ddaear. Teyrnas i ddod yw teyrnas y gwir Dduw, ac nid dynion sydd yn ei sefydlu. Yn y cyfnod hwn bod yn effro, yn gwylio ac yn gwrando, yw galwad yr eglwys, "oherwydd pryd na thybioch y daw Mab y Dyn." Ei harfau yn y rhyfel hwn yw Gair y Gwirionedd. Os cefna ar hwnnw darfu amdani.

Y MIL FLWYDDIANT

Ar ddechrau'r ganrif hon 'roedd y gred mewn ôl-filflwyddiaeth ('post-millennialism') yn boblogaidd. Cyn y Rhyfel Byd Cyntaf cafwyd damcaniaeth boblogaidd bod yr Efengyl yn mynd i dreiddio i'r holl fyd. "The evangelisation of the world in our generation" oedd maniffesto Cynhadledd Genhadol Caeredin 1910. Tybiwyd y byddai'r efengyl yn cael ei derbyn trwy'r byd i gyd ac felly dyna ddechrau ar filflwyddiant o deyrnasiad cyfiawnder cyn i Grist ddyfod eilwaith. Collodd y gred hon ei phoblogrwydd wrth i ddau Ryfel Byd chwalu'r optimistiaeth ffuantus oedd yn sail iddi.

Yr ail ddamcaniaeth ynglŷn â dyfodiad Crist yw'r un a adwaenir fel cynfilflwyddiaeth ('premillennialism'). Craidd y syniad hwn yw bod hanes yn mynd rhagddo "gyda'i ryfeloedd a'i sôn am ryfeloedd" hyd nes daw Crist mewn gogoniant a dymchwel ei elynion a sefydlu ei frenhiniaeth fydd yn para am fil o flynyddoedd. Dyma oedd barn esbonwyr fel Alford a Zahn. Ond syrthiodd y farn hon i amhoblogrwydd oherwydd dylanwad rhai a adwaenir fel "dispensationalists." Cred y rhain yw bod Crist yn dod ddwywaith; yn gyfrinachol yn gyntaf, ac yna saith mlynedd yn ddiweddarach yn gyhoeddus, er mwyn sefydlu ei filflwyddiant. Ond aeth llawer o'r rhai sy'n arddel y gred hon i eithafion nad oes modd eu cyfiawnhau.

Yn wyneb hynny, gwrthododd rhai yr holl syniad am filenariaeth. Adwaenir hwy fel y gwrth-filflwyddwyr ('amillennialists').

O'r holl farnau, yr olaf yw'r lleiaf tebygol. Y mae esbonwyr wedi gwahaniaethu yn eu barn am y ddau gyntaf am fod tystiolaeth yr Ysgrythur yn amrywio ar y pwnc ac nid oes modd dyfarnu'n bendant. Os oes rhaid penderfynu rhwng y naill farn a'r llall ochrwn gyda'r cyn-filenariaid er i ddiwinyddion mor gadarn a Dorner, Strong, Charles Hodge ac A. A. Hodge anghydweld!

Gellir bod yn hyderus y daw Crist eilwaith i'r byd, pa farn bynnag a goleddir. Y gobaith hwnnw am gael gweld Iesu, fu'n gynhaliaeth i Gristionogion yng nghanol adfyd o bob math.

Trafodwch

1. "Yr Anghrist yw gelyn Crist...yr Anghrist yw'r gelyn celwyddog...yr Anghrist yw twyllwr y Byd" medd Llywelyn Lloyd Jones yn ei anerchiad o gadair Undeb yr Annibynwyr 1987, "Y Gobaith Cristionogol" td. 5 a 6. Uniaethodd rhai yr Anghrist ag Eglwys Rhufain. Beth yw yr Anghrist yn eich barn chwi?
2. Disgwyl dyfodiad Iesu eilwaith yw'r gobaith sy'n cynnal ffydd y Cristion.
3. A ydym wedi diystyru gormod yn ei dyddiau ni ddysgeidiaeth y Testament Newydd ar Ddydd y Farn?

8/12/96.

Gwers 14 Mathew 1

GOBAITH I BECHADURIAID

"Cur Deus Homo" neu "Pam y daeth Duw yn ddyn?" oedd y cwestiwn a ofynnodd Anselm (1033-1109), archesgob Caergaint. Ar sail y Testament Newydd atebodd yn ddifloesgni mai er mwyn gwaredu pechaduriaid. 'Does dim pwrpas o gwbl i ddyfodiad Iesu Grist i'r byd oni bai am y gwaith gwaredigol hwn. Y mae'r ***ffaith*** ei ddyfod yn y cnawd a'r ***dehongliad*** mai er mwyn achub pechaduriaid y daeth, yn annatod. Ei unig gymhelliad wrth ddod i'r byd oedd i ddelio â phechod. Ystyr yr enw Iesu ('Joshua' mewn Hebraeg) yw gwaredwr.

Ychydig a wâd bod y fath berson â hwn wedi byw ym Mhalesteina yn ystod y ganrif gyntaf. Mae haneswyr seciwlar ac Iddewig yn cydnabod iddo fodoli. Cyfeiria Tacitus a Suetonius ato yn ogystal â Josephus. Nid ffantasi ddychmygol mo'r Testament Newydd, gellir trin yr Efengylau fel dogfennau hanesyddol dilys. "Ni oddefai unrhyw ysgolhaig clasurol wadu dilysrwydd haneswyr seciwlar fel Heroditus a Thucydides er bod y llawysgrifau cynharaf o'u gwaith o leiaf fil a thri chant o flynyddoedd yn ddiweddarach na hwy" medd F F Bruce. Credir yn lled gyffredinol bod dogfennau'r Testament Newydd wedi eu cyfansoddi rywdro rhwng 40 - 100 O.C. Y mae'r darn cynharaf o'r Testament Newydd sydd ar gael yn dyddio o'r ail ganrif, oddeutu 130 O.C. - darn o Efengyl Ioan. Mae llawysgrifau llawn o'r TN i'w cael oddeutu 350 O.C. Fel y dywedodd yr ysgolhaig F. J. A. Hort, "yn amrywiaeth a llawnder y dystiolaeth mae testun y TN yn sefyll yn unigryw ymhlith llenyddiaeth hynafol."

Prin y gellir gwadu'r ffaith i Iesu fodoli. Ond beth am y dehongliad? Mae'r Testament Newydd yn unfryd yn cysylltu ymgnawdoliad Iesu gyda'i groeshoeliad - y Nadolig â'r Groglith. "Er mwyn gwaredu ei bobl oddi wrth eu pechodau" y daeth i'r byd. Ni ŵyr am duedd rhai ysgolheigion modern i wahanu bywyd Iesu oddi wrth ei farwolaeth a gwneud dim mwy nag esiampl o ddyn da ohono. Y mae'r Testament Newydd yn gyson yn pwysleisio fod Iesu yn ddyn da, ond y mae yr un mor gyson yn pwysleisio pwy ydoedd a pham y daeth i'r byd. Ni ellir ac ni ddylid gwahanu Person Iesu oddi wrth ei eiriau a'i weithredoedd. Gwnaeth yr hyn a wnaeth a dywedodd yr hyn a ddywedodd oherwydd yr HWN oedd. Fel y gofynnodd Iesu i'w ddisgyblion yng Nghesarea Philipi:

"Pwy meddwch chwi ydwyf fi"?

"Ti yw'r Meseia, Mab y Duw byw," atebodd Seimon Pedr.

Ac am fod ateb Pedr yn gywir dywedodd Iesu wrtho drachefn, "Gwyn dy fyd di, Seimon fab Jona, oherwydd nid cig a gwaed a ddatguddiodd hyn i iti ond fy Nhad, sydd yn y nefoedd." Gan fod tystiolaeth y Testament Newydd yr un mor amlwg i ddyndod Crist ag i'w ddwyfoldeb mae'n hollbwysig cadw'r ddeubeth mewn golwg. (Edrycher yr adnodau hyn: Math. 11:27; Titus 2:13; Ioan 1:1).

Rhaid cyflwyno Person Crist ynghyd â'i waith achubol am fod yr ymgnawdoliad heb y groes yn gwbl ddiwerth. Os dyn da yn unig oedd Iesu, nid yw'n achub neb oddi wrth eu pechodau. Canlyniad trist y mawrygu hwn ar Berson Iesu gan anghofio'r groes yw'r sentimentaleiddiwch afiach sy'n nodweddu cymaint ar ein dathliadau Nadoligaidd. Mawrygwn yr allanolion yn unig, gan anghofio mai er mwyn marw trosom ar y groes y daeth i'r byd. Fel y canodd John Milton yn un o'i sonedau:

' The babe lies yet in smiling infancy
That on the bitter cross must redeem our loss.'

Ac ategir hynny gan yr hen garolwyr Cymreig:

'Awn i Fethlem i gael gweled
Y rhyfeddod mwya' wnaethpwyd,
Gwneuthur Duw yn ddyn naturiol
I gael marw dros ei bobol.'

Ni ellir gwneud synnwyr o'i fywyd heb y groes a'r iawn a dalodd i brynu pechaduriaid i ryddid. Mae'r gri y dylid gwneud i ffwrdd â'r athrawiaethau a'r credoau er mwyn glynu wrth Berson Iesu wedi ei sylfaenu ar ragdybiaeth fod modd adnabod Iesu ar wahân i'r gwirioneddau amdano. Pregethodd yr apostolion y gwirioneddau mawr amdano er mwyn pregethu Crist. Heb yr athrawiaethau hyn nid oes gennym Efengyl i'w chyhoeddi. "...eithr nyni, pregethu yr ydym Grist wedi ei groeshoelio" (I Cor. 1:23). Mae'r gwirionedd am y person a'r person ei hun yn anwahanadwy. "Y Crist byw yw'r Crist a fu farw.Tasg y pregethwr yw pregethu'r Crist croeshoeliedig" (James Denney).

Y GENI GWYRTHIOL

Achosodd y geni gwyrthiol gryn drafferth i esbonwyr yr oes hon am na allant oddef y syniad o wyrth neu o weithred oruwchnaturiol Duw yn torri i mewn i'w fyd. Ond edrychwn yn fanwl ar bwrpas ac amcan Mathew yma er mwyn gwrando beth a ddywed yr Ysgrythur wrthym. Yn dilyn rhestr achau Iesu Grist, lle mae Mathew wedi pwysleisio bod Iesu'n "fab Dafydd" ac yn "fab Abraham" (1:1), mae'n canoli ar linach Dafydd yn unig. Mae'r ymadrodd "mab Dafydd" yn gyffredin i Efengyl Mathew. Yn gefndir i'r cyfan ceir yr addewidion trwy enau Nathan yn II Samuel 7:8-17 (gwers 12) y byddai Duw yn dad i'r brenin ac yntau yn fab i Dduw. Yma ym Mathew yr Ysbryd Glân yw cyfrwng grym creadigol Duw, ac ef sy'n beichiogi yng nghroth Mair. Fel hyn y cyflawnir pwrpas Duw. Os oedd y cyfamod gyda Dafydd wedi ei sylfaenu ar gyfamod Duw â'i bobl trwy Moses, felly yma, mae'r Iesu yn Foses newydd yn "gwaredu ei bobl" o'u caethiwed.

Wedi nodi pwysigrwydd y llinach trwy Joseff, mae Mathew yn pwysleisio (18-25) nad trwy gyfathrach rywiol arferol y digwyddodd hyn. Nid oes anghysondeb yn hyn. "Trosglwyddir llinach Dafydd i'r Iesu trwy dadolaeth cyfreithiol ac nid naturiol" (R. E. Brown). Yng nghyfraith yr Iddew yr oedd y ffaith bod tad yn enwi plentyn yn golygu ei fod yn ei arddel yn gyfreithiol. Felly'n gyfreithiol Joseff yw tad Iesu Grist. Camddeall yr agwedd gyfreithiol hon a wna rhai esbonwyr pan ddeallant fod cyfeirio at dadolaeth Joseff yn wadiad o'r geni gwyrthiol.

O ran diddordeb, yr un ymadrodd a geir yn achau Adda i Noa (Genesis 5 :1, 'biblos genesios') ag a geir ym Mathew 1:1. Awgrymodd Brown fod modd cymharu dau adroddiad Mathew am 'genhedliad' ('genesis') Iesu, y naill trwy restr achau rhifyddol a'r llall yn manylu mwy ar y stori, gyda Genesis 1 a 2:4yml., y naill yn batrwm rhifyddol creu y byd mewn chwe diwrnod a'r llall yn manylu ar yr hanes. Tra diddorol hefyd yw bod gwerth rhifyddol pob llythyren yn enw Dafydd yn yr Hebraeg yn dod i gyfanswm o bedwar ar ddeg, sef y nifer o genedlaethau rhwng Abraham a Dafydd a Dafydd a'r gaethglud a'r gaethglud a'r Meseia. Bid a fo am hynny. Nid yn gymaint dirgelwch anesboniadwy yw'r geni gwyrthiol ym Mathew ond mynegiant o gyflawniad cynllun tragwyddol Duw ei hun a fynegwyd gynt trwy'r proffwydi.

Geiriau'r proffwyd Eseia sy'n mynegi'r cadarnhad hwn i Mathew. "Wele, bydd y wyryf yn beichiogi ac yn esgor ar fab..." (Eseia 7:14). Y broblem fawr gyda'r dyfyniad hwn yw nad yw'r gair "gwyryf"('parthenos') yn ymddangos yn y Testun Hebraeg gwreiddiol er ei fod yn ymddangos yng Ngroeg y Deg a Thrigain (LXX). Yn y testun Hebraeg "merch ifanc" ("almâ") a geir ac felly y cyfieithir ef yn y BCN. Er bod y gair yn gallu awgrymu gwyryf y gair Hebraeg, "betulâ," yw'r gair arferol am y term hwnnw. Yn wyneb hynny y cwestiwn sylfaenol yw ai proffwydoliaeth am eni'r Meseia o wyryf yw hon? Yn sicr, y mae Mathew yn ei dehongli felly ac mae ganddo bob hawl dros wneud hynny. Fe ddichon mai'r gair Immanuel a aeth a'i fryd oherwydd ei ystyr yw "Duw gyda ni."

Yr hyn y mae Mathew am ei bwysleisio yw bod Iesu yn ogystal â bod yn fab Dafydd hefyd yn Fab Duw. Cyfrwng ei ddyndod yw Mair, Duw trwy'r Ysbryd Glân yw ei Dad. Yn yr ystyr hon y cyffesodd yr eglwys ei ffydd yng Nghrist, mab Duw a mab Dyn. Yr oedd yn ddyn cyflawn ac yn Dduw cyflawn. Daeth diwinyddiaeth ddiweddarach i weld arwyddocâd pellach i'r geni gwyrthiol oherwydd os oedd aberth Crist tros bechod y byd i fod o unrhyw werth yr oedd yn rhaid iddo ef ei hun gael ei eni yn ddibechod. Hynny yw, yn rhydd o bob pechod a etifeddwyd trwy fod yn un o hil Adda - yn rhydd o'r pechod gwreiddiol. Y mae'r athrawiaeth hon yn gadarnhad i berffeithrwydd aberth Crist a anwyd i farw trosom.

Trafodwch

1. A oes unrhyw bwrpas i ddyfodiad Iesu i'r byd os nad dod i waredu pechaduriaid a wnaeth?
2. Os dyn da yn unig oedd Iesu, pa fodd y mae symud y rhwystr pennaf i ni gael cymundeb â Duw - pechod?
3. Os yw Duw yn "gallu pob peth trwy air ei nerth," paham na all ddod yn ddyn trwy'r wyryf?

15/12/96.

Gwers 15 Luc 2: 1-21

GANWYD GOBAITH Y BYD

Ymhlith holl ryfeddodau'r nef
Hwn yw y mwyaf un -
Gweld yr anfeidrol ddwyfol Fod
Yn gwisgo natur dyn.

Stori geni Iesu Grist yw'r "newyddion da"(adn. 10) gorau a glywodd y byd erioed. Dyma'r colyn y mae hanes yn troi arno, y gwahanu rhwng yr hen a'r newydd a'r un digwyddiad sy'n rhoi ystyr i'r holl ddigwyddiadau eraill. Adroddir yr hanes mor ddiffwdan - mewn dwy andnod (6 a 7). Ganwyd y plentyn yn llety'r anifail am nad oedd lle yn y gwesty ac fe'i gosodwyd mewn preseb. Mor ddigynnwrf a di-stŵr y daeth Duw i'r byd. Cyn hyn canolbwyntiodd Luc ar gyflawniad yr addewidion dwyfol i Israel, yn arbennig trwy Gân Mair, y *Magnificat* a Chân Sechareias, y *Benedictus*, ond yn awr y mae'n dechrau cysylltu'r efengyl â chefndir helaethach y byd cenhedlig.

Parodd yr ymgais hon beth trafferth i esbonwyr. Yn Nasareth yng Ngalilea yr oedd cartref Iesu. Pam felly y ganwyd ef ym Methlehem Jwdea? Diau mai'r proffwydoliaethau am un o linach Jesse sydd yn gefndir i'r cyfan er nad yw Luc fel y cyfryw yn cyfeirio at gyflawniad unrhyw broffwydoliaeth. Ond nid dyma'r unig anhawster yn y darn agoriadol. Ni cheir unrhyw dystiolaeth i gofrestriad Cyrenius cyn 6-7 O.C. er ei bod yn debygol i Iesu gael ei eni rywdro rhwng 7 a 4 C.C. neu o leiaf cyn i Herod farw yn 4 O.C., fel yr awgryma Luc yn 1:5. Dangosodd ymchwil diweddar bod y Rhufeiniaid yn gorfodi perchenogion eiddo i ddychwelyd i'r man lle 'roedd ganddynt eiddo er mwyn eu trethu. Gallai'r cofrestru gymryd blynyddoedd lawer - 40 mlynedd yng Ngâl - yn rhannol oherwydd gwrthwynebiad cryf. Mae'n bosibl i'r cofrestru o dan Cyrenius ddigwydd ymhell cyn 7 O.C. a bod ffeithiau Luc yn gywir. Awgrym arall yw y gallai Luc neu ei ffynhonnell fod wedi uniaethu dyddiad geni Iesu â'r gwrthryfel Selotaidd yn erbyn cyfrifiad Cyrenius ar gam, yn lle â'r gwrthryfel Selotaidd a ddilynodd farw Herod. Pa ddehongliad bynnag sy'n gywir, mae pwrpas Luc yn sicr.

Nid dyddiau'r calendr oedd yn flaenaf ym meddwl Luc wrth gofnodi genedigaeth Iesu ond pwysleisio mai'r Iesu hwn yw cyfrinach ystyr hanes. Trwy orchymyn Awgwstus Cesar mae'r Meseia yn cael ei eni yn y man a'r lle y dewisodd Duw. Gosododd Luc y Baban hwn uwchlaw Cesar er mwyn datgan bod Duw yn Arglwydd hanes. Nid gan dynged neu hap a damwain, nac ychwaith gan ewyllys dyn y mae hanes yn cael ei lywio, ond gan Dduw. Dyma un thema arall sy'n cydio'r Testament Newydd wrth yr Hen (gwers 9). Nid Cesar ond Crist yw'r Arglwydd (adn. 11).

Mewn gwrthgyferbyniad pellach â Chesar dywedir mai Iesu yw'r Gwaredwr. Ystyriai Awgwstus ei hun yn waredwr, ond ni allai ei waredigaeth ef gyfarfod â gwir angen dynoliaeth. Nid oedd parhad i'w deyrnas ef. Ond mae Iesu yn Waredwr oddi wrth Dduw sy'n cyfarfod â gwir angen dyn, sef maddeuant pechodau (1:77) ac ar ei deyrnas ef "ni bydd diwedd" (1:33).

Diddorol yw nodi bod Luc yn defnyddio'r ymadrodd "cyntafanedig" i ddisgrifio Iesu. Yr ystyr naturiol yw mai Iesu yw y cyntaf o blant Mair i gael ei eni a bod ganddo frodyr eraill. Dyma ffaith y bu Eglwys Rhufain hyd heddiw yn ceisio'i gwadu er mwyn cadw at ei hathrawiaeth am y Fythol-Wyryf ('Aeiparthenos'). Unig fab Mair yw Iesu yn eu tyb hwy. Ânt i drafferth mawr i wadu bod gan Iesu frodyr. Er bod Marc 3:31-35; 6:3 a mannau eraill yn dysgu yn eglur bod ganddo frodyr, haerant mai plant y "Fair arall" (Math. 13:55) ydynt. (Am y dadleuon gweler Catecism yr Eglwys Gatholig 1994 td. 112). Ond o'r braidd bod angen mynd i'r fath ystryw i gynnal dogma sydd ar y gorau, yn yr achos hwn, yn ddim mwy na thraddodiad dynion. Peth peryglus yw adeiladu dogmâu heb dystiolaeth Ysgrythurol digonol iddynt.

Nid yn neuaddau Cesar nac ym mhalas Herod y cyhoeddwyd yn gyntaf eni'r Meseia, ond i fugeiliaid yn y meysydd. Dyma thema sydd wrth fodd calon Luc, sef bod Duw'n datguddio'i hun i'r iselradd, yr ysgymun. Yr hyn na roddwyd i arweinwyr Israel ei ganfod, a roddwyd i fugeiliaid a ystyriwyd yn ddim gwell na sipsiwn yn Israel. Chwyldroi gwerthoedd y byd, fel y soniodd Mair yn ei Chân, "tynnodd dywysogion oddi ar eu gorseddau, a dyrchafodd y rhai distadl; llwythodd y newynog â rhoddion, ac anfonodd y cyfoethogion ymaith yn waglaw" (1:52-53), a wna dyfodiad hwn. Newyddion da i'r holl bobl ydoedd, ond rhaid ei dderbyn yn ostyngedig fel y bugeiliaid hyn neu fel "plentyn bach" (18:17).

Yn ôl Donald Miller yn ei esboniad rhagorol ar efengyl Luc yr oedd disgrifiad yr angel o'r baban newydd-anedig yn cynnwys tri pheth: ***ei bwrpas*** - Gwaredwr ei bobl. "Daeth Mab y Dyn i geisio ac i gadw'r colledig" (19:10). Yn ail, ***ei swyddogaeth*** oedd bod yn Feseia Duw, bod yn frenin dros bobl Dduw gan gyflawni eu disgwyliadau (II Sam. 7: 12-16). Dyma ran o'n hetifeddiaeth o Iddewiaeth. I Israel, Duw oedd y Gwaredwr, ond gan fod yr Eneiniog (y Meseia) yn estyniad o bersonoliaeth yr Arglwydd yr oedd iddo swydd arbennig yng nghyflawniad bwriadau achubol Duw tuag at ei bobl. Yn drydydd, ***ei anrhydedd*** a welir yn y gair Arglwydd - gair a ddefnyddir yn yr Hen Destament ac yn y Newydd i ddisgrifio Duw yn unig. Er gwaethaf undduwiaeth gref Israel, mae'r Testament Newydd yn defnyddio'r un gair i ddisgrifio Iesu. Ymddangosodd Duw mewn hanes er mwyn sicrhau ei arglwyddiaeth dros yr holl fydysawd (Col. 2:9-10, 15).

Mae'r arwyddion sy'n gadarnhad i neges yr angylion yn annisgwyl. "Baban bach," "dillad baban," "preseb." Ond dyma'r ffordd y dewisodd Duw ddod i'r byd.

Ceir ychydig o anawsterau llawysgrifol yng nghân yr angylion, adnod 14 yn enwedig. Ai "tangnefedd; ymhlith dynion, ewyllys da," ynteu "tangnefedd ymhlith dynion sydd wrth ei fodd," yw'r cyfieithiad cywir. Gwelir y naill wrth droed y ddalen a'r llall yn nhestun y BCN. Yn ôl y Dr Isaac Thomas mae'r dystiolaeth lawysgrifol orau a'r gystrawen a'r cyd-destun yn ffafrio'r olaf. Gan fod rhan gyntaf y frawddeg yn cyhoeddi gogoniant Duw yn y nefoedd, y mae'r ail yn cyhoeddi ei rodd o heddwch i'w etholedigion ar y ddaear. Mae'r ystyriaethau hyn yn dangos nad dynion yn meddu ewyllys da yw ystyr yr ymadrodd yn y Groeg, ond dynion sy'n wrthrychau ewyllys da. Hynny yw, gwrthrychau ffafr Duw, pobl ei gyfamod neu ei etholedigion.

Nid heddwch gwleidyddol neu ryw ewyllys da sentimental y mae'r Meseia yn ei ddwyn i'r byd, oherwydd dywed ef ei hun "nad heddwch, ond cleddyf" sydd ganddo, a bydd yn gwahanu teuluoedd ac yn y blaen (Math. 10:34-39; Luc 12:51-53). Heddwch sy'n golygu perthynas iawn â Duw trwy faddeuant pechodau yw rhodd Iesu Grist (Luc 1:77). Dyma'r rheswm dros wir lawenydd y Nadolig.

Trafodwch:

1. Mewn oes lle mae "arglwyddi lawer a meistri lawer" yn denu ein sylw a'n serch, beth a olyga cyffesu ein cred bod "Arglwydd yr hollfyd wedi dod i oedfa ein hadfyd.."i ni fel Cristionogion?
2. Newyddion da i wehilion ac ysgymun cymdeithas yw'r efengyl, medd Luc. A wnaethom yr efengyl yn rhy 'barchus' yn ein capeli a'n heglwysi? A ydym yn dal i gyhoeddi newyddion da i bechaduriaid o'n pulpudau?
3. Nid cyflwyno rhyw heddwch niwlog a wnaeth y Meseia wrth ddod i'r byd, ond yn gyntaf, daeth i gymodi'r byd â Duw. Y cymod hwnnw, cymod â Duw, yw sail ein gwir heddwch.

IONAWR

CRISTNOGAETH A'R CREFYDDAU

Gwers 16

Ioan 1:1-18

CRIST YN UNIGRYW

Un o nodweddion ein diwylliant cyfoes yw y syniad poblogaidd bod yr holl grefyddau yn gyfwerth â'i gilydd. Gyda dyfodiad Hindwiaid, Moslemiaid, Siciaid ac ati i'n gwlad aeth arddel arbenigrwydd ein Cristionogaeth yn broblem i rai aelodau eglwysig. Credant mai trosedd enbyd yw ceisio efengylu ymhlith y crefyddwyr hyn ac felly coleddant agwedd yr archfarchnad tuag at grefydd. Rhowch bob crefydd ar y silff a gadewch i'r cwsmer ddewis yr un, neu efallai fwy nag un, sy'n apelio orau ato fo neu ati hi. Dyma'r agwedd boblogaidd yn ein cymdeithas ni. Ond mae hi'n agwedd sy'n bradychu rhywbeth trist am ein diwylliant 'Cristionogol' gorllewinol, sef ei fod wedi colli hyder ynddo'i hun ac yn yr Efengyl Gristionogol.

Pan gyfarfu Cyngor Cenhadol y Byd yng Nghaeredin ym 1910 yr oedd gobaith mawr ar led, fel y soniwyd eisoes, a gosodwyd yr agenda ddyrchafol: "efengylu'r holl fyd mewn un genhedlaeth." Erbyn heddiw wrth edrych ar agwedd Cristionogion yn ein gwlad trodd y freuddwyd yn lludw. Collwyd hyder yn y gwirionedd bod yr Efengyl yn neges i'r holl fyd ac erbyn hyn pobl y gorllewin eu hunain sydd angen eu hennill i Grist. Ar ddiwedd y ganrif y cwestiwn ingol yw: "a ellir achub y Gorllewin?"

Yn erbyn y fath gefndir, nid a yw'n bosibl i Gristionogion ddal i arddel eu cred yn unigrywiaeth Crist ai peidio yw'r cwestiwn tyngedfennol, ond pa bryd y cymerwn y gwirionedd hwn am Grist o ddifrif? Gwirionedd nad oedd y Testament Newydd yn swil o'i gyhoeddi, hyd yn oed mewn oes amlgrefyddol fel a fodolai yn y ganrif gyntaf. Yn sicr, wrth symud allan o grud Iddewiaeth gwelodd y Cristionogion bore bod eu neges yn alwad i'r "holl fyd" am y rheswm syml bod Crist yn Arglwydd yr holl fyd. A dyma mae ein testun Beiblaidd yn ei hawlio.

Crist y Gair neu'r Logos (Ioan 1:1-18). Yn wahanol i ddehongliad Mathew o Iesu fel y Meseia o linach Dafydd (gwers 13) mae Ioan yn canolbwyntio ar arwyddocâd byd-eang neu gosmig Crist. Gosodir y seiliau i'w Efengyl yn y Prolog (1-18). Mewn termau cwbl unigryw mae'r emyn hwn i'r Logos yn datgan tarddiad a phwrpas cosmig cenhadaeth Crist oddi wrth y Tad. Ef yw tarddiad y cread; Ef yw ystyr y bydysawd; ynddo mae cyfrinach bywyd ac ynddo daw'r ymchwil am yr anweledig Dduw i'w chyflawniad. "Nid oes neb wedi gweld Duw erioed; yr unig Un, ac yntau'n Dduw, yr hwn sydd ym mynwes y Tad, hwnnw a'i gwnaeth ef yn hysbys " (18).

Y mae'r gair Logos yn dra phwysig yn y cyswllt hwn. O'r gair Groeg hwn y tardd y gair Saesneg 'logic' neu 'resymeg'. Gellid cyfieithu'r adnod yn gwbl gywir fel y gwnaeth ambell esboniwr: "yn y dechreuad yr oedd y Rhesymeg; yr oedd y Rhesymeg gyda Duw a Duw oedd y Rhesymeg." Gellid yn ramadegol a diwinyddol gywir osod y gair 'meddwl' yn lle 'rhesymeg'. Crist yw meddwl Duw. A beth yw Duw heb ei feddwl? Meddwl Duw wedi gwisgo cnawd yw Crist. Nid yw, gan hynny, yn llai na Duw.

Tybid un amser bod Efengyl Ioan yn arddangos dylanwadau'r byd Groegaidd, ond bellach mae ysgolheigion o'r farn mai arwynebol yn unig yw'r cysylltiadau hynny a bod gwir gefndir yr Efengyl yn gorwedd yn Llenyddiaeth Doethineb a'r Hen Destament. Mae hyn yn arbennig o wir am y Prolog a'r defnydd a wneir o'r gair 'Logos'. Llwyddwyd i wau themâu Genesis 1-3 ("yn y dechreuad," y creu, goleuni, bywyd, tywyllwch ac yn y blaen) i mewn i'r adnodau hyn. Yn yr Hen Destament mae 'Gair yr Arglwydd' yn ymadrodd hollbwysig ac ambell dro yn magu annibyniaeth bersonol. Er enghraifft, "Felly y bydd fy ngair a ddaw o'm genau; ni ddychwel ataf yn wag; ond fe wna yr hyn a fynnaf, ac a lwydda yn yr hyn a anfonais ef" (Eseia 55:11). Yn yr ystyr yma mae'r llythyr at yr Hebreaid yn defnyddio'r un ymadrodd, "Mewn llawer dull a llawer modd y LLEFARODD Duw gynt wrth y tadau yn y proffwydi, ond yn y dyddiau olaf hyn LLEFARODD wrthym ni mewn Mab...ac y mae'n cynnal pob peth â'i air nerthol" (Heb. 1:1-3). Felly'n union mae Ioan am bwysleisio bod Gair y Tragwyddol Dduw wedi dod mewn cnawd i'r byd. Meddwl Duw ei hun yn gwisgo cig a gwaed.

Rhoddir llawer o bwyslais yn yr Hen Destament ar waith y Gair: ef yw offeryn Duw yn creu, "Crëodd Duw y bydysawd trwy air ei nerth" (Salm 33:6); ef sy'n iacháu ei bobl (Salm 107:20); i'r Deuteronomydd ef yw egwyddor bywyd (Deut. 32:46-7). Ef yw'r un sy'n rhoi bywyd, "dy air di a'm bywhaodd i" (Salm 119). Yn yr un Salm disgrifir ef fel goleuni dynion (105,130). Cydiodd Ioan yn rhai o'r themâu hyn. Y Gair yw offeryn y creu, ac ynddo mae bywyd. Y gair sy'n goleuo pob dyn sy'n dod i'r byd - hynny yw, mae gan bob dyn syniad am Dduw yn ei feddwl yn rhinwedd y 'goleuo' hwn gan y Gair (adn. 10). Ond gwell gan ddynion y tywyllwch, neu oferedd eu meddyliau eu hunain gan "ffeirio gogoniant yr anfarwol Dduw am ddelw ar lun dyn marwol" (Rhuf. 1:18-23). Dyma wneud yr holl ddynoliaeth yn ddiesgus am eu pechod. Dyma gyflwr pob cenedl o ddynion gerbron Duw. Mwy o lawer felly yw'r pwysigrwydd o weld Iesu fel y gwir oleuni. Ef yw Goleuni'r byd.

Mae cysylltiad agos eto rhwng y Gair a Doethineb Duw. Disgrifir Doethineb mewn geiriau hynod o debyg i Brolog Ioan yn Diarhebion 8:22-23 "Yr Arglwydd a'm creodd yn y dechreuad..."(REB). Yr oedd yn bod cyn creu y byd. Yn nhraddodiad Doethineb yr Iddewon, Doethineb oedd disgleirdeb y goleuni a lewyrchai o Dduw, a dyma a bwysleisir yn Ioan 1:14, "gwelsom ei ogoniant ef, ei ogoniant fel unig Fab yn dod oddi wrth y Tad." Y Gair felly yw Meddwl a Doethineb Duw "yn llawn gras a gwirionedd."

Ond nid athro da ar batrwm dysgawdwyr Gnosticaidd yn disgyn o'r nef oedd Iesu, "ond ef yw Doethineb neu Feddwl Duw mewn cnawd" (R. E. Brown). Nid dangos y ffordd at Dduw y mae ef, fel y myn llawer, ond Ef yw'r Ffordd. "Ef yw'r Ffordd, y gwirionedd a'r bywyd." Wrth ddod yn ddyn ni pheidiodd â bod yn Dduw, fel y dengys ail hanner adnod 14. Y mae'n "preswylio yn ein plith" neu "dabernaclu yn ein plith." Mae i'r gair hwn gysylltiadau diddorol. Yn Exodus 25:8-9 dywedir wrth Israel am wneud pabell i Dduw breswylio yng nghanol ei bobl. Yma yn Ioan dywedir wrthym mai cnawd Iesu yw preswylfod Duw. Yn y babell cafwyd y "shekinah," oedd yn arwydd o bresenoldeb Duw ac yn fynegiant o'i ogoniant ("kafôd"). Nid mewn adeilad bellach y ceir presenoldeb a gogoniant Duw ond mewn cnawd. Hwn yw'r Tabernacl a'r Deml newydd. Os oedd gobaith yr Hen Destament yn dod i'w uchafbwynt wrth i'r Deml droi'n gyrchfan i'r Iddewon ac i'r holl genhedloedd ddod i Jerwsalem i weld gogoniant yr

Arglwydd, yn awr y mae'r Deml mewn cnawd ac hi yw gobaith yr holl genhedloedd.

Gras a gwirionedd yw'r ddau derm sy'n cyfieithu "chesedd" ac "emeth" yr HD. Dau derm sy'n fynegiant o ffyddlondeb Duw i'w gyfamod. Wrth i Dduw wneud y cyfamod â'i bobl trwy Moses ar Fynydd Sinai llefara'r geiriau hyn: "Yr Arglwydd, Duw trugarog a graslon, araf i ddigio a llawn cariad a ffyddlondeb" (Ex. 34:6). Mae "gwirionedd" yn arbennig yn Ioan yn gysylltiedig â datguddio cynllun a bwriadau achubol Duw ar gyfer y byd. Iesu felly yw cyfrinach ffordd iachawdwriaeth. Ofer chwilio am Dduw yn unman arall. "Gadewch i ni nesáu ato ef, trwy'r llen, sef ei gnawd..." (Heb.) Manylir ar y bennod hon yn ysgrif gyfoethog Catrin Haf Williams, "Gwybod y Geiriau ac Adnabod y Gair: Iesu yn ôl Efengyl Ioan," gol. Gareth Lloyd Jones, *Cenadwri a Chyfamod,* Dinbych, 1995, tt. 206-236.

Trafodwch

1. "'Rwyn hoffi eich Crist, ond nid eich Cristionogaeth," meddai Gandhi. Ymysg iachawdwyr lawer sydd i'w cael yn y byd a dybiwch fod Crist yn unigryw?
2. Ymgorffori meddwl Duw a wnaeth Crist. A gytunwch â'r disgrifiad hwn?
3. Dywed Ioan a Phaul fod pawb dynion yn ddiesgus am anwybyddu'r goleuni yng Nghrist - y mae gan hyd yn oed y rhai nad ydynt wedi clywed amdano syniad am Dduw, y gwir oleuni. A yw hynny yn dweud rhywbeth wrthym am statws y crefyddau eraill gerbron Duw?
4. Crist yw goleuni'r byd, dod i gydnabod ei arglwyddiaeth a wnaeth y doethion. A gollasom ein hyder yn y gred hon heddiw?
5. "A Duw oedd y Gair." Ceisiodd rhai wadu cywirdeb y cyfieithiad oherwydd ni cheir y fannod o flaen y gair Duw yn y gwreiddiol. Felly, mae Moffat yn cyfieithu, "yr oedd y Gair yn ddwyfol." Ond profodd gramadegwyr bod y fannod yn ddealledig mewn sefyllfa fel hon ac felly mae'r BCN yn gywir i gyfieithu, "a Duw oedd y Gair." Dyma danseilio dadleuon y Tystion Jehofa ac eraill sy'n gwadu dwyfoldeb Crist.

12/1/97

Gwers 17 Rhufeiniaid 1:1-4 , 18-25

CRIST YN UNIGRYW II

Bod crefyddol yw dyn yn ei hanfod, felly y cafodd ei greu (Gwers 1-4). Y mae ei holl fywyd yn grefydd. Mae popeth a wna yn ogwydd ar y wedd grefyddol hon ac mae'n ymroi i wasanaethu'r unig wir Dduw neu i wasanaethu eilun o'i ddewis ei hun. Addoli eilunod yw ffasiwn y dydd, boed y rhain yn fateroliaeth neu seciwlariaeth neu grefyddau eraill. Ond a yw'n deg rhoi'r crefyddau eraill ymysg yr eilunod? Dyma y geilw'r Hen Destament hwy. Ond oni ddylem ni yn y ganrif hon ddangos agwedd mwy "goleuedig" tuag atynt? Gellir crynhoi'r safbwyntiau mwyaf cyffredin ymysg Cristionogion tuag at grefyddau eraill i dair brif ffrwd:

1. Agwedd ysgolhaig fel John Hick yw y dylid derbyn bodolaeth amlgrefyddau ac y dylid ystyried pob un yn gyfwerth â'i gilydd. Mae pob un ohonynt yn mynegi rhyw wirionedd pwysig am fywyd. I egluro ei safbwynt gellir defnyddio'r eglureb am y lein ddillad. Er bod pob math o ddillad yn cael eu gosod arni, o sidan gwych i sanau tyllog, yr un lein sydd yn eu cynnal. Yr un modd gyda'r crefyddau, medd Hick, yn y bôn maent yn un. Yn ei farn ef mae'r ddwy frawddeg ganlynol, "Credaf yn Nuw Dad, Hollalluog, creawdwr nef a daear," a "Credaf yn Allah, yr unig wir dduw, y doeth," yn sylfaenol yn golygu yr un peth. O dan y geiriau mae'r Moslem a'r Cristion yn cydnabod bodolaeth Duw (dyma'r lein ddillad). Yn y fan hon mae'r Cristion â'r Mwslim yn un yn eu ffydd. Ffrwyth hyn yw sicrhau dau beth: yn gyntaf, undod y ddynoliaeth gyfan a hynny wedi ei wreiddio yn undod y Duwdod; yn ail, sicrhau gwaredigaeth yr holl ddynoliaeth gan mai dyhead dyfnaf pob dyn yw sicrhau ei iachawdwriaeth ei hun - ymchwil am iachawdwriaeth yw pob crefydd. Dyma'n fras safbwynt Hick. Rhaid canolbwyntio ar y Duwdod ac ***nid*** ar arbenigrwydd ac unigrywiaeth Iesu Grist. Ceisiodd rhai gyfiawnhau'r safbwynt hwn o'r Beibl ei hun trwy fynnu bod bendith Duw i Noa yn ymestyn i'r holl genhedloedd. Daw'r cenedl-ddynion i fodolaeth trwy fendith Duw. Ond o'r braidd y gellir aros yn negfed bennod llyfr Genesis. Cofier mai yn y bennod nesaf y ceir stori Tŵr Babel. Stori sy'n adrodd am ymgais i greu un

ddynoliaeth gyfan ond sy'n diweddu gydag ethol un genedl i fod yn gyfrwng bendith i bawb arall. Dyma yw gwir bwyslais y Beibl - Duw'n dewis pobl arbennig, boed Iddewon neu Gristionogion, i fod yn offerynau a chyfryngau ei fendith i'r holl fyd.

Gwendid sylfaenol safbwynt John Hick yw ei fod er mwyn adeiladu ei ddealltwriaeth yn gorfod gwadu arbenigrwydd Iesu Grist. Daw hyn yn amlwg yn ei gyfraniad i'r gyfrol a olygwyd ganddo, *The Myth of God Incarnate.* Iddo ef rhyw gysyniad o Dduwdod sy'n hanfodol ac nid unigrywiaeth Crist. Ni ellir cysoni ei safbwynt â'r Testament Newydd sy'n datgan, "Nid oes enw arall o dan y nef, wedi ei roi i ddynion, y mae i ni gael ein hachub drwyddo" (Act. 4:12).

Ceisiodd eraill gymryd y datguddiad yng Nghrist o ddifrif wrth drafod ein perthynas â chrefyddau eraill. Y maent yn rhannu'n ddau ddosbarth: y cynhwysfawr ('inclusive') a'r neilltuol ('exclusive').

Lladmerydd disglair y safbwynt cynhwysfawr oedd Karl Rahner. Iddo ef y mae gras Duw yn bresennol fel "goleuni sy'n goleuo pob dyn sy'n dyfod i'r byd." Mae posibilrwydd iachawdwriaeth ym meddiant pob dyn, dim gwahaniaeth ymhle y ganwyd ef. Gellir meddiannu'r iachawdwriaeth hyd yn oed os nad yw rhywun wedi clywed am Grist erioed. Dyma'r bobl a eilw ef yn "Gristionogion anhysbys" ("anonymous Christians"). Gall y rhain fod yn bobl o grefyddau eraill neu anffyddwyr. Nid pobl heb oleuni yw'r paganiaid, ond pobl sydd wedi llurgunio'r goleuni, rhai yn fwy nag eraill.

Y feirniadaeth sylfaenol ar y ddadl hon yw ei bod yn gwneud cam â'r person sy'n arddel crefydd arall. O'r braidd y byddai'r Mwslim neu'r Bwdydd yn hapus i gael ei alw'n "Gristion anhysbys." Rhaid cydnabod bod elfen o wirionedd yn yr hyn a ddywed am y goleuni a fedd pob dyn (gweler gwers 16 a Rhuf. 1:18-25).

Ymwrthod â'r safbwynt hwn a wna pobl fel H. Kraemer a K. Barth. Mynnant hwy lynu wrth arbenigrwydd y datguddiad yng Nghrist ac am hynny mae pob crefydd arall yn llygriad o'r gwirionedd. Ond sylwer hefyd, eu bod yn ystyried Crist fel un sy'n barnu pob crefydd, gan gynnwys Cristionogaeth. Os cyll Cristionogaeth olwg ar Grist mae hithau yn sefyll o dan yr un condemniad â'r crefyddau eraill. I Barth mae "crefydd" yn air brwnt. Rhaid dychwelyd at y gwir ddatguddiad yn Iesu Grist. Dyma'r llinyn mesur sy'n barnu popeth.

Ond beth am dynged rhai nad ydynt wedi clywed am Grist? A ydynt yn cael eu condemnio i golledigaeth dragwyddol? Ateb Barth a Kraemer yw mai Duw yn unig sy'n gwybod tynged pawb ac ni thâl i ni geiso dyfalu. Dyma yn ei hanfod yw'r safbwynt Calfinaidd ac Awstinaidd. Duw yn unig a ŵyr dynged pob un ohonom. Gesyd hynny y dasg o efengylu a chenhadu ar ben y rhestr, er mwyn i gymaint o bobl ag sy'n bosibl glywed am Grist.

A oes llwybr arall eto? Oes, medd Hans Küng, llwybr deialog. Rhaid wrth ddeialog rhwng y crefyddau. I gael deialog ystyrlon, fodd bynnag, rhaid bod yn driw i'n safbwyntiau. Tristwch cymaint o bobl sy'n arddel y safbwynt cyntaf a grybwyllwyd yw eu bod yn gwacáu eu crefydd o bob gwirionedd hanfodol ac yn ceisio trafod wedyn. Nid yw hyn yn bosibl, medd Küng. Dim ond o safbwynt ein ffydd ni mae unrhyw obaith am gynnal deialog ystyrlon â chrefyddau eraill.

I Ymneilltuwyr sydd wedi arddel y safbwynt bod rhyddid perffaith i Gristionogion ymffurfio'n ôl pa drefn eglwysig bynnag a fynnant, mae'r egwyddor yn sicr yn un ddilys i ffurfio ein hagwedd tuag at y crefyddau eraill. Mae pob rhyddid i ddynion addoli yn y dull a'r modd y dymunant. Ond mynnwn yr un pryd arddel arbenigrwydd Crist. Wrth bregethu yn Athen gwelodd Paul rinweddau cadarnhaol yn y crefyddau eraill, ond aeth ymlacn i ddwcud: "yr hyn..yr ydych chwi yn ei addoli heb ei adnabod, dyma'r hyn yr wyf yn ei gyhoeddi i chwi" (Act. 17:23). Gwahoddir dynion a merched o bob ffydd a thraddodiad i arddel Crist yn Arglwydd eu bywydau ac yn Arglwydd dynoliaeth gyfan.

Yn ôl Lesslie Newbigin, a fu'n genhadwr yn yr India am ddeugain mlynedd, offeryn dewisol Duw yw Crist ei hun ac fe saif pawb ohonom o bob traddodiad o dan farn y Crist hwnnw. Nid oes modd i neb osgoi Crist. Dywed Newbigin hefyd, bod llawer o lwybrau ar y mynydd, ond nid yw pob un yn arwain i'r copa, mae rhai yn anffodus yn arwain at ymyl y dibyn. Yng Nghrist dangoswyd y Ffordd, ond nid ffordd breifat i ni ydyw ond un sydd i'w rhannu â phawb - gyda'r holl ddynoliaeth. Dyna dasg genhadol pob Cristion.

Ein cyfraniad unigryw ni i'r ddeialog fydd, yn syml, adrodd stori'r Iesu, stori'r Beibl. Wrth wneud hynny, nid gorfodi pobl eraill i gefnu ar eu ffydd a wnawn, ond eu gwahodd i ddilyn gan gofio mai

Duw yn ei Ysbryd sy'n ennill pobl ato'i hun. Y cwestiwn sylfaenol i ni yw, nid yn gymaint pwy sydd wedi ei ethol neu'i wrthod, ond beth a wnaethom â Iesu Grist. A hwn fydd y cwestiwn a ofynnir i bawb. Dyma eiriau doeth y Dr. Cyril G. Williams ar y mater: "...er y gall y Cristion gydnabod fod Ysbryd Duw yn gweithio y tu allan i ffiniau cred, gan mai un byd yw ac un Duw sydd...er hynny, y mae'n rhwym o roi'r datguddiad arbennig yng Nghrist ar dir unigryw, ar ei ben ei hun. Oni wna, fe dry ei gefn ar dystiolaeth yr Efengyl..." (*Yr Efengyl a'r Crefyddau*, td. 123).

I gynnal unrhyw ddeialog ystyrlon a chenhadaeth o unrhyw werth rhaid arddel y ffydd hanesyddol yng Nghrist. Tystiolaeth yr Efengyl i arbenigrwydd Iesu Grist yw man cychwyn y Cristion. 'Dydi pedlera unrhyw beth llai na hynny ond yn drysu cyngor ac yn arwain i gelwyddau. Y Ffydd hanesyddol hon sydd gan Paul yn ein darlleniad (Rhuf. 1:1-4). Nid dyfeisio ei efengyl ei hun a wnaeth Paul, fel y ceisiodd rhai ein cael i gredu, ond fel y mae ef ei hun dro ar ôl tro yn pwysleisio, Efengyl yr oedd wedi ei chael, wedi ei derbyn, ydoedd. "Canys myfi a dderbyniais yr hyn hefyd a draddodais i chwi..." Canolbwynt yr Efengyl honno iddo yw Iesu Grist, a addawodd Duw trwy'r proffwydi, yn nhrefn y cnawd o linach Dafydd, ond yn nhrefn yr Ysbryd fe'i cyhoeddwyd yn Fab Duw, trwy atgyfodiad o farwolaeth. Dyma'r Iesu, y gwir ddyn a'r gwir Dduw.

Dim ond un a oedd yn wir ddyn ac yn wir Dduw allai waredu'r ddynoliaeth o'i phechod. Ni allai dyn ei hunan waredu ei hun. Rhaid oedd i'r waredigaeth ddod oddi wrth Dduw, ond i fod yn waredigaeth real 'roedd yn rhaid i Grist ddod mewn cnawd dynol. Fel y canodd Morgan Rhys:

Rhyfeddod a bery'n ddiddarfod
  Yw'r ffordd a gymerodd Efe
I gadw pechadur colledig,
  Trwy farw ei Hun yn ei le...

Trafodwch:

1. Yng ngoleuni Actau 4:12, pa un o'r safbwyntiau a nodwyd uchod sy'n dod agosaf at fynegi gwirionedd y Beibl ynglŷn â'r crefyddau eraill?

2. Tra'n credu y dylai pob dyn gael rhyddid i addoli fel y myn, onid oes rhywbeth yn sobr o arwynebol yn agwedd y dyn modern tuag at grefydd, agwedd "yr archfarchnad" fel y cyfeiriwyd ati yn y wers flaenorol.
3. I gynnal deialog ystyrlon gyda phobl o grefyddau eraill rhaid i Gristionogion beidio â bod yn swil o arddel unigrywiaeth Iesu Grist. A ydych yn cytuno?

Gwers 18 Colosiaid 1:15-20

CRIST YN UNIGRYW

Credodd Paul bod Crist yn unigryw. Wrth edrych yn ôl ar ei fywyd ei hun ymddengys nad cael ei ddadrithio gan Iddewiaeth a 'chyfiawnder y gyfraith' ac wedyn dod at Grist a wnaeth (Phil. 3:6), ond yn hollol i'r gwrthwyneb. "Nid symud o ddwyster ei argyfwng i ddarganfod yr ateb yng Nghrist a wnaeth Paul...ond yn gyntaf oll derbyniodd Iesu Grist fel canolbwynt ac ateb ac yna gyda llygaid newydd gwelodd beth oedd y broblem yn ei fywyd. Dim ond ar ôl profi rhyddid y deallodd ei gaethiwed blaenorol." Dyma eiriau treiddgar arbenigwr cyfoes ar Paul, sef John Ziesler yn ei gyfrol *Pauline Christianity* (Rhydychen, 1990 td. 25). Dyma brofiad llawer Cristion hefyd. Dim ond wedi derbyn Crist a'i osod yn ganolbwynt eu bywydau y daethant i ddeall a dehongli eu cyflwr pechadurus. Nid pen draw dadl yw Iesu ond ei dechrau. Felly, C. H. Spurgeon, "He looked at me, and I looked at Him, and we were one for ever." Y rheswm am hynny yw bod Crist yn gwbl unigryw.

"Crist yw'r Arglwydd" oedd un o gyffesion cynharaf yr eglwys ac wrth fynegi ei ffydd yn y modd hwn yr oedd y Cristionogion bore yn rhoi i Iesu yr un statws ag yr oeddent yn ei roi i Yahweh neu Arglwydd Dduw Israel. Ond fel yr awgrymir yn 1 Corinithiaid 8:5 yml. nid yw cydraddoldeb statws yn golygu cydraddoldeb swyddogaeth. "Oherwydd hyd yn oed os oes rhai a elwir yn dduwiau, naill ai yn y nef neu ar y ddaear...eto, i ni, un Duw sydd - y Tad ffynhonnell pob peth, a diben ein bod; ac un Arglwydd Iesu Grist - cyfrwng pob peth, a chyfrwng ein bywyd ni." Offeryn Duw y Tad oedd ei Fab, Iesu Grist; a "thrwyddo y gwnaeth y cyfanfyd." Y mae'r term 'Arglwydd' yn awgrymu perthynas. Felly mae awdurdod Crist yn ymestyn tros unigolion, tros yr eglwys a thros y cyfanfyd. Hwn yw'r gwirionedd aruthrol mae Paul am ei bwysleisio yn y testun hwn o Colosiaid.

Awdurdod Duwdod. Crist yw delw'r Duw anweledig. Yng Nghrist mae'r Duw anweledig yn cael ei amlygu. Y mae'n ddelw Duw nid yn unig fel mae pen Cesar yn cael ei stampio ar arian Rhufeinig, neu sêl modrwy ar gŵyr, ond yn fwy na hynny, y mae'n rhannu yr un natur â Duw. "Oherwydd gwelodd Duw yn dda i'w holl gyflawnder breswylio ynddo ef" (adn. 19). Ynddo Ef y mae Duw yn cael ei bortreadu, ac ynddo mae'n mynegi ei galon i ni. Daw meddwl Duw yn air llafar ac ewyllys Duw yn berson. Nid un ymchwilydd arall ar ôl Duw yw ef ymysg proffwydi, beirdd a saint eraill ar hyd y canrifoedd, ond dyma Dduw ei hun wedi dod i geisio a chadw ei anwyliaid. Ymhob peth mewn perthynas â Duw y mae'n unigryw, ar ei ben ei hun. "Ynddo ef yr ydym nid yn unig yn clywed Duw, yn gweld Duw, yn teimlo Duw, ond yr ydym yn cyfarfod â Duw," medd P. T. Forsyth (gweler gwers 40).

Unigryw yn y cread. Y mae'r gyffelybiaeth rhwng y geiriau hyn a'r darlun o Ddoethineb Duw yn Diarhebion 8: 22 yn drawiadol. Ef yw cyntaf-anedig ei holl greaduriaid - cyntaf mewn amser a chyntaf mewn hawl. Hwn yw'r Crist cyn-fodol, yr un mae Duw trwyddo wedi cyflawni ei waith fel Creawdwr a Gwaredwr. Ni ddylem wahanu'r ddeubeth yma yn y ffydd Gristionogol. Yr hwn a ddaeth yn Waredwr pechaduriaid yw'r un a wnaeth y bydoedd. Crist yw creawdwr a chynhaliwr pob peth a Gwaredwr dynolryw.

Dyma osod y pŵerau eraill sydd ar waith yn y byd yn eu perspectif cywir. Y pŵerau hynny oedd yn peri cymaint o ofn a dychryn i bobl yn oes Paul ac sydd o hyd yn parhau i ddychryn pobl o bob oes. Nid oes iddynt unrhyw awdurdod oddieithr iddynt ei gael gan Grist ac i'r sawl sydd yng Nghrist ni allant beri braw na dychryn. Crist yw'r un sydd wedi eu dinoethi a'u "gwneud yn sioe gerbron y byd yng ngorymdaith ei fuddugoliaeth arnynt" gan gynnwys y rhai sy'n gwadu ei Dduwdod fel Ariaid y bedwaredd ganrif a Thystion Jehofa ein dyddiau ni. Ceisiodd y naill fudiad fel y llall honni ar sail yr adnod hon (15b) nad oedd Crist ond creadur ymhlith creaduriaid eraill, nad oedd mewn unrhyw fodd yn Dduw. Nid yw cyd-destun yr adnod yn caniatáu y fath ddehongliad, yn enwedig o gofio adnod 19 sy'n datgan yn eglur "fod cyflawnder y Duwdod yn preswylio ynddo." Ystyr 'cyntaf-anedig' yma fel y dywedodd Athanasius yw mai ef yw creawdwr y creaduriaid. Hwn yw unig etifedd y Tad. Ef yn unig a "genhedlwyd cyn yr holl oesoedd." Cyn bod amser yr oedd Ef. Nid rhan o'r cread yw, ond ef yw awdur y cread. Pe bai yn rhan o'r byd crëedig byddem fel Cristionogion, medd Athanasius, yn euog o eilunaddoliaeth am ein bod wrth addoli Iesu yn addoli eilun neu ddelw grëedig. Arfer yr eglwys yw ei addoli am ei fod yn Dduw - Duw yn unig sy'n haeddu ei addoli ac mae'n bywyd i gyd yn ei ddwylo ef. Arglwydd y Cread ac Arglwydd ein Cymod.

Unigryw yn yr eglwys. Yr un Iesu yw Arglwydd yr Eglwys gan mai ef yw ei phen. Yr Eglwys yw'r ddynoliaeth newydd a brynwyd trwy ei waed ac "os yw dyn yng Nghrist, y mae'n greadigaeth newydd" (II Cor. 5:17). Yn Rhufeiniaid 12:4yml. Cristionogion i gyd sydd yn ffurfio corff Crist. Yma, fodd bynnag, mae'r darlun yn cael ei ddatblygu ymhellach i olygu mai Crist yw pen corff y credinwyr. Ystyr hynny yw bod Crist ag awdurdod tros yr holl eglwys; mai ef yw ei tharddiad; ef yw ei gogoniant; ef yw ei diben a'i phwrpas.

Yn union fel y mae'r pen yn rheoli'r corff, felly mae Crist yn rheoli ei Eglwys. Arno ef y mae pob eglwys leol yn dibynnu am ei bodolaeth. Nid oes iddi unrhyw awdurdod ond ei awdurdod ef. Cafodd Crist yr awdurdod hwnnw o dragwyddoldeb pan fwriadodd Duw ei phrynu trwy ei waed. Ef felly yw ei tharddiad ac ohono ef y llifa ei bywyd, ei chymdeithas, ei neges, ei thasg a'i gobaith. Dim ond ynddo ef y caiff hi ei hadnewyddu a'i diwygio. Ei gwarant o hynny yw'r gogoniant real y cyfodwyd Crist iddo, "y cyntaf-anedig o blith y meirw." Y Crist dyrchafedig hwn yw'r nod y mae'r Eglwys yn gosod o'i blaen. Iddo ef y mae'n bodoli ac nid er mwyn y byd. Cyflawni ei ddiben ef ddylai'r Eglwys ac nid ceisio gwireddu ei hamcanion ei hun.

Trwy golli golwg ar Grist a'i eiriau llenwir y gwacter gan draddodiadau ac awdurdod dynion. Canlyniad anochel hynny yw diffrwythdra a malldod enbyd. Onid dyma sy'n plagio Eglwys ein dyddiau ni? Pa fodd y pery'r corff heb y pen?! Crist yn unig yw Arglwydd yr eglwys. Trwy ddarostwng ei hun i 'arglwyddi' eraill (fel i awdurdod y Pab yn Rhufain, er enghraifft) mae'r eglwys yn amddifadu ei hun o arglwyddiaeth uniongyrchol Crist y pen, gyda'i freintiau a'i roddion dihysbydd iddi. Ymhob meddwl a chalon rhaid i Grist deyrnasu fel Arglwydd. Ochr yn ochr â hwn mae popeth arall - hunan-bwysigrwydd, hunanfoddhad, uchelgais - yn ddibwys. Ufudd-dod digymrodedd i hawl Crist arni yw nod yr eglwys am mai ef a'i prynodd ac a'i galwodd.

Cynllun Duw sydd ar waith yng Nghrist. Cam yn y cynllun

hwnnw oedd creu pobl iddo'i hun o bob llwyth ac iaith. Y rhain yw'r eglwys. Cyflawniad y cynllun yw "uno pob peth ar y ddaear a phob peth yn y nef" o dan y Pen, Iesu Grist (Effes. 1:9,10). Yn yr eglwys felly mae realiti y cymod hwn eisoes ar waith am mai yn y gymdeithas hon mae Crist yn teyrnasu'n ben.

Unigryw yn ei Dduwdod, unigryw yn y Cread, unigryw yn yr eglwys. Dyma sail ein Cristionogaeth. Hebddo nid yw ein ffydd yn ddim ond un ymysg llawer o syniadau eraill. Ond credwn mai yn hwn y mae'r Duw anweledig yn preswylio'n gorfforol ac wedi datguddio ei hun a'i fwriadau'n derfynol i ni. Nid oes mwy i'w ddatguddio o'r cynllun hwn, dim ond ei gyflawni'n derfynol pan fydd Crist oll yn oll.

Trafodwch.

1. Os nad yw Crist yn wir Dduw ac yn wir ddyn nid yw ein gwaredigaeth yn ffaith.
2. Offeryn penodol Duw i greu'r byd a'i farnu yw Crist. Felly, mae popeth yn cael ei gloriannu ganddo ef.
3. Crist yn unig yw pen yr eglwys. Pa 'arglwyddi' eraill sy'n hawlio sylw'r eglwys yn ein dyddiau ni?

Gwers 19 Luc 5:17-26; Rhufeiniaid 3:21-26

CRIST EIN CYFIAWNDER

Prawf pellach o unigrywiaeth Crist yw ei fod yn maddau pechodau. Braint a ystyriai'r Iddewon oedd yn perthyn i Dduw yn unig. Yn y darlleniad o Efengyl Luc dywedir bod y Phariseaid ac athrawon y Gyfraith wedi dod o Jerwsalem. Hwy oedd dehonglwyr swyddogol y Gyfraith ac yr oeddent i bob pwrpas yn meddu hawl absoliwt ar feddyliau a moesau'r bobl. Daethant i fwrw eu llinyn mesur ar Iesu. Pe bai Iesu wedi gwneud dim mwy nac iacháu'r claf o'r parlys, prin y byddai ganddynt unrhyw gŵyn. Ond mae Iesu yn gwneud pwynt o gysylltu iachâd y gŵr gyda maddeuant pechodau. Cyhoeddodd yn eglur trwy'r weithred hon ei fod wedi dod i gyflawni rhywbeth dyfnach nag iachâd corfforol. Daeth â Theyrnas Dduw a chanolbwynt honno yw maddeuant pechodau.

Dyma a arweiniodd y Phariseaid a'r ysgrifenyddion i gondemnio Iesu (adn. 21). Dysgodd yr Ysgrythurau mai braint Duw yn unig oedd maddau pechodau (Eseia 43:25; Salm 32:2; 51:1-2,9). Yr oedd Iesu'n cablu. Pe baent wedi ystyried yr holl dystiolaeth, fodd bynnag, a fyddent wedi dod i'r fath gasgliad byrbwyll? Onid oedd maddeuant pechodau yn un o arwyddion Oes y Meseia? (gweler Eseia 40:2; Joel 2:32; Micha 7:18-19; Sech. 13:1). Onid Iesu yw'r Meseia?

I helpu'r Phariseaid i ddod i'r casgliad hwn defnyddiodd Iesu "logic." Yr oedd yn haws ***dweud,*** "Maddeuwyd dy bechodau," na ***dweud,*** "Cyfod a rhodia" (adn. 23). Nid oedd modd o gwbl profi'r cyntaf, ond gellid profi'r ail yn uniongyrchol. Er mwyn i'r Phariseaid gael tystiolaeth weledig bod rhywbeth wedi digwydd yn y byd anweledig, cyflawnodd Iesu'r wyrth hon. Ar sail eu diwinyddiaeth eu hunain dylent fod wedi derbyn y dystiolaeth gan eu bod hwy yn beio afiechyd ar bechod ac yn mynnu na ellid cael iachâd heb faddeuant. Ar y tir hwnnw dylent fod wedi derbyn bod yr iachâd a gafodd y gŵr yn brawf fod ei bechodau wedi eu maddau. Pe na byddai iachâd, cablwr fyddai Iesu ac yn amddifad o nerth y Duwdod. Ond wrth iacháu y dyn yr oedd yn arddangos ei rym fel Meseia Duw - un oedd yn meddu awdurdod ar y ddaear i faddau pechodau.

Gwyddai Iesu mai ein hangen pennaf yw diddymu euogrwydd ein pechod. Heb faddeuant nid oes modd gwneud hynny. Yr euogrwydd hwn sydd fel haint yn llygru'r galon. Ni all addysg, seicoleg, gwleidyddiaeth na dim arall ein rhyddhau oddi wrtho. Yn wir, maent i gyd wedi eu heffeithio ganddo. Craidd yr afiechyd yw gwadu Duw, sylfaen a tharddiad ein bodolaeth. Am fod y galon wedi alltudio Duw o'i briod le, ni bydd heddwch iddi. Oni all Duw ein hadfer, darfu amdanom. Ond daeth Duw ym mherson ei Fab i ganol ein tywyllwch a symud ein heuogrwydd.

Cydia Rhufeiniaid 3:21-26 wrth thema penodau 1:18 - 3:20, sef ***DICTER CYFIAWN DUW YN ERBYN PECHOD***. Yn ôl Paul "datguddiwyd digofaint Duw o'r nef yn erbyn pob annuwioldeb ac anghyfiawnder dynion..."(1:18). Ni all unrhyw ddyn sefyll gerbron Duw yn ei gyfiawnder ei hun, "nid oes neb yn gyfiawn, nac oes un"(3:10). Pa fodd y symudir yr euogrwydd hwn, a pha fodd y cymodir dyn â Duw? Y groes yw ateb Duw i drueni sefyllfa dyn. Yn honno datguddir nid yn unig ddicter Duw ond hefyd wir ddifrifoldeb pechod dyn. Ymosodiad ar anrhydedd a gogoniant Duw yw pechod. Trwy ei gosbi yn ei Fab ei hun amlygodd Duw ddyfnder ei atgasedd o bechod a mawredd ei gariad tuag at ddynolryw annheilwng (Ioan 3:16). Trechwyd a gorchfygwyd pechod a chyfiawnhawyd pechaduriaid mewn modd sy'n deilwng o gyfiawnder a sancteiddrwydd Duw. Dyma galon athrawiaeth yr Iawn.

Yr allwedd i'r adran hon yw adnod 26, "ei fod ef ei hun yn gyfiawn a hefyd yn cyfiawnhau'r neb sydd o ffydd Iesu." Yng ngeiriau C. E. B. Cranfield, *Romans*, ICC, "...that he might justify sinners righteously...in a way that is altogether worthy of Himself as a holy, loving, and merciful God"(td. 827). Nid trwy gyfaddawdu ar ei sancteiddrwydd a'i gyfiawnder y mae Duw yn cyfiawnhau pechaduriaid. Dewisodd ffordd gydnaws â'i gymeriad dilychwin ef ei hun; ffordd fyddai'n cadarnhau ei ddicter cyfiawn ac yn amlygu ei gariad dihysbydd. Diwerth fyddai maddeuant mewn unrhyw ffordd arall oherwydd golygai bod Duw wedi cyfaddawdu ar ei gymeriad a'i fod yn trin pechod yn ysgafn. Dyna fyddai anghyfiawnder a chelwydd.

Gwaed Crist yn unig sy'n ein cymodi â Duw - "tywelltir ei waed er maddeuant pechodau" (Math. 26:28). Ef yw'r Iawn dros ein pechodau ni. Y mae dwy wedd hanfodol bwysig i'r gair Groeg 'hilasterion': Os Duw yw'r goddrych, golyga'r gair fod ei ddicter cyfiawn ef yn cael ei heddychu a'r gair Cymraeg sy'n cyfleu hynny yw "dyhuddiant" - "propitiation" yn Saesneg. Ar y llaw arall, os dyn pechadurus yw'r goddrych, golyga fod pechod yn cael ei orchuddio neu ei buro. Un gair Cymraeg, ymhlith eraill, sy'n cyfleu hynny yw "puredigaeth" - "expiation" yn Saesneg. Ceir cwpled yn Saesneg sy'n crynhoi'r ddwy wedd hon:

God is always propitiated,
Sin is always expiated.

Yn Rhufeiniaid 3:25 mae'r ddau ystyr i "hilasterion"yn oblygiedig. Ond gan mai Duw yw goddrych y ferf dylid ei chyfieithu gydag ymadrodd sy'n diogelu'r ddwy wedd hanfodol i'r gair. Yn ôl traddodiad esboniadol y canrifoedd ac esbonwyr cyfoes fel Cranfield *(op. cit.)*, "dyhuddiant" neu ymadrodd cyffelyb, sy'n diogelu orau y ddwy wedd hon. Effaith gyntaf a sylfaenol marwolaeth Crist yw bodloni gofynion cymeriad Duw. Derbyniodd Duw farwolaeth wirfoddol ei Fab, ei aberth drud, yn gosb ddigonol am bechod y byd. Dyhuddir Duw ar sail marwolaeth Crist ar y groes. Fel y canodd yr emynydd:

Caed trefn i faddau pechod
Yn yr Iawn:
Mae iachawdwriaeth barod
Yn yr Iawn:
Mae'r ddeddf o dan ei choron,
Cyfiawnder yn dweud, Digon!
Yn yr Iawn...

Gwadodd C. H. Dodd ac esbonwyr eraill o'r ganrif hon bod yn y gair "hilasterion" unrhyw syniad o ddyhuddo neu heddychu Duw. Nid oes arlliw o ddicter personol yn Nuw, meddai. Dilynwyd ef yn hyn gan y Beibl Cymraeg Newydd a chyfieithir y gair â'r ymadrodd anfoddhaol "moddion ein puredigaeth." Cyfyngu ar ystyr y gair i gynnwys un wedd yn unig a wna hyn, sef y wedd o orchuddio pechod. Nid yw'n cynnwys yr elfen hanfodol o heddychu Duw. Y mae'r dystiolaeth ar sail Groeg Clasurol ac ar sail syniadaeth y Beibl ei hun yn gwrthod y fath ddehongliad (gweler Leon Morris, *The Apostolic Preaching of the Cross,* a *Dictionnaire Étymologique De La Langu*

Grecque, P. Chantraine 1968-1980 a *Geiriadur Groeg,* Liddel-Scott). Y mae'r Beibl yn gyson yn datgan bod Duw yn bersonol ddig yn erbyn pechod ynghyd â'r ffaith ei fod am ei gosbi. Trwy gyfyngu ystyr y gair hwn collir golwg ar y gwirionedd pwysig bod aberth Crist yn berthnasol i Dduw ac i ddyn. Aeth un elfen hanfodol o'r efengyl Gristionogol yn eisiau yn nghyfieithiad y Beibl Cymraeg Newydd. Felly, dylid cyfieithu'r adnod, "...yr hwn a osododd Duw, gerbron y byd, yn aberth trwy ei waed er symud digofaint, yn effeithiol trwy ffydd."

Trwy gredu hynny, nid ydym yn anghofio dau beth: fod Duw yn llwyr ddigyfnewid yn ei holl ffyrdd ac yn ei hanfod; a'i fod yn yr Iawn yn amlygu ei gariad o dragwyddoldeb tuag atom. Nid oherwydd yr Iawn y bu iddo ein caru, ond mae'r groes yn brawf o'i gariad tragwyddol a digyfnewid. "Nid prynu gras i ni a wnaeth y groes, ond mae'r groes yn llifo o'i ras" (P. T. Forsyth, *The Cruciality of the Cross*). Yr oedd Azariah Shadrach yn llygad ei le pan ganodd:

Nid dim rhinweddau ynom ni,
Na dim a wnaed ar Galfari,
Fu'n achos iddo garu dyn,
Fe'i carodd er ei fwyn ei Hun.

Dyma yw neges Paul yma. Trwy ffydd yng Nghrist y cawn ein cyfiawnhau gerbron Duw ac nid trwy bwyso ar ein cyfiawnder ein hunain. Gweithred cwbl wrthrychol rhwng Duw a Christ yw'r cyfiawnhau hwn, heb ein bod ni yn codi cymaint â bys bach i helpu. Yng Nghrist mae Duw yn ein ***cyfrif*** yn gyfiawn er na feddwn owns o gyfiawnder o'n heiddo'n hunain. "Fy ngwisgo â'i gyfiawnder yn hardd gerbron y Tad..." Rhodd ***rad*** yw iachawdwriaeth; pechod yn unig sy'n haeddu ***cyflog*** a'r cyflog hwnnw yw marwolaeth.

Trafodwch.

1. "Maddeuant yw angen pennaf dyn."
2. Rhaid i'r Moslem gyflawni pump o ddyletswyddau, 'Pum piler Islam' cyn cael gwaredigaeth:
   i) Cytuno â'r gosodiad nad oes Duw ond Allah a Mohamed ei unig broffwyd.
   ii) Adrodd gweddïau penodol ar bum gwahanol amserau yn ystod y dydd.

iii) Ymprydio o godiad haul hyd ei fachlud ym mis Ramadan.
iv) Rhoi elusen.
v) Gwneud pererindod i Feca o leiaf unwaith.

Mae'r pwyslais ar hunan-ymdrech yn amlwg. Pa fodd mae Cristionogaeth yn gwahaniaethu?

3. Os ydym yn pregethu'r groes, dylem hefyd bregethu dicter cyfiawn Duw yn erbyn pechod. A ydym yn clywed digon am ddicter Duw yn erbyn pechod yn ein dyddiau ni?

2/2/97.

Gwers 20 Rhufeiniaid 5:5; 8:1-27

CRIST EIN SANCTEIDDRWYDD

Wedi ein cyfiawnhau trwy ffydd yn Iesu Grist, a hynny heb unrhyw ymdrech o'n heiddo'n hunain, y daw ein sancteiddhad yn bosibl. Rhaid wrth ffydd o hyd, oherwydd gwrthrych ein ffydd yw Iesu Grist. Ef yw ein cyfiawnder a'n sancteiddrwydd. Trwy'r Ysbryd Glân deuwn i gredu yn Iesu (Ioan 3:5) a thrwy yr un Ysbryd yn gweithio ynom y deuwn yn debyg i'r Iesu. Dyma yw nod y bywyd sanctaidd, bod yn debyg i Iesu Grist.

Yn awr, wedi dod i'r bywyd newydd yng Nghrist gwelwn bopeth mewn goleuni newydd. Newidiwyd cyfeiriad bywyd yn llwyr. Wrth newid y galon, newidir y bersonoliaeth gyfan. Dechreuir marweiddio'r drwg sydd ynom a byw yn "ôl egwyddor bur y nefoedd" gan sancteiddio'n henaid "ym mhob nwyd ac ym mhob dawn." Gwaith yr Ysbryd ynom yw'r sancteiddio hwn, ac y mae'n gofyn am ymdrech feunyddiol gennym ninnau. Rhodd Duw a'r Crist dyrchafedig i ni yw'r Ysbryd Glân. Yr oedd Rhuf. 5:5 yn un o hoff adnodau Awstin Fawr ac oddi yno y cafodd ei ddealltwriaeth o'r Ysbryd fel y "Dwyfol Rodd." Ef yw'r Rhoddwr, cyfrwng y Rhodd a'r Rhodd ei hun. Tywalltodd Duw holl gyfoeth ei gariad yn Iesu Grist a thrwy ei Ysbryd fe'i profasom yn ein calonnau. Dylid deall hynny, yn gyntaf, fel gwybodaeth o gariad Duw ynom, oherwydd cymaint yw ein hanwybodaeth ohono. Dyma yw pwyslais Rhuf. 5:5. Ym mhennod 8, fodd bynnag, nid gwybodaeth yn unig a geir ond presenoldeb y rhodd ddwyfol ei Hun yn weithredol yn ein calonnau.

Gwaith allweddol yr Ysbryd yw ein "sancteiddio yn y gwirionedd" yn ôl Iesu Grist (Ioan 17:17,19). Ef ei Hun yw'r Gwirionedd, wrth gwrs, "Myfi yw'r ffordd, y gwirionedd a'r bywyd." Wedi dweud hynny, mae'n bwysig cofio na ddylid ysgaru rhwng Iesu Grist a'r Ysgrythurau. "Chwiliwch yr Ysgrythurau, canys tystiolaethu y maent amdanaf fi," meddai. Duw sydd yn llefaru yn ei air ac am hynny gallwn ddweud "Dy Air di sydd wirionedd." Ni ddylem edrych na chwilio am y Gwirionedd yn unman arall ond yn y gair - yn y Beibl. Tasg sylfaenol yr Ysbryd yw agor y gair i ni. Ef yw'r Dehonglwr

Mawr. Os ydym am ein sancteiddio yng Nghrist rhaid i ni fod yn ddyfal i chwilio'r Gair, oherwydd yn y gair deuwn i adnabod Iesu yn well ac i undod â'i ewyllys ef.

Mae'r Ysbryd yn creu ynom "feddwl Crist", oherwydd trwy'r meddwl goleuir yr ewyllys pa fodd i weithredu. Yn lle meddwl cnawdol, sy'n esgor ar weithredoedd cnawdol y tywyllwch a marwolaeth, mae'r Ysbryd yn creu ynom feddwl Crist sy'n fywyd a heddwch. Gelyniaeth i Dduw yw "meddwl y cnawd"(8:7) a chyfraith yr Arglwydd yn atgas ganddo, ond mae'r sawl sydd yn yr Ysbryd, er ei fod yn dal i bechu, yn ymhyfrydu yng nghyfraith yr Arglwydd ac yn ymdrechu ufuddhau Iddo uwchlaw popeth arall. Y mae torri cyfraith yr Arglwydd yn atgas ganddo gan mai llawenydd ac nid baich i'r Cristion yw bodloni ewyllys y Tad.

Y mae Paul yn defnyddio ymadrodd am yr Ysbryd sy'n darlunio rhywbeth pwysig ym mywyd y Cristion, sef ei gyfranogiad yn nioddefaint ac yng ngogoniant Crist. Unwaith ac am byth y digwyddodd y groes, nid oes ei hailadrodd. "Gosodwyd i Grist farw unwaith..." Yr oedd hynny yn ddigon i fodloni cyfiawnder Duw. Ni chroeshoelir Iesu eilwaith. Ond mae'r digwyddiad hwn yn y gorffennol yn cael ei wneud yn weithredol ym mywyd y Cristion yn y presennol trwy'r Ysbryd Glân. Yr un modd gyda'i atgyfodiad. Fel y dywed Paul yn 6:4, "trwy'r bedydd hwn i farwolaeth, fe'n claddwyd ni gydag ef, fel megis y cyfodwyd Crist oddi wrth y meirw...y byddai i ninnau gael byw ar wastad bywyd newydd." Yn yr Ysbryd felly, profasom ninnau farwolaeth Crist hefyd, ac fe'n bywhawyd trwyddo. Yn yr ystyr hwn yn unig y dywedir ein bod yn gyfranogion o ddioddefiadau ac atgyfodiad Crist.

Rhan anhepgor o'n sancteiddhad yw cyfranogi gyda'n brodyr a'n chwiorydd yng nghymdeithas pobl yr Arglwydd trwy ymddisgyblu o dan y Gair a chyfranogi yn Swper yr Arglwydd ar ddydd dathlu ei atgyfodiad. Ym mhresenoldeb y Crist dyrchafedig trwy ei Ysbryd yr ydym yn cofio'i farw trosom ar y groes. Yn wir, oni ddywedodd Iesu wrth ei ddisgyblion i gofio amdano ef fel hyn: "Cofiwch chwi amdanaf fi fel hyn..." Ni ddylem feddwl am Grist ond yn nhermau y gwaith a gyflawnodd trosom ar y groes, gyda "Phob meddwl wedi ei glymu wrth dy ddwyfol farwol groes." Gan mai i hyn y daeth Efe i'r byd, ofer yw ceisio meddwl amdano mewn ffordd arall. Y mae cymdeithas ei bobl, yr eglwys, yn dwyn holl ystyr ei bodolaeth a'i nerth oddi wrth ei farwolaeth a'i atgyfodiad. Gwaith yr Ysbryd yw cadw ein llygaid yn barhaus ar Grist a dyfnhau ein gafael arno hyd yn oed yng nghanol treialon anoddaf bywyd.

Ysbryd caethiwed ac Ysbryd mabwysiad. Nid ein gwneud yn gaethweision i Grist yn unig y mae'r Ysbryd, ond ein gwneud yn feibion Duw. Nid syniad sentimental am berthynas meibion a merched gyda'u rhieni yw hwn, ond yr hyn y mae Paul am ei bwysleisio yw y gwahaniaeth rhwng tynged caethwas yn niwedd amser ac etifeddiaeth gyfoethog plant Duw. Yr Ysbryd sy'n rhoi'r hyfdra i feibion i lefaru "Abba, Dad." Dyma'r gair Aramaeg sy'n mynegi agosrwydd y berthynas rhwng Duw a'i etifeddion yng Nghrist. Yr oedd yn gyfarchiad cyffredin ar wefusau Iesu, ond yma mae Paul yn ei ymestyn i gynnwys pawb sy'n blant Duw yng Nghrist, pawb sy'n perthyn iddo ac yn ufudd iddo ac yn rhan o'i deulu trwy fabwysiad. Etifeddion gogoniant yw Cristionogion, nid yw'r etifeddiaeth honno yn eu meddiant eto yn ei chyflawnder.

Gobaith plant Duw (adn. 18-27). Yng nghanol treialon y byd gyda'i siomedigaethau a'i dristwch mae'r Cristion yn meddiannu'r gobaith am etifeddiaeth ogoneddus. Eisoes cafodd brawf o realiti'r hyn sy'n ei ddisgwyl am fod yr Ysbryd ynom yn 'ernes' ac yn 'addewid' o'r hyn sydd i ddod. Yn eu dioddefaint y mae Cristionogion yn gadarn eu cred bod y byd llygredig a drygionus presennol yn ddim namyn cam yn y drefn ddwyfol sy'n symud rhagddi tuag at adnewyddiad popeth. Ni all Cristionogion oherwydd eu gwendid weddïo'n iawn heb yr Ysbryd, ond mae ei bresenoldeb yn arwydd o waith gorfoleddus y byddant yn ei gyflawni yn y dyfodol. Mae'r Ysbryd yn adnewyddu popeth, gan gynnwys gweddïau Cristionogion.

Amhosibl yw rhwystro amcanion Duw ar gyfer ei etholedigion yng Nghrist a sicrwydd eu hetifeddiaeth ger ei fron. Er cymaint yw'r rhwystrau presennol ni all dim eu cymryd allan o law Duw. Dyma sicrwydd gorfoleddus etholedigaeth yng Nghrist.

Bu'r union athrawiaeth hon o dan gwmwl ymhlith Cristionogion yng Nghymru heddiw. Afraid dweud mai canlyniad hynny yw colli hyder a sicrwydd yn amcanion Duw ac fe esgorodd hyn ar falldod ac ansicrwydd mawr yn ein plith. Dim ond trwy hyder yn Nuw, y Duw sy'n ein gwneud yn fwy na choncwerwyr trwy yr hwn a'n carodd ni, y cawn ein hadfywio fel eglwysi. Trwy ffydd yng ngwaith yr Ysbryd a dyfalbarhau mewn gweddi yr ydym yn ymestyn tuag at yr etifeddiaeth sydd o'n blaenau.

Trafodwch:

1. Os gwaith Duw yw ein cyfiawnhau trwy ffydd yng Nghrist, ei waith ef hefyd trwy'r Ysbryd yw ein sancteiddio "ym mhob nwyd ac ym mhob dawn." Ond geilw am ymdrech a dyfalbarhad gennym ninnau. A ydym yn ddigon dyfal yn y gwaith o ddyfnhau ein ffydd, sef rhodd Duw inni trwy ei Ysbryd?
2. Cael ein gwneud yn debyg i Grist yw nod ein sancteiddio. A ydym yn edrych yn ddigon cyson a dyfal arno?
3. "Ef yn cynyddu, a minnau'n lleihau."
   Wrth gynyddu yng Nghrist dylai pechod farweiddio ynom ninnau hefyd.
4. Gwybod am ein hetholedigaeth yng Nghrist yw'r gobaith sy'n cynnal ein ffydd yng nghanol anawsterau'r bywyd hwn. A gytunwch â'r farn hon?

TWYLL A CHASINEB

Dywedwyd eisoes mai arwyr gyda thraed o glai yw llawer o gymeriadau'r Beibl (gwers 9). Y maent yn gymeriadau llawer mwy credadwy oherwydd hynny na chymeriadau llenyddiaeth glasurol Groeg. Yng nghanol eu helbulon a'u dryswch dim ond un peth yn unig sy'n bwysig, sef amlygu gogoniant ac ysblander Duw. Yn wahanol i Odysseus yn Homer sy'n cogio bod yn gardotyn, mae cymeriadau fel Jacob a Dafydd yn profi tynged enbyd ffoaduriaid. Yr unig wrhydri a mawredd a feddant yw yr hyn a gânt gan Dduw. Pwrpas ac amcanion Duw sydd ar waith yn hyn i gyd.

Thema gysylltiol Genesis 12-25 yw'r berthynas rhwng rhieni a'u plant - parhad y llwyth sy'n hollbwysig. Ond mae Genesis 25-36 yn canoli ar y berthynas rhwng brodyr - yr ymrafael am statws a bodolaeth. Ceir tri digwyddiad pwysig yn ffurfio cefndir allweddol y berthynas rhwng Esau a Jacob. Yn gyntaf, cyn geni'r efeilliaid cafodd Rebeca wybod trwy broffwydoliaeth, "bydd yr hynaf yn gwasanaethu'r ieuengaf" (Gen. 25:23). Yn ail, hawl y mab hynaf oedd cael y rhan fwyaf o'r eiddo a mwynhau statws - dyma'i enedigaeth fraint. Ond, yn drydydd, yr oedd Esau wedi fforffedu hyn i gyd trwy werthu ei enedigaeth fraint i Jacob (25:29-34). Pwysigrwydd pennod 27 yw'r hyn sy'n cyfateb, mwy neu lai yn ein diwylliant ni, i wneuthur ewyllys - bendith gwely angau (adn. 2).

Drama mewn pedair golygfa yw hon:

Golygfa 1 (adn. 1-4). Hen ŵr yw Isaac a'i olwg wedi pylu ac yn teimlo ei bod yn bryd iddo drosglwyddo'i enedigaeth fraint i'w fab hynaf, Esau, cyn iddo farw. Gofynnodd i'w fab baratoi ei hoff bryd er mwyn iddo gael digon o gryfder i drosglwyddo iddo "fendith fy enaid." Ystyr "enaid" yma yw "yr holl bersonoliaeth" neu "yr egni bywydol" (gwel. ar Gen.2:7). Dymuniad Isaac felly oedd setlo'r etifeddiaeth trwy drosglwyddo holl egni bywiol ei etifeddiaeth yn ôl traddodiad i'w fab hynaf. Er ei fod yn gwybod bod Duw wedi addo'r fendith i Jacob, Esau oedd ei ffefryn. Yr oedd bendithio, fel arfer, yn weithred gyhoeddus, fel gwneud ewyllys. Ond cynllwyniodd yntau'n ddirgel i drosglwyddo'r fendith i Esau. Er bod hwnnw wedi fforffedu ei enedigaeth fraint ugain mlynedd ynghynt am ddysglaid o gawl. Cydsyniodd Esau â chynllwyn ei dad a gwelodd ei gyfle i dalu'r pwyth i Jacob.

Golygfa II (adn. 5-17). Yn clustfeinio ar hyn i gyd yr oedd Rebeca. Nid oedd am weld y mab ieuengaf yn colli ei gyfle ac felly cynllwyniodd hithau i dwyllo'i gŵr. Dyma arwydd clir bod y berthynas rhyngddynt wedi dirywio'n enbyd. Yr oedd y teulu wedi ei rwygo gan rieni oedd am geisio gwireddu eu gwahanol amcanion ar gyfer eu plant. Yn hytrach nag aros i Dduw gyflawni ei addewid yn ei ffordd a'i amser ei hun, mynnodd Rebeca trwy dwyll ddod â'r broffwydoliaeth i'w chyflawniad. Os yw Isaac yn euog o anufudd-dod mae hithau yn euog o ddiffyg ffydd ac ymddiriedaeth yn Nuw. Nid yw gwir ffydd yn arwain rhywun i gyflawni pechod.

Amheus iawn yw ymgais Westermann (*Genesis: A Commentary*) i gyfiawnhau gweithred Rebeca trwy ddweud mai gwrthryfela yn erbyn anghyfiawnder cymdeithasol yr oedd. Yr anghyfiawnder mai'r mab hynaf yn unig oedd berchen yr enedigaeth fraint tra gadawyd y gweddill heb ddim. Hyd yn oed a derbyn bod hyn yn wir, go brin y gellir cyfiawnhau'r twyll a'r celwydd a ddilynodd. Canlyniad y cynllwynio oedd esgor ar fwy o falais a hyd yn oed ar fygythiad i ladd.

Golygfa III (adn. 18-29). Yn awr, rhaid i Jacob gyflawni'r twyll. Er iddo ddweud celwydd a thyngu yn enw Duw yr oedd Isaac yn amheus. Y mae tensiwn mawr yn yr olygfa. Dim ond wedi ei gusanu a theimlo'r blew ar ei ddwylo a'i wddf ac arogli arogl y caeau ar ei ddillad y bendithiodd Isaac ef. Trosglwyddwyd yr enedigaeth fraint o un genhedlaeth i'r llall, o Isaac i Jacob, er mai trwy dwyll y gwnaed hynny.

Mae'r fendith yn cynnwys yr elfennau canlynol: a) pethau'r ddaear fel ffrwythlondeb a chyfoeth a heddwch - 'shalôm' (adn. 28); b) pethau a berthyn i hanes a gwleidyddiaeth - enw Jacob yn gyfystyr ag Israel; enw Esau yn cynrychioli Edom (cymh. II Sam. 8:1-14) (adn. 29a); c) amddiffyniad cadarn rhag unrhyw felltith (adn. 29b).

Yn ôl Claus Westermann (*Blessing in the Bible and the Life of the Church*) cefndir gwreiddiol bendith yw ffarwelio. Mae'r sawl sy'n ymadael am drosglwyddo egni bywiol i'r sawl sy'n para i fyw. Trwy eiriau neu gyffyrddiad mae'r egni yn cael ei drosglwyddo ac unwaith y rhoddwyd y fendith nid oedd modd ei thynnu'n ôl. Yn Genesis 27 oddi mewn i gylch y teulu y gweithreda'r fendith, ond yn ddiweddarach mae'n cael ei hymestyn i gynnwys llwythau a'r cenhedloedd (gwel. 27:27-29, 39-40). Yn olaf, cafodd y fendith ei lle parhaol yn yr addoliad.

Golygfa IV (adn. 30-40). Dyma un o'r golygfeydd tristaf yn holl lenyddiaeth y byd. Wedi'r helfa dychwelodd Esau a pharatôdd wledd i'w dad. Crynodd Isaac gan ofn wedi sylweddoli yr hyn a wnaeth. Ni all dynnu ei eiriau'n ôl. Credai'r Iddew bod gair unwaith y llefarwyd ef yn amhosibl ei dynnu'n ôl. Ochneidiodd Esau pan sylweddolodd yr hyn oedd wedi digwydd. Dwywaith fe'i twyllwyd o'i enedigaeth fraint. Ni all ei holl ddagrau gael honno yn ôl. Onid ei haeddiant yw geiriau hallt Hebreaid 12:17?

Er hynny, ni allwn lai na chydymdeimlo ag Esau er iddo weithredu'n ddigon ffôl. Mae'r fendith a gafodd gan Isaac yn ymddangos yn debycach i felltith o gofio mai tir anhygyrch a diffrwyth oedd Edom o'i gymharu â ffrwythlondeb Canaan. Trwy'r cledd y caiff Esau/Edom fyw, a gwnaeth hynny trwy ymosod a rheibio'r tir ffrwythlon. Gosodwyd Edom o dan fawd Israel nes iddi yn ddiweddarach wrthryfela yn ei herbyn (II Bren. 8:20).

Daw'r ddrama i'w therfyn gydag adnodau 41-45. Gwnaeth Jacob elyn o'i frawd Esau - gelyn marwol yn wir! Ond ni all Esau wireddu ei fwriad o ladd ei frawd tra bod ei dad yn fyw. Gwelodd Rebeca ei chyfle ac esgorodd ar gynllun i arbed Jacob. Anfonwyd ef at ei brawd Laban yn Haran. Yn sicr, mae eironi mawr yn yr "ychydig ddyddiau" - trodd y dyddiau yn ugain mlynedd! Methiant fu cynllwyn Rebeca hefyd. Ni chafodd hithau, yn ôl pob tebyg, fyw i weld Jacob yn dychwelyd o Haran.

Gorfodwyd Jacob i droi'n ffoadur ansicr ei ddyfodol heb unrhyw statws na phwysigrwydd mewn cymdeithas deuluol na allai oddef twyllwyr. Ynddo'i hun y mae'n fygythiad i fywyd gwâr a sefydlog cymdeithas. Twyllwr ydyw.

Llwyddodd y naratif i gyfleu union amcan yr awdur o ennyn cydymdeimlad y darllenydd tuag at Isaac ac Esau yn hytrach na thuag at Rebeca a Jacob. Ei fwriad wrth wneud hynny yw cyhoeddi'n eglur y bydd y fendith yn cael ei gwireddu er gwaethaf anwadalwch meidrolion. Mae bendith Duw yn cael ei chyflawni hyd yn oed os ydyw gwrthrych y fendith honno yn wrthun gennym.

Yr un modd gyda'r broffwydoliaeth yn 25:23 ("bydd yr hynaf yn gwasanaethu'r ieuengaf"). Nid ar Isaac ac Esau, Rebeca a Jacob mae'r pwyslais, ond ar rymuster y fendith o eiddo Duw sy'n troi safonau'r byd hwn wyneb i waered. Yr hyn mae'r awdur am ei bwysleisio yw mai Duw sydd wrth ei waith yn cyflawni ei amcanion. Nid gwneud dynion a merched yn bypedau ar gortun a wna, y mae pob un ohonom yn uniongyrchol gyfrifol gerbron Duw am ein gweithredoedd ei hunain, boed dda neu ddrwg. Gwrthryfela yn erbyn bwriad Duw a wnaeth Isaac; o'i wirfodd gwerthodd Esau ei enedigaeth fraint; cynllwyniodd Rebeca'r celwyddau a esgorodd ar Jacob yn cyflawni'r twyll ysgeler. Ond pwyslais cyson yr awdur hwn, yn wir, pwyslais y Beibl cyfan yw, nad oes neb yn gweithredu oni bai i Dduw ewyllysio hynny. "Uwch yw fy ffyrdd i na'ch ffyrdd chwi, a'm meddyliau i na'ch meddyliau chwi" (Eseia 55:9). Nid ffrwyth dyfeisgarwch meidrolion na mater o lwc yw'r fendith, ond bwriad ac amcan Duw ei hun.

Yn y Testament Newydd gwelwn Iesu'n ateb cwestiwn Pilat, "Oni wyddost fod gennyf awdurdod i'th ryddhau di, a bod gennyf awdurdod i'th groeshoelio di?" trwy ddweud, "Ni fyddai gennyt ddim awdurdod arnaf fi oni bai ei fod wedi ei roddi i ti oddi uchod" (Ioan 19). Er hynny, mae'n ychwanegu, "y mae'r hwn a'm trosglwyddodd i ti yn euog o bechod mwy." Y mae Jwdas a Philat yn gyfrifol am eu gweithredoedd, er nad oes yr un yn gweithredu heb gyflawni amcanion Duw. Ni ellir distrywio ei fwriadau ef.

Felly yn yr hanesyn hwn am deulu Isaac. Mae perthynas gwahanol aelodau'r teulu yn cael ei orchuddio gan fwriad ac amcan Duw ei hun. Ond erys y cwestiwn a yw hynny yn esgusodi anufudd-dod Isaac neu dwyll Jacob? Dim ar unrhyw gyfrif. Maent yn llwyr gyfrifol i Dduw am eu gweithredoedd. Y maent yn greaduriaid moesol bob un.

Trafodwch:

1. Gellir cyfiawnhau gofyn rhai cwestiynau dwys ynglŷn â chysylltiad aelodau'r teulu hwn â'i gilydd. Ymddengys bod

perthynas Isaac a Rebeca wedi dirywio i'r fath raddau nes eu bod yn cynllwynio yn erbyn ei gilydd. Yng nghyswllt y plant yr oedd hynny yn arddangos ei hun gyda'r naill riant yn ffafrio un plentyn a'r rhiant arall yn ffafrio'r plentyn arall. Y mae un twyll yn arwain i dwyll gwaeth. Yn wir, a oes gwaeth twyll na thwyll oddi mewn i deulu?

2. Mae gan bob rhiant freuddwydion ar gyfer eu plant. Yn yr hanes hwn mae breuddwydion y ddau riant ar gyfer eu ffefrynnau yn cael eu chwalu. Onid oes perygl nid yn unig i ni gael ein siomi a'n hanafu fel rhieni, ond hefyd, i ni wneud niwed i'n plant gyda'n breuddwydion ffôl?
3. Dim ond troedle sydd ei angen ar y drwg ac fe lygrir yr holl dŷ. Dyfnhau a wnaeth twyll Jacob, merwino wnaeth eiddigedd Esau nes troi'n fwriad i ladd. Nid yw drygioni dyn yn adnabod ei ddyfnder. Mae un twyll yn arwain i dwyll gwaeth, un eiddigedd i ddrygioni maleisus. Ond fel y mae gobaith i Jacob, mae gobaith i ninnau.

Dyma adnod berthnasol i bob teulu ac i bob Cristion: Meddai Paul: "Peidiwch â thristáu Ysbryd Glân Duw...Bwriwch ymaith oddi wrthych bob chwerwder, llid, digofaint, twrw, a sen, ynghyd â phob drwg deimlad. Byddwch yn dirion wrth eich gilydd; yn dyner eich calon, yn maddau i'ch gilydd fel y maddeuodd Duw yng Nghrist i chwi" (Effes. 4:30).

Gwers 22 — Genesis 28: 10-22

BREUDDWYD JACOB

Pererindod Jacob yw cyd-destun y darnau arbennig hyn o lyfr Genesis. Mae'r bererindod lythrennol o Beerseba i Haran yn arwydd o bererindod arall mae'r awdur yn awyddus i'w darlunio, sef pererindod ysbrydol Jacob ei hun. Y ddau brofiad ysgytiol, y naill ym Methel a'r llall ym Mhenuel, yw'r ddwy garreg filltir allweddol yn hanes cyfnewidiad Jacob. Ar daith y mae Jacob, a chaiff ei arwain i fannau nad yw'n dymuno mynd, ond wedi bod yn y mannau hynny daw trwyddynt yn gymeriad hollol wahanol, oherwydd yn y mannau hynny mae'n cyfarfod â Duw.

Cyfyd y darn anawsterau i'r meddwl modern gan fod union natur cyfarfod â Duw yn peri problem i ni. Cawn ein temtio, ar y naill law, i ddweud mai dim ond ffordd crefydd "gyntefig" o siarad yw'r disgrifiad hwn ac nid yw'n berthnasol i'n hoes "wyddonol" ni. Neu, ar y llaw arall, ceisiwn ei esbonio'n seicolegol gan wadu unrhyw ddilysrwydd gwrthrychol i'r digwyddiad. Yn ôl Walter Brueggemann yn ei esboniad ar Genesis mae'r naill agwedd fel y llall yn annerbyniol. Mae'r naratif yn chwalu'r fath ragfarnau gan fynnu bod y byd yn fangre cyfarfyddiadau o'r fath. Rhaid i'r esboniwr fod ar ei wyliadwriaeth rhag ofn i'w ragfarnau ef ei hun ei ddallu rhag gweld realiti syfrdanol y digwyddiad hwn. Yr hyn sy'n rhyfeddol yn y darn yw ymddangosiad Duw ei hun i'r alltud digroeso hwn. Y mae'r Duw sofran yn dewis bod gyda Jacob y cynllwyniwr dichellgar a thwyllodrus.

Y daith (adn. 10-11). Rhwng dau le mewn man di-nod nad oedd yn werth ei enwi y digwyddodd yr annisgwyl. Rhwng dau le diogel, lle mae peryglon ac unigedd yn bod, yno daeth Duw i gyfarfod â Jacob gan drawsnewid y lle hwnnw unwaith ac am byth (adn. 19 'Beth - êl' = "tŷ Dduw").

Y datguddiad (adn. 12-15). Yn ei freuddwyd gwelodd Jacob "ysgol" yn ymestyn o'r ddaear i'r nef ac angylion Duw yn esgyn a disgyn arni. Mae Brueggemann yn gywir yn pwysleisio y ceir mewn digwyddiad o'r fath ddwy elfen: yr hyn sy'n cael ei weld a'r hyn sy'n cael ei glywed. Ond ar yr hyn sy'n cael ei lefaru y dylid rhoi'r pwyslais.

Mae'r geiriau yn diffinio'r darlun bob amser a hynny'n bennaf am ein bod yn greaduriaid wedi'n creu gyda'r gallu i ymateb yn llafar ac ystyrlon i'r hwn a'n crëodd (gweler gwers 1). Mae'r ffenomenon o ddatguddiad trwy freuddwyd yn gyffredin yn yr Hen Destament a'r Newydd ac i grefyddau eraill, ond yr hyn sy'n wahanol yma yw bod geiriau Duw yn peri cyfnewidiad yn y sefyllfa.

Er hynny, mae elfennau arwyddocâol yn y freuddwyd. Nodir tair: Yr oedd bywyd Jacob yn llawn braw a dychryn, unigrwydd ac euogrwydd. Yn y carchar tywyll hwn yr oedd wedi ei gloi nes torrodd goleuni oddi allan i mewn i'w fywyd. Cafodd weld nid yn unig gymaint oedd cywilydd ei orffennol brwnt, ond y dyfodol newydd a syfrdanol gyda Duw. Caiff Jacob yn ei dywyllwch glywed newyddion da am addewid i'w chyflawni yn ei deulu ef. Felly mae'r efengyl yn gweithredu bob amser. Dod â newyddion da i bechaduriaid y mae Duw. Yng ngoleuni hwnnw mae'r pechadur yn sylweddoli beth ydyw ei gyflwr mewn gwirionedd.

Yn ail, cynnwys y newyddion da yw bod yna drafnidiaeth rhwng nefoedd a daear (cymh. hanes bedydd Iesu, Marc 1:10). Efallai bod yr hyn a elwir yn "ysgol" yn debycach i "ramp." Ym Mesopotamia caed "ziggurats" gyda themlau yn goron ar eu pennau yn arwydd o gysylltiad rhwng nef a daear. Ond pwrpas y darlun yw cyfleu'r geiriau o addewid. Ni adewir y ddaear i'w hystryw a'i hadnoddau hi ei hun, ond mae bywyd y nefoedd yn torri i mewn gan drawsnewid y bywyd hwn. Addewid sicr ydyw mewn byd o gaethiwed ac anobaith. Yn awr, try'r ddaear yn lle'r fendith, yn fangre posibiliadau, am fod Duw yn ei chynnal yn ei law ac yn cyflawni ei amcanion. Yn y darlun hwn ceir hadau ffydd y Testament Newydd yn ffaith yr Ymgnawdoliad - Duw yn ymgorffori fel dyn. Felly mae'r testun hwn yn ein cyfeirio at eiriau Iesu ei hun: "Yn wir, yn wir, 'rwyn dweud wrthych, cewch weld y nef wedi agor, ac angylion Duw yn esgyn ac yn disgyn ar Fab y Dyn" (Ioan 1:51).

Yn drydydd, dywedir bod angylion yn esgyn a disgyn ar hyd yr ysgol. Nid creaduriaid gydag adenydd yw'r rhain, fel y cawsom ein cyflyru i gredu, ond gweision a negeswyr Duw. Yr oeddent yn arbennig o weithgar mewn dau ddigwyddiad yn hanes perthynas Duw â'r byd, sef yn yr Ymgnawdoliad a'r Atgyfodiad. Yn y cyswllt hwn mae'r darlun yn cyfleu'r gwirionedd bod Duw yn dod i'r sefyllfaoedd mwyaf annisgwyl yn y modd mwyaf annisgwyl. Dyma gwestiwn sylfaenol y testun hwn, a yw Duw yn dod i drawsnewid realiti ein byd? Mae'r freuddwyd, y ramp a'r angylion i gyd yn ateb "ydyw."

Y gair o addewid (adn. 13-15). Mae'r holl elfennau gweledig hyn yn ddarostyngedig i'r gair sydd gan Dduw i'w lefaru. Nid angel sy'n llefaru ac nid unrhyw dduw ychwaith, ond yr ARGLWYDD. Mae gair Duw o hyd yn newid sefyllfa, "fy ngair, ni ddychwel ataf yn wag," ac fe drawsnewidiodd sefyllfa'r ffoadur hwn yn llwyr.

Yr addewid sylfaenol yn y testun hwn ac yn gyffredinol i'r holl batriarchiaid yw'r addewid am diriogaeth i Israel ac am fendith i'r cenhedloedd eraill yn ei sgîl. Addewid am dir a roddwyd i Abraham ac Isaac (12:1,7; 26:3-4). Dyma'r addewid a roddwyd mewn proffwydoliaeth i Jacob (25:23), ond yn awr yn cael ei gwneud yn eglur. Ymddengys, fodd bynnag, fel pe bai'r addewid i Jacob yn mynd ymhellach na'r addewid i'r patriarchiaid gan ei bod yn cynnwys elfen bersonol sy'n cyfarfod â'i anghenion personol. Yn adnod 15 dywed yr ARGLWYDD: "Wele, yr wyf fi gyda thi...a dôf â thi'n ôl i'r wlad hon; oherwydd ni'th adawaf nes i mi wneud yr hyn a ddywedais." Mae'r addewid i Jacob yn rhannu'n dair rhan:

"Yr wyf fi gyda thi." Mynegi'r gwirionedd syfrdanol hwn yw pwrpas y weledigaeth a gafodd. Daeth y nefoedd i'r ddaear. A dyma addewid sy'n croes-ddweud pob pesimistiaeth sydd ar gerdded trwy'r ddaear yn ei phroffwydi, gwyddonol a llenyddol, sy'n credu mai diystyr a diamcan yw bywyd ac mai hap a damwain yw'r cyfan. Y math o besimistiaeth nodweddiadol o'r ugeinfed ganrif. Cafwyd llenorion a beirdd ac arlunwyr yn disgrifio'r afiechyd gwaelodol sy'n madru ein cymdeithas. Ni chafwyd gwell mynegiant o hyn nag yng ngherdd Matthew Arnold, *Dover Beach*:

The Sea of faith
Was once, too, at the full, and round earth's shore
Lay the folds of a bright girdle furled.
But now I only hear
Its melancholy, long, withdrawing roar,
Retreating to the breath
Of the night-wind down to the vast edges drear
And naked shingles of the world.

The world which seems
To lie before us like a land of dreams,
So various, so beautiful, so new,
Hath really neither joy, nor love, nor light,
Nor servitude, nor peace, nor help for pain;
And we are here as on a darkling plain,
Swept by the confused alarms of struggle and flight,
Where ignorant armies clash by night.

Y mae'r frawddeg "and we are here as on a darkling plain..." yn ddisgrifiad nid yn unig o'n sefyllfa ni ond hefyd o sefyllfa Jacob. I'r amgylchiadau hyn mae Duw yn dod gan dorri i mewn gyda newyddion da o lawenydd mawr i Jacob ac i ninnau.

Arweiniodd gwyddoniaeth fodern, yr un modd, y byd i'r un anobaith. Fel y dywedodd y Dr. Lewis Thomas, un o fiocemegwyr blaenaf ein byd, wrth ysgrifennu yn yr *Havard Magazine* (1980):

"Today an intellectually fashionable view of man's place in nature is that there is really no great problem: the plain answer is that it makes no sense, no sense at all. The universe is meaningless for human beings. We bumbled our way into the place by a series of random and senseless biological accidents. The sky is not blue: this is an optical illusion - the sky is black...It is the wisdom of the twentieth century, contemplating as its only epiphany the news that the world is an absurd apparatus and we are stuck with it and in it."

Nid yw'n fodlon ar y sefyllfa hon, fodd bynnag, ond nid oes ganddo unrhyw ateb i'w gynnig; chwilio y mae am ystyr i'r cyfan. Onid y sefyllfa hon a ddarlunnir gan yr Ysgrythurau: heb Dduw, heb obaith? Neges Duw i Jacob yw cyhoeddi, "wele, yr wyf fi gyda thi." Nid yw'r ffoadur yn unig.

Yn y Testament Newydd daeth Duw ei hun i wisgo ein cnawd a dioddef yr unigrwydd eithaf. "Fy Nuw, fy Nuw, paham y'm gadewaist," yw cri ingol Iesu ar y groes. Mae ein hunigrwydd ninnau yng ngoleuni ei unigrwydd Ef wedi ei drawsnewid, unwaith ac am byth; "...ein harbenigrwydd dynol yw ein bod wedi'n clymu yn rhwymau Cariad di-ollwng" (R. Tudur Jones, *Ffydd yn y Ffau*, Abertawe 1973, td. 40). Ar ryw wedd dyma a brofodd Jacob yntau. Yr un addewid a roddodd Iesu ei hun i'w ddisgyblion: "...yr wyf fi gyda chwi bob amser hyd ddiwedd y byd."

Os addewid am bresenoldeb Duw yw'r addewid gyntaf, mae'r ail yn cyfeirio at gynhaliaeth Ddwyfol: "a chadwaf di ple bynnag yr ei." Mae'r gynhaliaeth yn sicr am mai "Ceidwad Israel" sy'n rhoi'r addewid. Dyma un nad yw'n "huno nac yn cysgu...yn cadw dy fynediad a'th ddyfodiad... yn dy gadw rhag pob drwg, yn cadw dy einioes..." (Salm 121), fel bugail mae Ef yn gwylio dros ei braidd. A dyma'r alltud hwn yn cael "ceidwad" cadarn, yr ARGLWYDD ei hun.

Y drydedd elfen yn yr addewid yw'r sicrwydd a roddir i Jacob y caiff ddychwelyd yn ôl adref. Yn gwbl groes i'r sefyllfa oedd yn ei wynebu gyda'i hunigedd a'i hofn, cafodd Jacob addewid am ddychwelyd i'w wlad ei hun. Wedi'r freuddwyd a'r weledigaeth gadewir Jacob gydag un peth yn unig - GAIR. Dim ond gair o addewid sydd ganddo i gredu ynddo. Y cwestiwn mawr yw a fydd ef yn credu'r gair hwn?

Ym mhob oes caiff rhai pobl weledigaethau rhyfeddol, ond mae'r Beibl yn gwbl glir ar y pwnc hwn, sef yn y pen draw mater o gredu gair yr ARGLWYDD yw bod yn Gristion, oherwydd mae ei air Ef yn wir ac fe'i cyflawna. "Y mae'r Arglwydd yn cyflawni ei air" ac y mae'n gwylio drosto yn eiddigus.

Daeth yr addewid mewn breuddwyd, ond ymateb gŵr cwbl effro sy'n dilyn (adn. 16-22). Ymatebodd Jacob trwy gredu. Mae byd y freuddwyd yn fwy real iddo yn awr na'i sefyllfa enbydus. Y mae'n edifarhau ac yn ymdeimlo â'i gywilydd oherwydd bod Duw yn y lle hwn "ac ni wyddwn i." Hynny yw, nid oedd yn credu bod Duw yn y fath le, ond yn awr y mae wedi ei gyfarfod yn nyfnderoedd ei anobaith. Yn awr, y mae'n hyderus yn ei gred yn yr addewid gref. Yr un hyder a geir gan Paul, "yr wyf yn gwbl sicr na all...na dim... a grëwyd, ein gwahanu ni oddi wrth gariad Duw yng Nghrist Iesu ein Harglwydd" (Rhuf. 8:38-39).

Wedi iddo brofi sicrwydd addewid yr Arglwydd mae ymateb Jacob yn bradychu dau beth: ei argyhoeddiad o realiti Duw a'i ddiffyg ymwybyddiaeth bod y Duw hwn yn gofyn am newid syfrdanol yn ei ffordd ef o fyw. Trwy ymrwymo mewn addewid i Jacob mae Duw yn gwneud cyfamod ag ef ac wrth ymateb mae yntau, ac Israel ar ei ôl, yn gwneud addewidion i Dduw. Nid contract neu gytundeb yw'r rhain, ond addewidion sy'n chwyldroi bywyd yn gyfan gwbl.

Mae addewid Jacob yn cyfateb i'r addewid yn adn. 15. Yn gyntaf, mae'n penderfynu o blaid Duw (adn. 21) - "bydd yr ARGLWYDD yn Dduw i mi." Mae'r addewid yn arwain i addoliad (adn. 22a) - "a bydd y garreg hon a osodais yn golofn, yn dŷ Dduw." Yn olaf mae'r addewid yn arwain i ddegwm (adn. 22b), sef nid yn gymaint offrwm crefyddol, ond cydnabyddiaeth bod y tir yn eiddo i Dduw. Ond hyd yn oed yn y munudau dwys hyn erys Jacob yr hyn ydyw - twyllwr. Nid ein bod am amau dilysrwydd ei ffydd. Sylwer ei fod yn y fan hon o bob man yn bargeinio gyda Duw ei hun. "*Os* bydd Duw gyda mi..." Gerbron yr union Dduw sy'n addo cadw ei air mae Jacob yn gosod ei delerau ei hun. Dal i'w geisio y mae'r Duw sy'n ffyddlon i'w air, nes yn y diwedd ei gael.

Trafodwch:

1. "Heb Dduw, heb obaith." Dim ond trwy gredu yn Nuw y cawn ystyr i'n bywydau. Ef sydd yn Iesu Grist wedi trawsnewid enbydrwydd ein bodolaeth unwaith ac am byth. A yw'n ffydd yn ddigon cryf i gredu yn ei addewid?
2. Rhoddodd ein hoes ni bwys mawr ar y gweladwy, ond y mae'r Beibl yn pwysleisio lle canolog y gair. A ydym fel Cristionogion wedi dibrisio pwysigrwydd credu yn y gair sy'n addewid a gobaith?
3. "Pwy all ddwyn cyhuddiad yn erbyn etholedigion Duw?" yw hyder Paul. A ydym yn byw yn yr ymwybyddiaeth bod Duw o'n plaid?

Gwers 23 Genesis 32:22-32

JACOB YM MHENIEL

I fled him down the night and down the days,
I fled him, down the arches of the years,
I fled him down the labyrinthine ways of my own mind
And in the mist of tears I hid from him and running laughter.

Francis Thompson, *The Hound of Heaven.*

Yr ail garreg filltir allweddol ym mhererindod ysbrydol Jacob oedd y digwyddiad hwn ym Mheniel. Cyn cyfarfod â'i frawd, cyn dychwelyd at ei dylwyth, cyn rhodio mewn heddwch yr oedd yn rhaid iddo gael ei gymodi â Duw. Gyda Duw mae ei wir frwydr ac nid gydag Esau. Unwaith eto, gyda'r hwyr, pan oedd Jacob wedi cyrraedd pen ei dennyn ac mewn unigrwydd, ar lan yr afon Jabboc (gair sy'n adleisio'r Hebraeg "'abaq" sy'n golygu "ymgiprys"), y digwyddodd y profiad a newidiodd ei holl fywyd. Ymgodymodd "gŵr" ag ef tan doriad gwawr.

Nid yw'r testun yn dweud pwy yn union oedd y gŵr hwn ac fe gafwyd amrywiol ddehongliadau gan esbonwyr. Yn gyntaf, awgrymodd rhai, mai adlais o wrthdaro blaenorol rhwng Jacob ac Esau sydd yma. Yn ail awgrymodd eraill, fel Claus Westermann, mai cythraul neu rym demonig o ryw fath a ddaeth ar lwybr Jacob y noson honno. Yn gyffredinol yn llenyddiaeth y byd uniaethwyd y tywyllwch gyda grymusterau dieflig. Yn y nos mae llofruddio a lladrata yn digwydd. Cyll y cythraul ei rym yn ystod y dydd, a dyma sy'n esbonio pam fod "y gŵr" eisiau ei ollwng yn rhydd cyn dyfod y wawr. Y mae'r syniad o wybod enw rhywun hefyd yn adlewyrchiad o draddodiad lled gyntefig y naratif. Yr oedd gwybod enw person goruwchnaturiol yn golygu y gellid galw arno am nerth. Ni chafodd Jacob ateb i'r cais hwn, ond fe dderbyniodd ymateb i'w gais i dderbyn bendith. Ystyr bendith yn y cyswllt hwn yw bod peth o rym a gallu y sawl sy'n cyfrannu'r fendith yn dod yn eiddo i'r sawl a fendithir. Unig arwyddocâd y darn yn ei grynswth, medd Westermann, yw dangos y gall Jacob fynd rhagddo yn hyderus i gyfarfod â'i frawd ac yntau wedi ymladd trwy'r nos â grymusterau demonig cryfach o lawer nag Esau.

Er i eglurhad Westermann apelio at lawer nid yw'n gwbl foddhaol.

Gorfodir ef i gydnabod bod gwahanol haenau yn y naratif sy'n rhoi dehongliad cwbl wahanol ar y deunydd cyntefig. Dywed mai ychwanegiadau diweddarach yw'r esboniad mai ymgodymu â Duw a wnaeth Jacob (adn. 30) ynghyd â'r enw a roddwyd ar y lle (Peniel yn yr Hebraeg sy'n golygu "wyneb Duw" neu fel y Fersiynau, Penuel sy'n golygu "gwelais Dduw"). Gwell, efallai, gyda Brueggemann, yw cadw undod sylfaenol y darn gan bwysleisio mai'r ymgodymwr dienw yw neb llai na Duw eu hun. Dyma'r esboniad mwyaf cyffredinol a roddwyd ar y darn yn hanes esboniadaeth. Ar y ffordd i gyfarfod â'i frawd er mwyn ei gymodi ag ef rhaid i Jacob yn gyntaf ddelio â'i Dduw, yr un y bu iddo ymbilio arno eisoes (Gen. 32: 9-12).

Wrth ystyried yr ymaflyd codwm, y cyfan a ddywedir yw iddo ddigwydd trwy'r nos (adn. 24-25) a bod yr ornest yn gyfartal. Cyfyd problem ddyrys os cydnabyddir mai ymrafael â Duw y mae Jacob. Pa fath Dduw yw hwn, a pha fath ddyn yw Jacob i hawlio gornest gyfartal â'r dwyfol? Ond o gofio mai Duw sydd yn ymaflyd codwm â Jacob ac nid Jacob gyda Duw, daw'r amgylchiadau'n eglurach. Duw a ddechreuodd yr ymrafael, a phen draw'r ymgiprys yw trechu yr hen Jacob a geni'r Jacob newydd. Duw sy'n torri crib y gŵr balch ac ystyfnig, hunanfeddiannol hwn, gan ei adael yn gloff a gwan. Mewn gwendid corfforol mae Jacob yn mynd i gyfarfod â'i frawd.

Yn fewnol, fodd bynnag, yr oedd Jacob yn greadur newydd gyda chymeriad newydd ac ysbryd newydd. Mynegir hyn mewn dialog rhyfeddol rhwng y ddau fu'n ymaflyd codwm sy'n troi o amgylch y themâu o fendith ac enw. Cafodd Jacob fendith fwy nag oedd ef ei hun yn ei ddisgwyl. Yn lle diogelwch a heddwch a thir a meibion cafodd hunaniaeth newydd. Hyd yn hyn fel Jacob ("sawdl/twyllwr/disodlwr") y'i hadwaenid. Yn awr, gelwir ef yn "Israel" - "y mae Duw yn teyrnasu," "y mae Duw yn cynnal," "y mae Duw'n amddiffyn" (nid oes sicrwydd am etymoleg y gair). Daeth person newydd i fodolaeth. Nid Jacob yn unig a fendithir, ond yr holl gymuned. Ymddiriedwyd peth o allu a grym Duw i Israel, ond nid yw hi yn ddim heb Dduw. Felly y daw Israel i fodolaeth, nid trwy lwyddiant neu gryfder corfforol neu glyfrwch neu dir, ond trwy ymaflyd codwm â Duw. Cariad cwbl anhaeddiannol Duw yw sail ei hetholedigaeth ac nid unrhyw rinweddau ynddi hi ei hun. "Israel's identity is not only that he has to do with

God, but that he has been peculiarly 'victimized' by the assault of God. That is what marks Israel in its obedience and its disobedience" (Brueggemann).

Dyn newydd oedd Jacob, ond un oedd yn awr yn gloff. Dichon i'r cyfarfyddiad hwn â Duw esgor ar gymod a maddeuant, ond esgorodd hefyd ar gloffni. Dyma nodau Israel hithau. Yn ei gwendid y mae ei grym. Yn ei chloffni mae ei chryfder. Ceir yr un thema yn y Testament Newydd, lle sonnir am nerth yn cael ei berffeithio mewn gwendid. Dangosir hynny trwy farwolaeth fuddugoliaethus y groes. "Oherwydd Mab y Dyn, yntau, ni ddaeth i gael ei wasanaethu ond i wasanaethu, ac i roi ei einioes yn bridwerth dros lawer" (Mc. 10:45). "Pethau distadl y byd, y pethau dirmygedig, a ddewisodd Duw...ac felly ni all unrhyw ddyn ymffrostio gerbron Duw" (I Cor. 1:28 yml).

Yn groes i lawer o syniadaeth y cyfnod oedd yn honni bod gweld Duw yn gyfystyr â marwolaeth, fe gafodd Jacob weld ac ymrafael â Duw a chael ei arbed. Ond mae'r gweld yn gadael ei ôl yn annileadwy arno. Cafodd fyw, ond byw bywyd newydd, gyda chryfder newydd a gwendid newydd. Yn y cyflwr hwn mae'n mynd rhagddo i gwrdd â'i frawd, Esau. Rhodiodd yn gloff, gyda'r wawr, gan ddwyn yn ei gorff graith ei dröedigaeth.

Cafodd dynion a merched brofiadau cyffelyb ar hyd y canrifoedd yn eu hymwneud â Duw. Un ohonynt oedd Francis Thompson, awdur y gerdd "The Hound of Heaven" a ddyfynnir ar ddechrau'r wers. Y mae'r gerdd yn ddisgrifiad ingol o'r modd y mae Duw yn chwilio a cheisio nes cael ei anwyliaid. A dyna eiriau cofiadwy Blaise Pascal, "Duw a'm cofiodd, Duw a'm carodd, Duw a'm ceisiodd, cafodd, cododd."

Un o gerddi enwocaf Charles Wesley yw "Wrestling Jacob" a edmygwyd yn fawr gan Isaac Watts fel un o gerddi crefyddol mwyaf y cyfnod. Ynddi mae Wesley yn canolbwyntio ar gyffes Jacob a'i dröedigaeth i Israel. Mae'r cyfnewidiad yn Jacob yn batrwm i bob pererin sy'n cyfarfod yr ymwelydd dwyfol dirgel, neu'r "Traveller unknown" hwn. Yn y diwedd mae hwnnw'n datguddio ei hun fel Iesu, "the feeble sinner's friend."

Come, O thou Traveller unknown,
  Whom still I hold, but cannot see!
My company before is gone,
  And I am left alone with thee:
With thee all night I mean to stay,
And wrestle till the break of day.

What though my shrinking flesh complain,
  And murmur to contend so long,
I rise superior to my pain;
  When I am weak, then I am strong:
And when my all of strength shall fail,
I shall with the God-man prevail.

'Tis Love! 'tis Love! thou diedst for me;...

Mae Wesley yn adlewyrchu hen draddodiad ym myd esboniadaeth mai gyda'r Iesu yr ymgodymodd Jacob. Dehonglodd y darn yng ngoleuni Hosea 12:4 ac yn ei gyffelybu i ddyfodiad disgleirdeb Haul Cyfiawnder wedi nos dywyll yr enaid:

The Sun of Righteousness on me
  Hath rose with healing in his wings;
Withered my nature's strength; from thee
  My soul it's life and succour brings;
My help is all laid up above;
Thy nature, and thy name is Love.

Contented now upon my thigh
  I halt, till life's short journey end;
All helplessness, all weakness I
  On thee alone for strength depend...

Trafodwch.

1. Cyfarfod â Duw a newidiodd gyfeiriad bywyd Jacob. A yw Duw yn dal i newid bywydau heddiw ?
2. Beth a ddysgwn am ymwneud Duw â ni oddi wrth hanes Jacob?
3. Beth a ystyriwch chwi yw'r gwahaniaeth pwysicaf rhwng Jacob ym Methel a Jacob ym Mheniel?

2/3/97. Yn y Bont.

Gwers 24 Genesis 33:1-16

CYMOD JACOB AC ESAU

Aeth ugain mlynedd heibio er i Jacob dwyllo ei frawd o'i enedigaeth fraint. Ni leddfwyd dicter Esau nac euogrwydd Jacob gyda'r blynyddoedd. Yn wir, gall dicter o'r fath, gyda threigliad amser, gynyddu'n atgasedd maleisus, a hyd yn oed, yn ddymuniad i ladd. Hawdd dyfalu mai dyma oedd cyflwr Esau a'i fod yn dal ar ei gyfle i ladd ei frawd trahaus. Gwyddai Jacob hynny, ac yr oedd eisoes wedi ceisio gwneud darpariaeth ddigonol ar gyfer y cyfarfyddiad tyngedfennol. Yr oedd wedi anfon rhodd hael i geisio lliniaru ychydig ar ddicter ei frawd(Gen. 32:13-21). Rhag ofn nad oedd dim yn tycio, rhannodd ei deulu a'i eiddo yn ddau, fel y gallai rhai ohonynt, o leiaf, osgoi llid Esau. Nid anghofiodd offrymu gair o weddi ychwaith (Gen. 32:9-12). Ond geiriau gŵr mewn arswyd ac euogrwydd ydynt. "Nid wyf yn deilwng o gwbl o'r holl ymlyniad a'r holl ffyddlondeb a ddangosaist tuag at dy was... Achub fi o law fy mrawd, o law Esau; y mae arnaf ei ofn, rhag iddo ddod a'n lladd, yn famau a phlant" (adn. 11). Fel cwningen mewn magl, mae Jacob yn methu dianc. Nid oes osgoi Esau y tro hwn. Ond cyn cyfarfod â'i frawd rhaid oedd setlo'i berthynas â Duw. Dyma a welwyd yn y wers flaenorol. Yn awr, yn amddifad o'i falchder, yn gloff o'i glun, ond yn ddyn newydd rhodiai i gyfarfod ag ef.

Cyfarfod Esau (Gen. 33:1-16). Cyfansoddwyd y naratif yn ofalus. Ceir tair elfen wedi eu plethu: y dynesu, y cymodi a'r gwahanu.

Yn ***y dynesiad (adn. 1-11)*** ceir dau ymadrodd sylfaenol: "ennill ffafr yn d'olwg" a ailadroddir yn adnodau 8,10, 15 fel pe bai hawliau Esau fel y cyntafanedig yn para mewn grym. Yr ail, ymadrodd pwysig yw "ymgrymu i'r llawr" sydd yn ddarlun cwbl groes i'r fendith a roddwyd ar Jacob gan ei dad yn 27:29: "ac ymgrymed meibion dy fam i ti." Ymgrymodd Jacob yn gyntaf ac yna'r morynion a'u plant. Dilynwyd hwy gan Lea a'i phlant hithau ac yna, yn olaf, fel pe baent i'w hamddiffyn mewn rhyw fodd, Rachel a Joseff. Gyda ffurfioldeb eithafol y trefnodd Jacob ei dŷ fel pe bai yn mynd i gyfarfod â thywysog gwlad bwerus.

Gwahanol iawn oedd ymateb Esau. Ni chafwyd seremoni ffurfiol yn ei achos ef. Rhedodd a chofleidiodd ei frawd gan ei gusanu. 'Roedd dagrau'r ddau yn arwydd gweledig bod cymod wedi ei gyflawni. Mae'r ofn a'r arswyd yn cilio a'r maddeuant yn amlwg yn y croeso a'r cofleidio.

"Beth yw maddau? Cael ffordd trwy'r drain at ochr hen elyn."

Mae'r cwpled hwn gan Waldo Williams yn fynegiant croyw o'r ffordd y tramwyodd Jacob i gymod â'i frawd. Daw holl droeon y stori o bennod 25 i 33 i'w huchafbwynt yn y digwyddiad hwn.

Gofynnodd Esau ynglŷn â'r fintai oedd gyda Jacob. Sylwer yn fanwl ar ateb hwnnw: "Dyma'r plant y mae Duw o'i ffafr wedi eu rhoi i'th was." Mae Jacob yn ofalus i ymatal rhag defnyddio'r gair "bendithio" ('barak') wrth eu disgrifio hwy. Yn hytrach, defnyddiodd y gair llai grymus, "ffafr." Ond wrth ddisgrifio'r rhodd y mae ef yn ei gyflwyno i Esau defnyddia Jacob y gair "bendith" fel pe bai am gyflwyno'r hyn yr oedd wedi ei ladrata yn ôl i'w frawd. Ai edifeirwch sydd ar waith yma? Fel Sacheus yn dychwelyd mwy o lawer nag oedd wedi ei ddwyn? Trwy dderbyn y rhodd mae Esau'n derbyn ffrwyth y fendith.

Wedi'r cymod daw'r gwahanu (adn.12-16). Yn hytrach na dilyn ei frawd yn ôl ei addewid i Seir, aeth Jacob i'w ffordd ei hun gan deithio i Sichem yng nghanol gwlad Canaan. Yno prynodd ddarn o dir a chodi allor i El-Elohe-Israel ("Duw, Duw Israel"). Daeth y darn hwn o dir yn bwysig yn hanes Israel oherwydd yno y claddwyd esgyrn Jacob ac yno yr oedd ffynnon Jacob. Yno y bu Iesu'n sgwrsio â'r wraig o Sychar.

DAU GYFARFYDDIAD.

Mae'n amlwg fod y ddau gyfarfyddiad hyn rhwng Jacob ac Esau, a Jacob a'r gŵr dieithr, yn gyfochrog. Mae'r hanesyn am gymod â brawd yn gysgod o'r hanes am gymod â Duw. Dysgwn o'r darnau nad yw Arglwydd Dduw Israel yn un i'w gymryd yn ysgafn. Nid rhywbeth rhwydd yw cymod, ond rhywbeth costus. Os yw hynny'n wir am ddynion, y mae'n fwy gwir am Dduw.

Daw hyn yn eglur yn nefnydd yr awdur o'r gair "wyneb." "Mae gweld dy wyneb fel gweld wyneb Duw, gan dy fod wedi fy nerbyn," medd Jacob wrth Esau (33:10). Geiriau sy'n adlais o'r frawddeg a lefarwyd gan Jacob yn gynharach, "Gwelais Dduw wyneb yn wyneb, ond arbedwyd fy mywyd" (32:30). Yn y ddau gyfarfyddiad, yn gwbl annisgwyl iddo'i hun, cafodd ei arbed. Yr allwedd i'r ddau gyfarfyddiad yw maddeuant. Y mae maddeuant Esau yn gysgod real o faddeuant rhyfeddol Duw sy'n sanctaidd a pherffaith yn ei holl ffyrdd. Nid yn ysgafn neu'n arwynebol y ceir maddeuant. Dyma'r wers y dysgodd Jacob, ac un a'i gadawodd yn gloff o'i glun.

Nid yw Duw yn cymrodeddu ar ei sancteiddrwydd. Nid Duw fyddai pe bai'n cyfaddawdu ei lendid perffaith. Wrth ddelio â dynion a merched ystyfnig nid yw am funud yn ildio'i burdeb. Wrth ddod mewn cnawd yn Iesu Grist a byw yng nghanol ein haflendid mae'n aros yn ddibechod. A dyna sy'n gwneud y cymod yn Iesu Grist yn anfeidrol ei werth. Dim ond Duw allai symud ein haflendid, a dim ond Duw yn ddyn yn Iesu Grist a wnaeth hynny. Oedd, 'roedd y maddeuant yn gostus i Dduw hefyd. Ond dyma bris ein cymod ag Ef ei hun.

Ond mae rhybudd i bawb ohonom yn hanes Jacob. Er profi cymod â Duw mae cloffni yn agos iawn atom. Er yn greaduriaid newydd (II Cor. 5:16-21) cloffwn yn aml ar ein pererindod tua'r Ganaan nefol. Gall y profiadau hynny fod yn boenus a dirdynnol wrth i ninnau lithro i demtasiynau'r byd. Ond erys yr addewid o faddeuant yng nghariad Duw. Cariad diollwng yw cariad Duw, fel y profodd Jacob.

Ond mae caru Duw a charu brawd yn annatod. 'Nid oes neb wedi gweld Duw erioed; os ydym yn caru ein gilydd, y mae Duw yn aros ynom, ac mae ei gariad wedi ei berffeithio ynom ni...Os dywed rhywun, "'Rwy'n caru Duw", ac yntau'n casáu ei frawd, y mae'n gelwyddog; oherwydd ni all neb nad yw'n caru'r brawd y mae wedi ei weld, garu Duw nad yw wedi ei weld. A dyma'r gorchymyn sydd gennym oddi wrtho ef: bod i'r sawl sy'n caru Duw garu ei frawd hefyd' (I Ioan 4:12, 20-21).

Wedi dysgu caru Duw yn iawn, dysgodd Jacob sut i garu ei frawd. Yn lle malais a chenfigen, ofn ac arswyd, ceir maddeuant a chymod a heddwch.

Trafodwch

1. Os yw maddeuant Duw yn sail inni ddynesu ato, onid maddau i'n gilydd y dylem ninnau?
2. A yw ffordd maddeuant yn ffordd gostus?
3. Y mae caru Duw yn gyfystyr â charu brawd. Os nad ydym yn caru ein gilydd a ydym yn caru Duw?
4. Mae pererindod bywyd yn gallu bod yn anodd, os yw Duw o'n plaid, fodd bynnag, onid yw'n gysur gwybod na all dim byd ein cymryd allan o'i law ef?

MAWRTH — PERERINDOD PEDR

Gwers 25 — Mathew 17: 1-9

PEDR YN DYSGU DILYN

Pedair golygfa ym mhererindod ysbrydol Pedr a ddarlunnir nesaf. Golygfeydd sy'n ein tywys o Fynydd y Gweddnewidiad tua Bryn Calfaria; ac o'r bedd gwag tuag at Fôr Tiberias. Yno, o'r diwedd, yr oedd Pedr yn deall yn well beth oedd bod yn ddisgybl i'r Iesu Atgyfodedig, "Canlyn di fi." Ar ôl iddo dystio mor eglur yng Nghesarea Philipi, "Ti yw'r Meseia, Mab y Duw byw" (Math. 16:16), dysgu trwy trwy broses boenus a wnaeth. Nid oedd yn deall bod yn rhaid i'r Meseia ddioddef marwolaeth er mwyn cyflawni amcanion yr hwn a'i hanfonodd. Dehonglodd Iesu ei weinidogaeth yng ngoleuni'r Gwas Dioddefus (Eseia 53), a hyn yr oedd Pedr yn ei chael yn anodd ei dderbyn.

Y Gweddnewidiad (1-3). Yn yr Hen Destament gwelsom fod pob gweledigaeth yn cael ei goleuo gan Air oddi wrth Dduw. Yr un patrwm a geir yn y Testament Newydd. Yr allwedd i'r weledigaeth hon yw'r llais dwyfol. Yn ôl W. D. Davies a D. C. Allison *(op. cit.)* y cyfarchiad dwyfol yw uchafbwynt y digwyddiad hwn. Cyn dod at ystyr y geiriau hynny, rhaid ystyried rhai ffactorau eraill yn yr adroddiad.

Er i'r Efengylau Cyfolwg eraill gyfeirio at y digwyddiad, mae defnydd Mathew ohono yn unigryw. Ei ddehongliad arbennig ef yw ceisio dangos bod Iesu yn Foses newydd, yn wir, yn fwy na Moses. Adleisir hynny yn fynych yn y darn hwn. Chwe diwrnod y bu Moses yn y cwmwl ar Fynydd Sinai cyn i Dduw lefaru wrtho (Exod. 24:16). Cymerodd Moses dri gŵr arbennig gydag ef, Aaron, Nadab ac Abihu. Mae'r mynydd yn cyfateb i Fynydd Sinai lle rhoddwyd y gyfraith, sydd hefyd yn thema gyffelyb ym Mathew (5:1 a 15:29).

Yn adnod 2 ceir y gair 'metemorphôthe' (yr un gair sy'n rhoi'r gair cyfoes "metamorphosis"), sef ffurf oddefol y ferf sy'n awgrymu mai Duw sy'n trawsffurfio Iesu. Nid goleuni oddi allan iddo'i hun, ond, chwedl Strauss, "an irridation from within, a transient effulgence, so to speak, of the beams of divine glory through the veil of humanity." Cofier i Moses yntau ddod i lawr o'r mynydd a'i wyneb a'i wedd yn disgleirio cymaint fel na allai'r bobl edrych arno. Ond pylodd hwnnw ac ni allai ei rannu ag eraill. Disgleirdeb Haul Cyfiawnder sydd yn y fan hon ac wedi'r atgyfodiad mae ei oleuni ef yn cael ei gyfrannu i eraill.

Thema lled gyffredin yn y Beibl yw'r un am wisgoedd y saint. Gwisgoedd disglair y gogoniant yw dillad y rhai sy'n eiddo Duw am mai un sy'n "gwisgo gogoniant a harddwch..a goleuni fel dilledyn" (Salm 104:1-2) yw Duw ei hun. Yn y Datguddiad ceir yr adnod gyfarwydd, "wele dyrfa fawr na allai neb ei rhifo...yn sefyll o flaen yr Orsedd ac o flaen yr Oen, wedi eu gwisgo â mentyll gwyn..." (Datg. 7:9). Ni ddaw'r gogoniant hwn yn eiddo i ni ond trwy Groes ac Atgyfodiad Iesu. Yn yr ystyr hwn y dywed Iesu mai ef yw goleuni'r byd. Y ffaith sylfaenol hon y methodd Pedr ei dirnad. Cyn dod at hynny, mae'r weledigaeth yn parhau.

Ymddangosodd Moses ac Elias yn ymddiddan â Iesu. Y rheswm pam yr enwir y ddau yma, mae'n bur debygol, yw i'r ddau gyfarfod â Duw ar fynydd Sinai /Horeb. Ond mae esbonwyr ar hyd y canrifoedd wedi eu cymryd i gynrychioli dwy wedd allweddol tystiolaeth yr Hen Destament, sef y Gyfraith a'r Proffwydi. Y mae Iesu fel Meseia a Mab Duw yn cadarnhau a chyflawni'r Gyfraith a'r Proffwydi. Yn wir, mae ef yn fwy na Moses ac Elias. Cam allweddol yn natguddio Iesu i'r byd yw'r digwyddiad hwn.

Uchafbwynt y digwyddiad yn ddiamau yw'r llais o'r cwmwl: "Hwn yw fy Mab, yr Anwylyd; ynddo ef yr wyf yn ymhyfrydu; gwrandewch arno ef." Mae'r cwmwl yn adleisio'r cwmwl ar Fynydd Sinai a'r cwmwl yn yr anialwch. Yn nhermau'r Testament Newydd mae'r 'shekinah', oedd yn disgyn ar y Tabernacl neu Babell y Cyfarfod, wedi ymddangos mewn cnawd. Yn Iesu mae gogoniant Duw yn bresennol unwaith eto. Mae'r geiriau a glywir yn ein hatgoffa o'r llais a glywyd ym Medydd Iesu ac yn seiliedig ar Salm 2:7 ac Eseia 42:1. Uniaethir Iesu â mab Duw ('ebed Yahweh') mewn adran sydd wedi sôn cymaint am Moses yr un a ystyriwyd, yn anad neb arall, yn "fab Duw" (Exod. 14:31; Num. 12:7-8).

Mae Duw yn ôl y Beibl yn ymhyfrydu mewn llawer peth: yn ei enw, ei ogoniant, ei gyfiawnder, gwaith ei ddwylo, ei etholedigion, ac yn y blaen. Ond uwchlaw popeth mae'n ymhyfrydu yn ei Fab. 'Does dim yn rhoi mwy o bleser a boddhad i Dduw na'i Fab. Ef yw coron ei lawenydd. "Y mae'n adlewyrchu gogoniant Duw, ac y mae stamp ei sylwedd arno..."(Heb.1:3). Pe baem yn rhoi drych o flaen Duw, yr hyn a welwn fyddai Iesu Grist.

Y mae'r geiriau yn adleisio caneuon y Gwas Dioddefus, "dyma fy ngwas yr hwn a hoffais," ac yn fynegiant o'r gwirionedd bod Duw yn rhoi ei fendith ar y llwybr a ddewisodd Iesu. Yn wir, nid dewis rhwng nefoedd yn awr neu ddioddefaint yn nes ymlaen oedd yr hyn a wynebai Iesu, ond dewis rhwng ufudd-dod i'r cynllun tragwyddol a seliwyd rhyngddo a'r Tad yn nhragwyddoldeb er mwyn achub pechaduriaid - llwybr oedd yn arwain yn anochel tua chroes Calfaria - neu anufuddhau fel Adda. Pan demtiwyd Iesu gan y Diafol i gymryd ei wobr ac ymaflyd yn ei ogoniant yn awr, gan osgoi'r groes, yr oedd yn ei demtio i gefnu ar ei fwriad tragwyddol i achub pechaduriaid. Dyma sy'n gwneud geiriau Pedr yn eiriau satanaidd yng Nghesarea Philipi ac yn y fan hon ac y maent yn haeddu'r cerydd llymaf posib.

Ymateb Pedr (adn . 4). Yr oedd geiriau Pedr yn awgrymu ei fod am weld amgylchiadau Mynydd Sinai yn parhau. Yr oedd presenoldeb Duw yn y cwmwl wrth ddrws pabell y cyfarfod (Exod. 33:9-10) yn barhaol. Ond pam adeiladu tair pabell? Efallai bod Pedr yn tybio bod gan saint y nefoedd drigfannau iddynt eu hunain, ac wedi iddynt ddod i'r ddaear yr oedd angen adeiladu pebyll iddynt. Beth bynnag yw'r esboniad, yr oedd Pedr wedi tybio bod teyrnas nefoedd wedi dod ar y ddaear ac yr oedd am barhau y digwyddiad hwn cyhyd ag y medrai. Yn nisgwyliadau'r Iddewon am y diwedd, yr oedd Elias i ymddangos eto. Camgymeriad mawr Pedr oedd credu bod y deyrnas yn mynd i ddod heb y groes a'r dioddefaint.

Yn ôl Davies ac Allison *(op. cit.)* mae'r stori hon yn wrthgyferbyniad llwyr i hanes y croeshoeliad. Yn hon mae'r Iesu gogoneddus yn cael ei ddyrchafu mewn gwisgoedd disglair gyda Moses ac Elias y naill ochr iddo, y mae popeth yn oleuni. Yn hanes y croeshoeliad dyrchefir yr Iesu archolledig ar groes gyda dau leidr y naill ochr iddo ac mae popeth yn dywyllwch. Rhaid i Iesu gyfranogi yn y naill fel y llall os yw am gyflawni ei bwrpas mawr; cael ei amgylchynu â saint ac a phechaduriaid, gan oleuni â thywyllwch. Nid oes osgoi'r groes am fod honno ar lwybr cynllun achubol Duw.

Trafodwch:

1. Onid oes perygl i ninnau, fel Pedr, fod "yn satan" yn llwybr Duw; yn llesteirio a rhwystro ei ddymuniad?
2. Trwy ddarllen y Gair a gweddïo'n gyson, yn unig, y gallwn wybod ewyllys a bwriadau Duw ar ein cyfer.
3. Crefydd arwynebol yw honno sy'n ceisio osgoi pob croes a siomedigaeth. Nid crefydd y Testament Newydd ydyw. Ffydd arwrol yw'r ffydd sy'n glynu wrth Dduw yng nghanol croesau a dioddefaint y byd. Ai crefydd yr hawddfyd sydd gennym neu ffydd gadarn y Beibl?

Gwers 26 — Ioan 13:1-20

GOLCHI TRAED Y DISGYBLION

Yn awr, deuwn i awyrgylch yr oruwch-ystafell. Bu'r disgyblion yn cweryla ynglŷn â pha un ohonynt oedd i gael blaenoriaeth, pa un ohonynt oedd y pwysicaf. Atebodd Iesu hwy trwy ofyn y cwestiwn, "ai yr hwn sy'n eistedd i fwyta, neu'r un sy'n gweini?... Yr wyf fi yn eich plith fel un sy'n gweini"(Luc 22:27). Yn nhraddodiad y tadau a'r proffwydi eglurodd Iesu ei neges trwy gyfrwng gweithred. Nid yr hen ddywediad Saesneg "actions speak louder than words," a geir yma, ond gair a gweithred. Yn unol â'r hyn a ddywedwyd eisoes, mae'r gair yn goleuo'r weithred. Diystyr yw gweithred heb y gair.

Y weithred (adn. 5). Mae'n hysbys mai gwaith i weision a morynion oedd golchi traed teithwyr blinedig wedi iddynt gerdded yn droednoeth trwy'r llaid a'r llacs a'r llwch cyn dod i mewn i dŷ'r gwestai. Oherwydd eu balchder a'u hunanoldeb nid oedd yr un o'r disgyblion am blygu i gyflawni gweithred mor isel. Yn y weithred hon cyflawnodd Iesu un o arwyddion pwysicaf ei swyddogaeth. Mae'r gair "swydd" ym Mherson Iesu Grist yn golygu gwasanaeth. Nid eistedd yn ôl a mwynhau breintiau swydd arbennig a wnaeth, ond defnyddio ei swydd yn sianel iachawdwriaeth. Swyddogaeth Iesu oedd achub pechaduriaid. Nid yw Ef yn rhy fawr na phwysig i ymostwng a golchi traed y butraf o ddynion.

Arwydda'r weithred hon fwy na dysgu gwers fechan i'r disgyblion ynglŷn â gostyngeiddrwydd. Yn y weithred mae'r Meseia yn ymaflyd yn ei waith mawr dros yr holl fyd. Os yw muriau'r oruwch-ystafell yn gyfyng mae i'r weithred arwyddocâd byd-eang. Cyhoeddi yn uchel mae Ioan bod Iesu yn ceisio ei fyd. Nid gweithred fechan breifat, o'r neilltu, i griw o gyfeillion agos yw hi, ond datganiad eglur bod y Cyfryngwr, y Proffwyd, yr Archoffeiriad, a'r Brenin wrth ei waith.

Yn disgleirio trwy'r weithred i gyd mae cariad anorchfygol Crist tuag at bechaduriaid. Felly, nid seremoni eglwysig yw hon i'w chyflawni'n ddefodol, ond amlygiad o'r "Cariad mwyaf rhyfedd fu erioed." Amhosibl i ni yw caru fel y carodd ef a gweini fel y bu ef yn gweini. Nid llosgi yn fwy angerddol na chariad pawb arall a wnaeth cariad Iesu, nid gwahaniaeth mewn gradd ydyw. Yn hytrach, rhaid inni ei ystyried ef fel y Cyfryngwr sy'n cynnig ei gariad ef ei hun i ni yn rhodd, os ydym ni am garu o gwbl. "Nid am ein bod ni yn ei garu ef, ond am iddo ef yn GYNTAF ein caru ni."

Cofier, dim ond Un all gerdded o amgylch y stafell honno gyda phadell yn ei ddwylo. Cymerwch Ef ymaith, ac nid oes i'r weithred unrhyw werth o gwbl. Nid moeswers fechan ynglŷn â gweini ar ein gilydd yw'r hyn a ddysgodd Iesu yma. Ond datgan y mae mai rhodd oddi uchod yw cariad, gwir gariad, sy'n cael ei roddi yn unig ar sail ei aberth iawnol ar Galfaria.

Yr ymddiddan (adn. 6-15). Seimon Pedr yw'r un sy'n adweithio am nad yw wedi deall, neu ddim am ddeall, arwyddocâd y weithred hon. Ond mae Pedr mewn cwmni da, oherwydd defnyddiodd achosion dyngarol yn ein dyddiau ni yr hyn a wnaeth Iesu fel patrwm o'r gwasanaeth y dylem ni ei roddi i'n cyd-ddyn. Ni fynnai Pedr dderbyn bod yn rhaid i'r Meseia ddioddef a marw, ceisiodd llawer yn ein dyddiau ninnau hefyd gadw'r fowlen a'i symboliaeth ond diystyru'r dwylo sy'n ei dal. Yr un yw cyfarchiad Iesu i'r rhain fel i Pedr: "Pam yr ydych yn derbyn fy mhowlen ac yn anwybyddu fy mara a'm gwin, fy nghroes a'm dioddefaint...fy Ngair?" Nid oes ystyr i'r fowlen heb y groes, nac i'r tywel heb y farwolaeth dros ddynoliaeth.

Mae'r golchi yn arwydd o'r hyn a ddaeth yn ddiweddarach i'w arfer fel Bedydd. Arwydd allanol yw hwnnw o'r hyn mae Duw wedi ei gyflawni wrth atgenhedlu'r pechadur i fywyd; y mae'n lân o'i ben i'w draed. Ond fel y dyn sy'n ymolchi drosto yn ei gartref ac yna yn cerdded i dŷ cyfaill trwy ganol y baw, rhaid iddo yntau olchi ei draed eto. Felly y mae hi gyda'r sawl a brofodd olchiad yr atgenhedliad, rhaid iddo yntau edifarhau yn feunyddiol oherwydd baeddodd ei draed yn aml wrth droedio ffyrdd llychlyd y byd hwn. Wedi'n cyfiawnhau unwaith ac am byth trwy farwolaeth Crist, mae'r broses o sancteiddio yn mynd rhagddi yn barhaus. Crist sydd nid yn unig yn ein cyfiawnhau, ond ef hefyd yw ein sancteiddrwydd ni. Y mae Efe o hyd wrthi'n golchi traed y rhai y mae wedi eu hatgenhedlu.

Yng nghyd-destun y Wledd neu'r Swper mae deall y Golchi traed felly. "Yn awr, yr ydych chwi yn lân trwy y gair a leferais wrthych." Y gair hwnnw oedd MADDEUANT, a dyna'r gair a glywir o hyd. I dderbyn hwnnw rhaid diosg ein balchder a dod fel plant bychain at orsedd Duw. Diffyg Pedr oedd na allai ddod ag ef ei hun i'r fan honno. Credu'r gair hwnnw yw ein hiachawdwriaeth ninnau.

Credu bod Duw yng Nghrist yn maddau i bechaduriaid, dyma'r gair y'n gwahoddir i gredu ynddo gyda'n calonnau. Nid mater o emosiwn neu rym teimladol yw hanfod credu, ac nid ymddiriedaeth mewn rhywun ychwaith. Ond hanfod credu yw "gwybod a derbyn y gair hwn o faddeuant." Credu gyda'r deall bod y gair hwn yn wir. Yn y Beibl mae'r deall a'r galon yn perthyn yn agos i'w gilydd, ac anffodus yw'r duedd gyfoes i ysgaru rhwng y pen a'r galon gan leoli'r emosiwn yn y galon a gwneud hwnnw yn egwyddor ganolog bywyd. Crefydd arwynebol ac anwadal yw honno sydd wedi ei chanoli ar yr emosiwn. Deall a derbyn bod y gair a lefarodd Iesu, gair y dystiolaeth, yn wir. Credu ei air yw ystyr credu ynddo. Os nad ydym yn credu ei air, nid ydym yn credu ynddo ef fel Person ychwaith. Mae'r Testament Newydd bob amser yn egluro tröedigaeth nid yn gymaint yn nhermau ymateb i Berson, ond ymateb i'r gwirionedd am y Person hwnnw. Nid ydym yn credu yng Nghrist, os nad ydym yn credu yn ei aberth iawnol dros bechod y byd.

Maddeuant Duw yng Nghrist yw cynnwys ein pregethu, ac yn nhrefn rhagluniaeth Duw cawn ffydd yn rhodd er mwyn credu'r ffaith honno. Felly, daw ffydd trwy glywed y neges - trwy ddeall neges eglur yr efengyl.

Trafodwch:

1. "Ofer yw'r ddefod heb y gair, ofer y sacrament heb y bregeth." Dywed Calfin mai " y gair yn weladwy" yw'r sacrament. Rhaid pregethu'r gair, egluro neges yr efengyl, os ydym am bregethu Crist. Nid yw'r sacrament, ar ei ben ei hun, yn ddigonol. Rhaid pregethu'r neges am faddeuant Duw.
2. Nid gwers fach ynglŷn â gweini ar ein gilydd yw ergyd y weithred hon o eiddo Iesu, ond dysgu mai Crist yr Iachawdwr yw'r unig un all ein glanhau. Y mae ei groes a'i aberth yn unigryw. Unwaith y cawsom ein golchi ganddo ef nid oes angen ein golchi mwy.
3. Er profi cael ein golchi gan Grist, yr ydym yn para i gwympo

i demtasiynau, mae angen 'golchi ein traed' yn gyson arnom er mwyn adnewyddu ein hymlyniad wrth Grist. Onid y gwirionedd hwn y mae Paul yn ei fynegi yn Rhuf. pen. 7, pan soniodd am y drygioni oedd yn dal i breswylio ynddo?

Gwers 27 Mathew 26:31-5, 69-75

PEDR YN GWADU

Ystyr enw Pedr oedd "craig," ond yn y prawf ofnadwy a ddaeth arno a ddarlunnir yn yr adnodau hyn, dangosodd ei hun yn debycach i dywod nag i graig. Mae'r Efengylwyr i gyd yn darlunio digwyddiadau oriau olaf bywyd Iesu ar y ddaear gyda dwyster mawr. Yr oedd ei berthynas â'i ddisgyblion hefyd yn llawn tensiwn ac yn prysur ddod i'w huchafbwynt. Bydd dioddefaint y Meistr yn peri iddynt faglu ac amau. Yn ôl eu dealltwriaeth hwy o berson a gwaith y Meseia nid oedd ef i ddioddef o gwbl ac yn sicr nid oedd i farw. Ond, fel y dangoswyd, yr oedd Iesu'n ceisio'u cael i ddeall bod dioddefaint yn anochel. Methu deall hyn fu'n gyfrifol i Pedr nid yn unig ffoi ond i wadu ei Arglwydd.

Daw geiriau am daro'r bugail yn adnod 31 o Sechareia 13:7, ond gydag un gwahaniaeth pwysig. Ym Marc a Mathew troir y ferf i'r person cyntaf dyfodol, "Trawaf..." gan awgrymu mai Duw fydd yn taro'r Iesu a chanlyniad hynny fydd i'r disgyblion gael eu gwasgaru. Ond ceir yn yr adnod sy'n dilyn broffwydoliaeth am atgyfodiad Iesu ac efallai addewid am ailgynnull cymdeithas ei ddisgyblion yng Ngalilea. Iesu fydd yn arwain ei bobl i Galilea.

Awgrymodd un esboniwr mai Galilea oedd y man y disgwyliai Iesu i'r ail-ddyfodiad ddigwydd. Ond mae esboniadau eraill. Galilea oedd Galilea'r Cenhedloedd. Ai cyfeirio at ddechrau'r genhadaeth Gristionogol y mae Iesu? Fodd bynnag, ef sy'n arwain, "mi a âf o'ch blaen chwi i Galilea." Lle bynnag yr awn, gallwn fod yn sicr bod Iesu yn ein harwain. Yn wir, onid yw yno o'n blaenau?

Yr oedd cân y ceiliog yn gyfarwydd adeg y wyliadwriaeth rhwng hanner nos a thri o'r gloch y bore. Geilw'r Rhufeiniaid y wyliadwriaeth hon yn "pulli cantor" (sydd yn rhoi'r gair Cymraeg, "plygain" - dyna amser priodol y plygeiniau!). Y mae "gwadu" yn y cyswllt hwn yn gyfystyr â "diarddel." Yr oedd y gwadu deirgwaith yn awgrymu trylwyredd cefnu Pedr ar ei Arglwydd. Ond yr oedd ef yn bendant na fyddai yn diarddel Iesu(adn. 35). Dywedodd y byddai'n barod i farw er ei fwyn. Geiriau sy'n arwyddo nad oedd ef wedi ystyried canlyniadau dilyn Crist i Galfari nac wedi deall mai Meseia ar ffurf y Gwas Dioddefus oedd y ffordd y dehonglodd Iesu ei genhadaeth. Nac wedi deall ychwaith na allai neb ond Iesu farw'r farwolaeth hon, drosto ef a thros ddynolryw.

Y Gwadu (adn. 69-75). Anodd i ni yw dychmygu'r frwydr yn enaid Pedr y noson hon. Gŵr cryf o gorff a dewr ei galon, a oedd yn barod i amddiffyn gyda'r cledd ei Feistr rhag gormes y dyrfa a ddaeth i'w gyrchu, ond a geryddwyd gan yr union un yr oedd yn ceisio ei amddiffyn. Wrth roi'r cledd yn y wain fe ddichon bod Pedr yn llawn dryswch a siomedigaeth. Ni allai ymwrthod â'r demtasiwn i ddilyn y dyrfa o hirbell wrth i'r Iesu gael ei arwain i'r ddinas. Dywed Ioan wrthym mai'r forwyn a waeddodd ei fod ef yn un o ddisgyblion Iesu oedd yr un oedd wedi agor y drws iddo ar gais disgybl arall (Ioan 18:16). Cadarnheir y dybiaeth hon gan ei defnydd o'r gair "hefyd" (adn. 71). Gwadodd Pedr deirgwaith ei fod yn adnabod Iesu gan dyngu'n waeth bob tro.

Yr oedd y gwadiad yn ffolineb gan ei bod yn amlwg i bawb oedd yno mai un o wŷr Galilea oedd Pedr. Yr oedd ei acen, ymysg pethau eraill, wedi ei fradychu(adn. 73). Methodd Pedr ag ymateb i rybudd Iesu i weddïo am nerth i oresgyn temtasiwn (Luc 22:40-46). Gŵr oedd yn ymddiried yn ei gryfder ei hun ydoedd. Mae hunan-ddibyniaeth yn anochel yn arwain i fethiant moesol. Pan fyddom yn tybied ein bod ar ein cryfaf yr adeg honno yr ydym ar ein mwyaf bregus. Ni allwn yn ein nerth ein hunain oresgyn temtasiynau anodd nac ymosodiadau yr un drwg. Dyna pam y rhybuddiodd Iesu ei ddisgyblion i wylio a gweddïo'n barhaus.

Dywedodd Martin Luther mai ar ei liniau yn yr hwyr yr ymladdodd ef y brwydrau gyda'r Drwg a ddeuai i'w gyfarfod yn ystod y dydd. Mewn gweddi y câi oruchafiaeth. Pwy bynnag a ymddirieda, fel Pedr, yn ei allu a'i gryfder ei hun, bydd yn sicr o gwympo. Ni siomir y sawl sy'n ymddiried yng ngallu Duw. "Eithr y rhai a obeithiant yn yr ARGLWYDD a adnewyddant eu nerth; ehedant fel eryrod; rhedant, ac ni flinant; rhodiant ac ni ddiffygiant" (Eseia 40:31).

Yng nghanol ei wadu a'i dyngu byrbwyll digwyddodd rhywbeth a barodd i Pedr fod yn fud. Fe ganodd y ceiliog a chofiodd eiriau'r Iesu wrtho: "Cyn i'r ceiliog ganu, fe'm gwedi deirgwaith." Ar adegau tyngedfennol bywyd mae geiriau yn gallu dod yn fyw iawn i'r cof. Yn wir, mae geiriau yn fwy effeithiol na llu o ystumiau. Er ei bod yn ffasiynol dweud bod cyffyrddiad llaw yn effeithiolach na llu o eiriau, eto y gair yw'r peth a gofir ac nid rhyw deimlad cynnes o'n mewn. "Dy air di a'm bywhaodd i," medd y Salmydd. Mae yr un mor wir dweud bod gair Duw yn ein barnu hefyd. "Yn llymach na'r un cleddyf daufiniog..." Gair Iesu a drywanodd Pedr yn ei galon yn y fan hon. Aeth allan ac wylo dagrau chwerw.

Mewn anobaith mae gobaith. Yn chwerwder dagrau'r dyn cryf hwn "golchwyd ei enaid yn ôl at Dduw." Mae'n arwyddocaol mai Pedr oedd un o'r disgyblion cyntaf i dystio i'r atgyfodiad ac un o'r rhai cyntaf yr ymddangosodd Iesu iddo.

Trafodwch:

1. "Yn nghanol nos oleuni mwyn y nef, O Arwain fi;" A yw geiriau emyn John Henry Newman yng nghanol ei bryder a'i ofn am ei einioes yn berthnasol i ni yn yr oes hon lle mae dynion a merched mor hunan-feddiannol?
2. Pa mor bwysig yw gweddi i'n cynnal yng nghanol temtasiynau bywyd?
3. A allwch gofio geiriau allweddol sydd wedi newid eich bywydau chwi?

Gwers 28 — Ioan 21:15-19

HER Y CRIST BYW

Os bu i Pedr wadu ei Arglwydd deirgwaith a chuddio'i ben mewn cywilydd, un peth ac un peth yn unig, sy'n achosi cyfnewidiad sylfaenol yn ei fywyd - yr Atgyfodiad yw hwnnw. Y digwyddiad hwnnw a droes Pedr a Thomas a'r disgyblion eraill o fod yn ddilynwyr llwfr ac amheuwyr petrus yn ddynion ar dân dros eu Harglwydd a'i Efengyl.

Nid oes sail o gwbl i gredu mai ffrwyth dychymyg byw a gwres atgofion y disgyblion am Iesu oedd tarddiad yr hanesion am yr atgyfodiad. Yn wir, dengys y dystiolaeth mai fel arall yn hollol yr oedd hi. Yr oedd y disgyblion mewn anobaith llwyr, "...fe'i croeshoeliasant. Ein gobaith ni oedd mai ef oedd yr un oedd yn mynd i brynu Israel i ryddid..." Fel y ddau ar y ffordd i Emaus, â'u breuddwydion wedi eu chwalu'n gyfan gwbl, yn dychwelyd i'w cartrefi gan dybio bod popeth ar ben, nid oedd y disgyblion yn disgwyl yr hyn a ddigwyddodd. Yr annisgwyliedig a'r newydd sy'n newid eu hagwedd a'u bywydau. Beth arall all gyfrif am bregeth fawr Pedr yn Jerwsalem chwe wythnos wedi'r Pasg? Y neges wefreiddiol oedd ganddo i'w chyhoeddi oedd bod Iesu wedi cyfodi, bod y croeshoeliedig yn fyw.

Yr hyn a argyhoeddodd y disgyblion o wirionedd yr atgyfodiad oedd nid yn gymaint y bedd gwag, nid yw hwnnw'n profi unrhyw beth, ond yn hytrach, iddynt gyfarfod â'r Iesu byw. Nid ffrwyth dychymyg byw neu freuddwydion yw'r ymddangosiadau hyn gan Iesu i'w ddisgyblion ac nid ymddangosiadau i gredinwyr ydynt. I'r gwrthwyneb, ymddangos i anghredinwyr a wnaeth Iesu. Un felly oedd Pedr.

ADFERIAD A CHOMISIYNU PEDR

Golygfa ddramatig yw hon. Cyfarfyddiad Iesu â'r gŵr a'i gwadodd deirgwaith. Teirgwaith y gofynnodd Iesu i Pedr, "A wyt yn fy ngharu i?" Atebodd yntau deirgwaith, "Ydwyf Arglwydd..." Fel pe bai yr ateb yn carthu pob cywilydd o'i galon. 'Does dim dwy waith mai mynegiant o edifeirwch dwys yw hyn gan Pedr. Nid yn unig mae gwir edifeirwch yn cynnwys gofid am ddrwg a wnaethpwyd ond hefyd penderfyniad sylfaenol i newid cyfeiriad bywyd.

Yr oedd Ioan wedi croniclo ym mhennod 13:36-38 yr ymddiddan hwn rhwng Iesu â Phedr: "Lle'r wyf fi'n mynd, ni elli di ar hyn o bryd fy nghanlyn."

"Arglwydd, pam na allaf dy ganlyn yn awr? Fe roddaf fy einioes drosot."

Y pryd hwnnw,'roedd Iesu wedi ei ateb trwy ddweud y byddai'n gwadu deirgwaith, ond yn awr, gwahanol iawn yw'r ateb. Yn gynharach, fel y ceisiwyd dangos, nid oedd Pedr wedi deall bod yn rhaid i'r Meseia ddioddef a marw er mwyn cyflawni bwriad achubol Duw. Yn wir, yr oedd ei amharodrwydd i dderbyn hyn yn dramgwydd i Iesu. Ond gan i Iesu gael ei groeshoelio mae'r cwestiwn hwn ganddo yn un dirdynnol. A oedd Pedr yn barod i dderbyn Meseia croeshoeliedig a charu Crist am yr hyn ydoedd ac nid am yr hyn y dymunai iddo ef fod? Hwn yw'r cwestiwn y mae'n rhaid i Pedr ei ateb. Dyma her yr Efengyl i bawb ym mhob oes. Derbyn Iesu am yr hyn yw ac nid am yr hyn yr ydym ni am iddo fod.

Rhaid nodi bod sawl esboniwr wedi ceisio adeiladu dadleuon ar sail y ffaith bod Iesu a Pedr yn defnyddio geiriau gwahanol am "gariad" yn y Groeg. Yn y ddau gwestiwn cyntaf mae Iesu'n defnyddio'r gair Groeg, 'agape,' ond atebir ef deirgwaith gan Pedr gyda'r gair llai grymus, 'phileo.' Ond go brin y gellir adeiladu unrhyw fath o ddadl ar sail y dystiolaeth hon. Fel y dywed C. K. Barrett, mae dwy wrthddadl gref: yn gyntaf, nid mewn Groeg ond mewn Aramaeg y byddai Iesu a Pedr yn ymddiddan; yn ail, tuedd Ioan fel awdur yw amrywio geiriau yn enwedig lle mae llawer o ailadrodd.

Problem esboniadol arall yw'r cwestiwn agoriadol a ofynnir gan Iesu i Pedr. Y mae'n fwriadol amwys. "A wyt ti'n fy ngharu i yn fwy na'r rhain?" Beth neu pwy yw'r "rhain?" Ai y disgyblion eraill, ynteu'r rhwydi a'r pysgod. Os derbynnir yr olaf, yna ystyr y cwestiwn yw, "A wyt ti'n fy ngharu i yn fwy na dy alwedigaeth fel pysgotwr?" Ond tebycach yw, mai cyfeirio at y disgyblion eraill y mae Iesu. Nid cymharu maint cariad y disgyblion unigol tuag at eu Meistr a geir yma, ond yn hytrach, gofyn i Pedr a oedd yn caru Iesu yn fwy nag oedd yn caru ei gyd-ddisgyblion. Caru ei gymdeithion yn fwy na'r Meistr yr oedd wedi ei wadu. Maentumir mai'r esboniad hwn sydd gywiraf.

Wrth adfer Pedr mae Iesu hefyd yn ei gomisiynu. Teirgwaith gorchmynnir i Pedr borthi a bugeilio praidd Iesu. Ond cyn cyflawni'r gwaith hwnnw rhaid caru perchennog y defaid. Ni thâl i unrhyw un geisio bugeilio'r praidd onid yw'n caru'r Pen Bugail ei Hun. Cariad yw'r cymhwyster sylfaenol i bob gwasanaeth Cristionogol. Ac yn waelodol, cariad at Grist ydyw. Dichon bod cymwysterau eraill yn ddeniadol, ond mae hwn yn anhepgor.

Mae bugeilio'r praidd yn hen ddelwedd ac yn un y ceir cyfeiriadau mynych ati yn y Beibl. Yn ddieithriad Duw ei hun sydd berchen y praidd hyd yn oed pan ystyriwyd y brenin fel bugail (cymh. Dafydd). Mae Salm 23, Salm y Bugail, yn ein hatgoffa am ddyfnder gofal Duw. Nid yw Iesu yntau wedi trosglwyddo ei braidd i neb arall. Ef yw'r Pen Bugail. Gweision iddo Ef, yn bennaf, yw'r is-fugeiliaid ac nid i'w diadelloedd. Dylai gweinidog ac eglwys gofio'r ffaith sylfaenol honno. Gwaith allweddol gweinidog hefyd yw porthi ei braidd. Cyflawna ei waith wrth arwain ei braidd i'r gwirioneddau mawr sydd yn y Gair. Os nad yw'n gwneud hynny, y mae fel gwas cyflog, yn esgeuluso ei gyfrifoldeb i'w Feistr. Dyna pam mai caru'r Meistr yw cyfrinach caru'r praidd. I garu'r Meistr yn iawn rhaid plymio i ddyfnderoedd y gwirionedd amdano.

Yn y gorffennol, bu'r adran hon yn faes dadlau mawr rhwng esbonwyr Pabyddol ac esbonwyr Protestannaidd. Mae'n werth sylwi bod esboniwr Pabyddol fel Raymond Brown yn pwysleisio bod y darn yn cyfeirio at yr awdurdod a gaiff Pedr dros y praidd, ond nid awdurdod i dra-arglwyddiaethu drostynt ydyw, ond i weini a gwasanaethu. Ychwanega'r pwynt pwysig nad yw Pedr yn cael yr ymddiriedaeth honno oherwydd rhyw allu ynddo ef ei hun, ond oherwydd bod Duw yn dewis defnyddio pethau gwan y byd i gyflawni ei fwriad. Nid oes i Pedr awdurdod absoliwt (medd Brown!), Iesu biau'r praidd. Ceir adlais o'r gwirionedd hwn yn I Pedr 5:2-4: "Bugeiliwch braidd Duw sydd yn eich gofal, nid dan orfod, ond o'ch gwirfodd, yn ôl ffordd Duw...nid fel rhai sy'n tra-arglwyddiaethu ar y rhai a osodwyd o dan eu gofal, ond gan fod yn esiamplau i'ch praidd. A phan ymddengys y Pen Bugail, fe gewch eich coroni â thorch gogoniant nad yw byth yn gwywo."

Nid oes i Pedr fwy o awdurdod na hyn. O'r braidd bod Cyngor Fatican I (1870) yn gywir pan ddywed, ar sail yr adnodau hyn, bod Iesu wedi penodi Pedr "yn bennaf ymhlith yr apostolion ac yn ben gweledig yr Eglwys ar y ddaear." Swyddogaeth ddeublyg sydd i Pedr. Fel apostol y mae'n dyst i'r atgyfodiad, fel bugail mae'n gofalu am braidd ei Arglwydd. Praidd a brynwyd trwy werthfawr waed Crist.

Trafodwch:

1. Nid ffrwyth dychymyg byw neu freuddwydion y disgyblion oedd yr atgyfodiad, ond y digwyddiad ei hun oedd yn sail i'w ffydd yn Iesu fel Meseia Duw. Onid ofer yw pob ymgais i wneud yr atgyfodiad yn rhywbeth a ddyfeisiwyd gan y disgyblion?
2. "Gwyn eu byd y rhai a gredodd, er nas gwelsant" medd Iesu. Trwy ffydd yr ydym ni yn 'gweld' y Crist byw. Credu'r dystiolaeth. Os amheuwn honno pa fodd y credwn?
3. Crist yw'r Pen Bugail ac nid yw wedi trosglwyddo ei awdurdod i neb arall. Gwas i Grist yw'r gweinidog yn gyntaf, ac nid gwas i'w eglwys. Onid dirywiad yn syniad aelodau eglwysig o'r hyn yw dylestwydd cyntaf gweinidog sy'n gyfrifol fod y gweinidog heddiw yn treulio mwy o amser yn y car neu mewn pwyllgorau nag yn y stydi yn myfyrio'r Gair?

EBRILL — FFYDD MEWN DUW MAWR

Gwers 29 — I Brenhinoedd 16:29-17:1-6

ELIAS Y PROFFWYD

Cynhwysir hanes cynhyrfus Elias yn Llyfrau'r Brenhinoedd, I pen. 17-19;21; II pen. 1-2. Tarddodd y traddodiadau amdano o'r cylchoedd proffwydol oddeutu 800 C.C. Yr oedd Elias ei hun yn proffwydo yng nghyfnod y brenin Ahab (875-854 C.C.) a'i olynydd Ahaseia (854-853 C.C.). Dyma ŵr oedd i danio dychymyg cenedl gyfan nes dod yn gynrychiolydd pennaf y proffwydi cynnar.

Ychydig sy'n hysbys amdano. Y mae'r ymadrodd 'Elias y Thesbiad, o Thisbe yn Gilead' yn anodd ei ddehongli (gweler isod), ond annerbyniol yw honni, fel y gwnaeth ambell esboniwr, na fu cymeriad hanesyddol o'r enw hwn. Yn ôl Gwilym H. Jones, *(I and II Kings)*, mae'r hanes yn ddibynadwy ac yn ymwneud â pherson hanesyddol (td. 302).

Y cefndir. Yn ôl I Brenhinoedd 16:29-34 yr oedd tri rheswm pam yr ystyriwyd cyfnod y brenin Ahab gyda dirmyg mawr gan yr awdur deuteronomaidd a groniclodd yr hanes: a) rhagorodd mewn drygioni ar ei holl ragflaenwyr, "gwnaeth fwy o ddrwg yng ngolwg yr Arglwydd na phawb o'i flaen;" b) priododd fenyw ddrygionus o'r enw Jesebel a "llygrodd yr un wraig ddieithr hon fwy ar Israel na holl wragedd Solomon" (Mathew Henry);c) gwrthododd addoli Duw Israel a sefydlodd addoliad y Baal Phenecaidd. Yr oedd wedi codi allor a delw i'r Baal hwn yn Samaria, y ddinas hardd a adeiladwyd gan ei dad Omri, gweithred gryn dipyn yn fwy bygythiol na'r addoliad i'r "lloi aur" yr oedd Jeroboam wedi ei ddechrau yn nheml Yahweh. Duw y Sidoniaid a addolai Jesebel ac un yr oedd hi yn frwd iawn i gael Israel i'w arddel. Yr oedd hithau'n gymeriad cryf a digyfaddawd ac yn tra-arglwyddiaethu ar Ahab. Yn ychwanegol yr oedd yn benboeth yn ei hymlyniad wrth Baal ac nid oedd yn fodlon ei addoli ym mhreifatrwydd ei thŷ ond yn mynnu mewnforio pedwar cant a hanner o broffwydi Baal a phedwar cant o broffwydi yr Ashera. Dyma ymgais i ddisodli crefydd Yahweh, Duw Israel, gyda chrefydd a chyfundrefn addoliad newydd. Ymosodwyd ar ganolfannau addoliad Yahweh a dymchwel yr allorau a lladdwyd proffwydi ac arweinwyr eraill. Yr oedd dyfodol crefydd Yahweh yn nheyrnas y gogledd yn y fantol oherwydd ei ffanatigiaeth. Cymaint oedd ei llwyddiant nes daeth ei henw yn ddihareb. Dichon y byddai'n fuddugoliaethus oni bai am un dyn arbennig.

Elias y Thesbiad. Cyflwynir y gŵr hwn gyda'r ymadrodd syml, "Elias y Thesbiad o Thisbe yn Gilead," a dyna'r cyfan y cawn ei wybod amdano. I'w gyfoeswyr, fel i ninnau, mae cryn ddirgelwch yn ei hanes. Ymddangosodd ar y llwyfan mor ddisymwth ag y diflannodd ohono. Ystyr ei enw yw "Yah sydd Dduw" ac fe ddichon bod cysylltiad agos rhwng cenhadaeth y proffwyd â'i enw. Un o wŷr Tishbe yn Gilead ydoedd (a derbyn gyda'r BCN ar sail y Groeg mai dinas yw Tishbe ac nid fel yr Hebraeg sy'n rhoi'r ffurf afreolaidd "un o breswylwyr"). Nid yw'n hysbys lle 'roedd Tishbe, namyn ei bod yng Ngilead, yr ochr draw i'r Iorddonen. Mae'r traddodiadau amdano wedi cynnal rhai ffeithiau am ei ymarweddiad ("gŵr blewog a gwregys o groen am ei ganol" II Bren. 1:8), a'i breswylfod ymysg y tir anhygyrch ar gyrion y diffaethwch ac yn cael ei gynhaliaeth o'r ddaear ac yn gallu rhedeg yn gyflymach na meirch am ddeunaw milltir (I Bren. 18:46). Gŵr Duw ydoedd yn dod allan o'i unigrwydd i gyflawni diben yr Un a'i hanfonodd.

Gwas Duw yn bennaf yw proffwyd, un sy'n barod i herio pob awdurdod, boed frenhinoedd neu bobloedd, nid ar sail ei allu a'i glyfrwch ef ei hun, ond yn unig yn enw Duw. Nid oes iddo fwy o awdurdod na grym yr hwn a'i hanfonodd. Gair Duw y mae'n ei gyhoeddi ac nid geiriau dynion. Y mae'r gair hwnnw yn her i'r presennol am ei fod yn darogan amgylchiadau'r dyfodol. Y mae cyflawniad proffwydoliaeth felly, yn brawf sicr bod Gair Duw yn wir. Elias sydd yn awr yn sefyll dros Yahweh mewn gwrthwynebiad i Ahab: "Cyn wired â bod ARGLWYDD Dduw Israel yn fyw, yr hwn yr wyf yn ei wasanaethu, ni bydd na gwlith na glaw y blynyddoedd hyn ond yn ôl fy ngair i."

Hysbysir Ahab o bedair ffaith sylfaenol: yn gyntaf, yr ARGLWYDD (Yahweh) yw Duw Israel; yn ail, y mae Efe yn Dduw byw; yn drydedd, hwn yw'r Duw mae Elias yn ei wasanaethu ("yn sefyll ger ei fron"); yn bedwaredd, eiddo Ef yr awdurdod dros y gwlith a'r glaw.

Ni chyfeirir at hyd y sychdwr yn yr adroddiad hwn, ond mae Luc 4:25 yn datgan iddo bara am dair blynedd a hanner. Heb unrhyw amheuaeth byddai sychdwr o'r meithder hwnnw yn cael effaith ddifaol ar y wlad. Awgrymodd rhai bod y ffigwr hwn yn amheus oherwydd mai hanner cyfnod sabothol (7 mlynedd) ydyw. Ond dichon bod dyfarniad Gwilym H. Jones yn un doeth pan ddywed mai cyfeirio o bosib at un flwyddyn gyfan a rhannau o ddwy flynedd a wneir *(I and II Kings,* td. 303). Er na ddywedir hynny yn benodol, ystyrir mai cosb ar Ahab am ei ddrygioni oedd y sychdwr.

Gorchmynnir Elias i ddianc o Samaria (a thybio mai yno y bu yn cyfarch Ahab) tua'r dwyrain ac ymguddio yn nant Cerith. Ystyr Cerith yw "hafn" ac efallai yn gyfeiriad at un o'r nifer o nentydd sydd yn bwydo afon Iorddonen. Nid yn y dŵr yn llythrennol, fel y dywed yr Hebraeg a'r BCN, ond wrth ochr y nant. Yno, mae'r cigfrain yn ei fwydo bob bore a hwyr gyda bara a chig. Awgrym ambell esboniwr yw y dylid newid y gair Hebraeg am gigfrain i air cyffelyb sy'n golygu "Arabiaid." Ond dywed eraill nad oes angen newid y testun o gwbl gan fod y gair "cigfrain" yn cael ei ddefnyddio am yr Arabiaid du eu croen yn nyffryn Iorddonen. Fodd bynnag, gan fod y darnau hyn yn cynnwys nifer o ddigwyddiadau gwyrthiol, prin bod angen newid y gair. Gwell fyddai arddel mai "cigfrain" oeddent. Y mae'r pwyslais yn cael ei roi ar y ffaith ryfeddol bod Duw'n darparu'n ddigonol ar gyfer ei bobl.

Ufuddhaodd Elias i'r gorchymyn ac fe ddaeth y cigfrain â bara a chig bob bore a hwyr. Dywed Luc mai bara bob bore a chig yn yr hwyr a ddarparwyd ac fe gefnogir hyn gan amryw esbonwyr am ei fod yn cyfateb i'r ddarpariaeth a gynigir i'r Iddewon yn yr anialwch (gwel. Exodus 16:8,12). Mae'n ffaith drawiadol y ceir mwy nag un adlais o'r traddodiadau am Moses yn yr hanesion hyn am Elias.

Yn ychwanegol at y pwyslais bod Duw yn darparu'n helaeth yn ei ragluniaeth ac yn gallu atal ei law, os yw'n mynnu, mae'r awdur yn pwysleisio ei fod yn darparu'n wyrthiol ar gyfer ei bobl. Ufuddhaodd Elias yn ddigwestiwn ac ni chafodd ei siomi.

Trafodwch

1. A ydym yn rhoi digon o ystyriaeth i ddarpariaeth Duw ar ein

cyfer yn ei ragluniaeth?

Duw'n darpar o hyd at raid dynol-ryw,
Yw'n cysur i gyd, a'n cymorth i fyw;
Pan sycho ffynhonnau cysuron y llawr,
Ei heddwch fel afon a lifa bob awr.

2. A yw Duw yn cosbi pobl yn y byd hwn am eu hanufudd-dod?
3. Neges i'r presennol sydd gan broffwyd, medd rhai, ac nid yw'n darogan y dyfodol. Ond onid yw cyflawniad proffwydoliaeth yn un o gredoau hanfodol y Beibl am mai Duw sy'n Dduw rhagluniaeth sy'n llefaru trwy enau'r proffwyd? Un sy'n gwybod y diwedd o'r dechrau, a'r hyn sydd i ddigwydd, cyn iddo ddigwydd.

Gwers 30 I Brenhinoedd 17: 7-24

RHOI POPETH - Y WRAIG O SAREFFTA

Cyfyd yr adran hon yr un cwestiynau ag y buom yn eu trafod yn yr adran flaenorol - darpariaeth Duw ar gyfer ei bobl a natur ein ffydd ynddo. Unwaith eto pwysleisir mai gair Duw sy'n arwain a chymell Elias. Nid cigfrain sy'n ei fwydo y tro hwn ond y wraig weddw o Sareffta, sef gwraig estron i wlad Israel (Luc 4:25-26). Daw'r thema o gyflawniad gair proffwydoliaeth i'r golwg yma hefyd, fel yn yr adran flaenorol. Rhaid cydnabod yr elfen wyrthiol yn yr hanes hwn ac ofer yw ceisio ei esbonio mewn termau naturiol (gwel. Gwilym H. Jones, *op. cit.* td. 305).

Wedi sychu'r nant anfonwyd Elias i Sareffta yn Sidon ar arfordir Môr y Canoldir (Sarafand heddiw) ac ymhell o awdurdod y brenin Ahab. Yr awgrym yw bod Elias yn cael ei anfon at wraig o blith y cenhedloedd am fod Israel wedi ei llygru gan eilunaddoliad (yn ôl esbonwyr hynafol daeth Elias yn genhadwr cyntaf i'r cenedl-ddynion). Cofier mai un o Sidon oedd Jesebel ac i gadarnle addoliad Baal felly yr aeth Elias gan arddangos galluoedd rhyfeddol Duw Israel. Nid at y pwysigion a'r arweinwyr yr anfonir ef, ond at wraig weddw dlawd, un na ellid disgwyl cymorth oddi wrthi.

Gofynnodd Elias nid yn unig am ddŵr ond am fara i'w fwyta oddi wrth un nad oedd ganddi ddigon ond am ychydig o ddyddiau i gadw ei mab a hithau'n fyw. Pwysleisir hyn er mwyn paratoi'r ffordd ar gyfer dangos darpariaeth wyrthiol Duw. Gofynnodd am yr amhosibl, cwpanaid o ddŵr mewn sychdwr a darn o fara mewn cyfnod o newyn oddi wrth un heb ddim.

Mae'n arwyddocaol i'r wraig er yn un o'r cenhedloedd ateb yn enw yr "ARGLWYDD dy Dduw." Os nad oedd yn cydnabod Yahweh ei hun, yr oedd yn cydnabod ei fod yn Dduw ar Elias. Erbyn diwedd yr hanes gwelwn ei bod yn derbyn gair Duw yn wirionedd. Nid oedd gan y wraig yr hyn yr oedd Elias yn ei ofyn, "nid oes gennyf yr un dorth" (neu "deisen" neu "rywbeth wedi ei goginio"). Ond yn adnod 13 ceir y prawf ar ei ffydd. A oedd am ymwadu â hi ei hun er mwyn y dieithryn beiddgar hwn, neu ei wrthod yn llwyr? Cyn dewis cafodd air o addewid, "nid â'r celwrn blawd yn wag na'r stên olew yn sych hyd y dydd y bydd yr ARGLWYDD yn rhoi glaw ar wyneb y tir." Yn awr, daeth y prawf ar ei ffydd. A gredai air Duw trwy enau'r proffwyd?

Fel y dywedwyd o'r blaen yn y gwersi hyn, calon ffydd yw credu'r dystiolaeth, credu bod y gair yn wir. Nid yw credu yn gofyn am fwy na hynny. Drysu cyngor yw dweud bod credu yn fater mwy sylfaenol na chredu'r dystiolaeth. Ni wedir i rai gael profiad ysgytiol sy'n newid holl gyfeiriad eu bywydau, ond yn y bôn, nid y profiad sy'n bwysig, ond y ffaith syml a ydym yn credu bod y dystiolaeth yn wir. Mae'r Ysbryd Glân yn chwythu lle y mynno, ym mha ddull bynnag y mae'n dymuno, trwy brofiadau ysgytiol neu'n dawel bach, yn goleuo'r meddwl i'r galon ymateb mewn ffydd. Trwy'r ffydd honno yr ydym yn gweithredu. Credodd y wraig o Sareffta hithau'r gair a rhoddodd yr ychydig oedd ganddi i'w rannu i'r proffwyd.

Dyma enghraifft o ffydd yn gweithredu. "Yr oedd chwanegiad ffydd y weddw hon yn gymaint ag a'i galluogodd i ymwadu ag ef ei hun ac i ymddiried yn yr addewid ddwyfol, yn gymaint gwyrth yn nheyrnas gras ag oedd chwanegiad ei holew yn nheyrnas Rhagluniaeth. Dedwydd yw y rhai a allant fel hyn, yn erbyn gobaith, gredu, ac ufuddhau mewn gobaith" (Mathew Henry). Darparodd Duw yn ei ragluniaeth yn rhyfeddol i'w chynnal hi a'i theulu ac Elias trwy'r newyn mawr. Ni olyga hynny mai ffydd arwynebol yn y rhoddion a gafodd oedd gan y wraig. Nid yr egwyddor a glywir yn fynych ar wefusau rhai pregethwyr, "credwch yn Nuw ac fe gewch ddigonedd o lwyddiant ac arian ac aur," oedd sail ei ffydd hi. Ond daeth prawf pellach ar ei ffydd gyda marwolaeth ei mab.

Mae hanes marwolaeth mab y wraig "oedd biau'r tŷ" (adn. 17-24) yn codi nifer o anawsterau. Ymddengys bod rhai gwahaniaethau pwysig rhwng yr adran hon a'r adnodau blaenorol. Y cwestiwn sylfaenol yw ai yr un person yw "meistres y tŷ" a'r weddw dlawd? Y mae'r rhelyw o esbonwyr cyfoes yn amheus o'r cysylltiad ac yn honni mai stori ddychmygol yw hon ar batrwm stori gyffelyb a geir yn y traddodiadau am Eliseus (II Bren. 4:8-37). Ond prin bod galw am y fath amheuaeth, nid oes anhawster na ellir ei oresgyn hyd yn oed os uniaethir y wraig hon gyda'r weddw dlawd.

Bu farw ei mab a throdd hithau i gwestiynu'r hyn a ddigwyddodd.

Geilw adnod 18 am ychydig o eglurhad. Y syniad yma yw bod presenoldeb Duw ym mherson "gŵr Duw" wedi dod â rhyw bechod dirgel o eiddo'r wraig i'r golwg, oherwydd ni all pechod gydfodoli â Duw. Felly yr oedd cosb am y pechod yn anochel. Iddi hi dyma oedd yn gyfrifol am farwolaeth ei mab. Cred gyffredinol llawer o bobl yn y Beibl yw bod afiechyd a marwolaeth yn ffrwyth pechod.

Ymneilltuodd Elias gyda'r bachgen i'r llofft ac yno gweddïodd ar Dduw i adfer ei fywyd. Gwrandawyd ar ei gais a chafodd y bachgen fyw. Nid oes angen maentumio gyda rhai nad oedd y bachgen wedi marw. Cyflawnir yr un ddefod gan Elias ag a gyflawnir gan Eliseus a chan Paul yn Actau 20:10. Yr awgrym yw bod cryfder yn cael ei drosglwyddo o'r corff iach i'r claf. Gweddïodd Elias ar Dduw i adfer enaid y bachgen ac felly y bu. Yr enaid yw'r egwyddor fywydol mewn dyn. Ond gan fod yr Hen Destament â syniad gwahanol i ni heddiw ynglŷn â'r terfyn rhwng bywyd a marwolaeth nid yw'n hawdd penderfynu a oedd y plentyn wedi marw yn ein hystyr ni. Yr oedd marwolaeth yn cael ei ystyried fel rhyw fath o fodolaeth yn y cysgodion a chyn belled â bod y corff heb ei gladdu a'r enaid heb ostwng i Sheol fe ellid adfer rhywun i fywyd, meddai Gwilym H. Jones (*op. cit.* td. 308-9). Ond wedi dweud hynny, yr oedd agwedd y wraig yn eglur ddigon yn datgan fod y bachgen wedi marw.

Os bu angen cadarnhad ar ffydd y wraig fe gafodd hynny mewn ffordd ryfeddol. "Gwn yn awr dy fod yn broffwyd (neu ŵr Duw), a bod gair yr ARGLWYDD yn wir yn dy enau." Dyma ddychwelyd at graidd gwir ffydd. Credu yng ngwirionedd y gair, "gwir yw y gair ac yn haeddu pob derbyniad." Nid credu er mwyn y gwobrau a gawn yw cymhelliad y Cristion ychwaith, ond ceisio yn gyntaf deyrnas ein Duw a'i gyfiawnder, trwy bob anhawster ac adfyd, poen a siomedigaeth. Dal i gredu er gwaethaf pob tystiolaeth i'r gwrthwyneb bod gair yr Arglwydd yn wir a'i fod Ef wrthi yn ei gyflawni. Credu'r gwirionedd hwnnw yw ein braint.

Trafodwch

1. Ai er mwyn cael breintiau a bendithion yr ydym yn credu yn Nuw?

2. Peth hawdd yw dilyn mewn hawddfyd, ond pan ddelo adfyd, onid yr adeg honno y profir dyfnder ein ffydd?

Rheolir pob byd gan air cadarn Ior,
Diogel o hyd yw daear a môr;
A minnau nid ofnaf, er lleied fy nerth;
Mewn adfyd mi gofiaf Breswylydd y Berth.

3. "Nid arwydd o ddiffyg ffydd yw bod Duw ambell dro yn dewis peidio ag adfer bywyd" meddai David Watson ac yntau yn marw o'r cancr.

20/4/97
27

Gwers 31 I Brenhinoedd 18:16-40

ELIAS AR FYNYDD CARMEL

Stori gynhyrfus yw hanes y gwrthdaro rhwng Elias a phroffwydi Baal ar fynydd Carmel. Nid yw'r hanes, fodd bynnag, heb ei broblemau i'r esboniwr. Gan mai y sychdwr a rheolaeth Duw Israel dros y glaw yw cefndir allweddol y penodau hyn mae'r ymrafael rhwng Elias a phroffwydi Baal yn anodd ei gysoni â gweddill yr adran. Ond er gwaethaf yr anawsterau mae'r adran hon hyd yn oed yn llaw'r awdur wedi cael ei gwneud yn ddarostyngedig i'r thema ganolog (Dafydd Ap-Thomas, *Palestine Exploration Quarterly*, 92, td. 155).

Cyfarfyddiad Elias ac Ahab (adn. 16-20). Nid oes sicrwydd a geisiodd Ahab ddal Elias ar ôl y cyfarfyddiad a nodwyd yn 17:1, ond mae'n hysbys i'r proffwyd lwyddo i ddianc rhag crafangau'r brenin (neu efallai'n fwy priodol, rhag crafangau Jesebel) am o leiaf ddwy flynedd. Fel y nodwyd, cafodd y sychdwr effaith andwyol ar fywyd Israel yn gyffredinol, a dichon fod Ahab yn ddig iawn wrth y gŵr yr oedd yn ystyried yn gyfrifol amdano. "Ai ti sy'n cythryblu Israel?" yw cwestiwn cyntaf Ahab i Elias pan ddaeth y ddau ynghyd. Daeth yr ateb yn blaen: "Nid myfi...ond tydi a'th deulu sydd wedi cythryblu Israel, drwy wrthod gorchmynion yr ARGLWYDD a dilyn Baalim." Yr oedd yn amser i Ahab a'r bobl wneud penderfyniad: dilyn Duw Israel yn ffyddlon neu wasanaethu Baal. Gorchmynnir Ahab i gynnull holl Israel a phroffwydi Baal i fynydd Carmel i gyfarfod ag Elias.

Yr ymrafael (21-40). Dyma un o hanesion mwyaf dramatig y Beibl. Un proffwyd Yahweh yn wynebu pedwar cant o broffwydi Baal ar yr ucheldir uwchben Môr y Canoldir. Gwendid sylfaenol pobl Israel oedd eu bod yn ymddangos mor ddifater. "Cloffi rhwng dau feddwl" (adn. 21) yr oeddent. Nid eu bod wedi ymuno i ymosod ar Dduw Israel fel y gwnaeth Jesebel, ond eu bod wedi cymhathu crefydd Baal â'u hymlyniad wrth Yahweh. Mae modd cyfieithu'r ymadrodd yn y gwreiddiol i olygu "pwyso ar ddwy ffon fagl." Hynny yw, mae'r Israeliaid yn addoli dau dduw. Mae lle i gredu mai rhyw fath o syncretiaeth oedd crefydd trwch y boblogaeth yn ôl pob tebyg. Ar y naill law, gallent blygu glin i Melqart, duw Jesebel, a chusanu ei ddelw, ac ar y llaw arall, parhau i addoli Yahweh, Duw Israel. Tra oedd Jesebel wrthi'n ymosod ar broffwydi Yahweh ac yn ceisio diwreiddio'r grefydd o'r tir 'roedd y rhelyw o'r bobl yn ddifater ac yn ddi-hid. Eu gorfodi hwy i wneud dewis oedd amcan cyntaf Elias.

Yr her (22-40). Ymddengys bod dewis Mynydd Carmel fel lleoliad yr ymrafael yn fwriadol gan fod yno gysegrfa i Baal. Nid yw'n hysbys pa dduw yn union oedd hwn. Yr hyn sy'n bwysig, medd Gwilym H. Jones, oedd bod pob duw a gysylltwyd â'r mynyddoedd ym Mhalesteina yn dduwiau'r tywydd neu'r awyr. Yng ngolwg yr Israeliaid yr oedd y duwiau hyn yn her i sofraniaeth Yahweh yn y tir. Yr hyn yr oedd yn rhaid ei benderfynu ar fynydd Carmel oedd pa dduw yr oedd Israel am ei addoli. Nid yw'n amhosibl bod yno allor i Yahweh yn ogystal, ond un oedd wedi ei hesgeuluso ers blynyddoedd a rhaid oedd ei thrwsio cyn yr ornest. Hyn yw'r esboniad gorau ar adnodau 30 ymlaen.

Paratowyd dwy allor i offrymu i'r gwahanol dduwiau. Mae Elias yn rhoi pob mantais bosib i broffwydi Baal ac yn rhoi pob rhwystr yn llwybr Duw Israel. Dawnsiodd proffwydi Baal a defnyddio pob math o ddefod i gynhyrchu tân. Awgrymodd rhai esbonwyr mai ceisio cynhyrchu glaw yr oeddent trwy gyfrwng y ddefod a bod y gwaharddiad i beidio tanio'r allor yn ymgais i atal tân rhag sychu'r glaw. Ond gwell yw'r dehongliad mai ceiso cynhyrchu tân yr oeddent er mwyn dangos awdurdod y duwiau dros rymusterau byd natur. Er iddynt ddawnsio ac archolli eu hunain ni ddaeth tân i ysu'r offrwm. Mae dychan Elias yn ddeifiol. Awgrymodd bod eu duw yn pendroni neu'n pendwmpian neu hyd yn oed wedi mynd i'r tŷ bach (!), a gwell iddynt weiddi'n uwch rhag ofn nad yw'n clywed. Ond wedi i amser yr hwyroffrwm gyrraedd ofer oedd y cyfan. Ni ddaeth tân.

Atebodd Elias yr her ac adeiladu allor. Mae'r deuddeg carreg yn awgrymog. Dyma rif llwythau Israel neu gallent gyfeirio at y deuddeg carreg a godwyd gan Joshua yng Ngilgal (Jos. 4) fel arwydd bod "llaw yr Arglwydd yn nerthol." Gallant gyfeirio hefyd at y cerrig yn Exodus 24:4 a chysylltu Elias â Moses. Ceir anawsterau gydag union faint y ffos. Nid oes sicrwydd o gwbl beth yw arwyddocâd y ddau fesur o had. Ond awgrym Gwilym H. Jones yw mai disgrifio safle cysegredig mae'r awdur a bod y dŵr yn arwyddo seremoni neu ddefod glanhau.

(Achosodd y "ddau fesur o had" gryn drafferth i esbonwyr. Un awgrym digon derbyniol a glywais gan amaethwr oedd fod heuwr wrth hau hadau yn gollwng yr had o'i law yn ôl ac ymlaen - yn nhermau chwaraeon, y "forehand"a'r "backhand"- hynny yw, y ddwy ffordd. Gwnâi hynny yr ystod ddwbl lled un mesur). Wedi cael popeth yn barod galwodd Elias ar Dduw ac yn ei weddi gofynnodd iddo arddangos ei allu er mwyn i'r bobl weld mai ef sydd Dduw. Daeth tân o'r nef a llosgi'r poethoffrwm a lleibio'r dŵr yn y ffos. Dyna brawf eglur mai Yahweh oedd Duw Israel ac yn sofran dros y tân a'r dŵr. Datgan hyn yw holl bwynt y naratif.

Aeth rhai esbonwyr i drafferthion mawr wrth geisio esbonio'r hyn a ddigwyddodd. Rhai'n awgrymu i Elias dywallt tanwydd fel 'naphtha' yn lle dŵr ar yr offrwm ac iddo lwyddo i ddwysáu pelydrau'r haul trwy gyfrwng drych a chynhyrchu tân. Awgrymodd eraill mai mellten a'i trawodd. Ond ofer yw'r esboniadau hyn. Wrth gymharu darnau cyffelyb eraill o'r Hen Destament lle ceir yr ymadrodd "tân o'r nef" gwelir bod digwyddiad o'r fath yn cael ei gysylltu â theophani neu ddatguddiad o Dduw. Y mae Duw'n bresennol yn y tân.

Y mae ymateb y bobl yn ddatganiad o gred mai "yr ARGLWYDD sydd Dduw." Hynny yw, ef yw Duw Israel a neb arall. Yr oedd awr y penderfyniad wedi dod. Yn dilyn yr hyn a ddigwyddodd nid oedd dewis o gwbl gan y bobl, yr oedd mor eglur ag y gallai fod mai Duw Israel yn unig oedd eu Duw hwy.

Y mae hanes lladd proffwydi Baal yn achosi trafferth i lawer. Ond cofier, ei bod yn rhy hawdd barnu Elias yng ngoleuni safonau'r ugeinfed ganrif. O gofio'r glanhau ethnig a'r erchyllterau eraill sydd wedi digwydd yn ein hoes ni, faint gwell, os o gwbl, ydym ni? Nid hyn yw gofid yr awdur, ceisio dangos goruchafiaeth Duw Israel y mae ef, mater eilradd yw ateb gofynion y gyfraith o dalu'r pwyth am ladd proffwydi Yahweh, "llygad am lygad a dant am ddant" (Exod. 21:24). O gofio'r cysylltiadau Deuteronomaidd mae'r gwaharddiad yn Deuteronomium 13:1-11 yn ddadlennol: "Rhaid rhoi'r proffwyd hwnnw... i farwolaeth am iddo geisio'ch troi oddi ar y llwybr y gorchmynnodd yr ARGLWYDD eich Duw ichwi ei ddilyn"(adn. 5). Y mae gau broffwyd yn cyhoeddi celwydd ac felly yn haeddu marwolaeth.

Duw eiddigus yw Duw Israel, yn eiddigus dros ei enw a'i anrhydedd a thros ei bobl. Cofier bod tuedd ym mhawb dynion i ymdebygu i'r ddelw y maent yn ei haddoli. Wrth addoli duwiau eraill, boed y rhain yn fateroliaeth, ariangarwch neu arwyr y sgrîn neu'r cae pêl-droed, mae dynion a merched yn cael eu creu ar ddelw arall i'r un y bwriadwyd hwy. 'Does ryfedd felly bod Duw yn eiddigus, nid yn unig am ei enw, ond dros y dyn a luniwyd ar ei ddelw ef ei hun. Wrth addoli'r gwir a'r bywiol Dduw, ymdebygwn iddo yn ein bywydau a gallwn fyw y ddelw y'n crewyd ynddi yn y lle cyntaf.

Daw hanesion y sychdwr i ben gyda'r hanes am Elias yn ymostwng mewn gweddi ar Dduw ar ben mynydd Carmel. Yr oedd wedi gorchymyn Ahab i fynd, yn gyntaf, i fwyta ac yfed oherwydd ei fod yn synhwyro glaw, yn ail, i fynd i Jesreel ar fyrder oherwydd yr oedd yn sicr y bod glaw mawr ar ddod. Ni allai Ahab deithio os oedd y glaw wedi gwneud y ffyrdd yn dagfa fwdlyd. Yr hyn sy'n sylfaenol eto yw bod Duw yn rheoli'r glaw yn ogystal â'r tân.

Trafodwch

1. A ydym ni yn rhoi ein ffydd mewn mwy nag un fagl neu 'brop' i'n cynnal? Yn addoli duwiau'r byd hwn o ddydd i ddydd, tra'n neilltuo dim ond awr fechan bob Sul i'r gwir a'r bywiol Dduw. Onid cymysgwch o'r fath yw ffydd llawer ohonom heddiw?
2. Wrth hawlio bod Duw Israel yn Un Duw, sanctaidd ac eiddigus, y mae'r Beibl yn gwneud honiad sy'n gwbl amhosibl i ni yn yr oes amlgrefyddol hon ei arddel. A gytunwch â'r gosodiad hwn?
3. Nid er ei fwyn ei hun yn unig y mae Duw yn eiddigus, ond y mae'n eiddigus dros ei bobl. Gan fod tuedd ym mhob un ohonom i ymdebygu i'r ddelw yr ydym yn ei haddoli, wrth addoli duwiau eraill yr ydym mewn perygl o gael ein creu ar ddelw arall i'r un y bwriadodd Duw ni. Wrth ei addoli ef mewn ysbryd a gwirionedd dylem ninnau ymdebygu iddo ef wrth i'w ddelw gael ei chreu ynom. A allwch enwi rhai o'r duwiau sy'n llenwi bryd pobl heddiw?

27/4/97
4/5

Gwers 32 — I Brenhinoedd 19:1-18

ELIAS AR FYNYDD HOREB

O ben y mynydd i'r gwaelodion yr aeth Elias. O oruchafiaeth ffydd mewn Duw mawr a grymus i waelodion anobaith a hunandosturi. Pan glywodd Jesebel am yr hyn oedd wedi digwydd i broffwydi Baal rhoddodd y fath fygythiad nes peri i "ŵr Duw" ffoi am ei einioes. Dyma un arall o benodau mawr y Beibl.

Nid oes unrhyw amheuaeth bod yr awdur am bortreadu Elias fel ail Foses. Y mae'r adroddiad yn llawn adlais o hanes Moses. Y mae'r proffwyd yn ffyddlon i Dduw Moses er nad oedd hwnnw wedi ei dderbyn yn llwyr gan y boblogaeth. Tramwyodd Elias tua mynydd Horeb, lle rhoddwyd y gyfraith i Moses, am ei fod yn credu mai yno oedd cartref Yahweh. Teithiodd yno mewn anobaith llwyr ac yno y cafodd weledigaeth ryfeddol. Fel Israel yn tramwyo am ddeugain mlynedd yn yr anialwch bu yntau am ddeugain diwrnod a nos yn y diffaethwch.

Yr oedd yr Arglwydd yn Dduw eiddigus i Elias, fel i Moses. Ni allai oddef cystadleuwyr. Yr oedd hefyd yn Dduw dicllon, yn ymladdwr nad oedd modd ei drechu. Yr oedd Elias yn credu ym mhwysigrwydd aberthau. Ond nid offrymau yn unig yr oedd Duw yn ei geisio, yr oedd yn hoffi cyfiawnder, fel mae hanes gwinllan Naboth yn tystio. Yr oedd Duw yn Dduw cariad, oherwydd ei gymhelliad pennaf dros beri'r sychdwr oedd adfer ei bobl er mwyn iddo eu bendithio. Fel Moses, yr oedd Elias yn ŵr o ffydd. "Mwy grymus na grym byddin, yw gŵr o ffydd ger y ffin" (Robert Eifion Jones). Yr oedd Elias hefyd, fel Moses yn ŵr duwiol a gweddïgar. Mynegir ffydd gref mewn gweddi. Credai'r ddau hefyd mewn undduwiaeth. Nid yw'n deg credu, fel gwna ambell ysgolhaig sy'n gaeth i syniadau am esblygiad crefydd, mai ffenomenon ddiweddar yn hanes crefydd Israel oedd undduwiaeth. Wrth gyflwyno dewis i'r bobl ar fynydd Carmel, yr oedd Elias yn sefyll dros Yahweh, nid yn gymaint Duw Israel, ond Duw ac Arglwydd yr holl fyd. I Elias yr oedd Duw yn bopeth a dynion yn ddim. Nid oedd brenhinoedd yn codi ofn arno, ac er i Jesebel beri dychryn iddo am ychydig, dychwelodd o Horeb yn llawn hyder i'w hwynebu.

Elias ar fynydd Horeb (adn. 9-18). Meddiannwyd Elias gan anobaith am gyflwr crefyddol ei bobl, amgylchynwyd ef ym mhob man gan arwyddion anffyddlondeb. Yr oedd y bobl wedi cefnu ar y cyfamod, dymchwelwyd yr allorau a lladdwyd y proffwydi. Hawdd iawn mewn sefyllfa o'r fath oedd i Elias deimlo mai dim ond ef a adawyd yn ffyddlon i Dduw (adn. 10). Beth yn union yw cysylltiad y darn hwn gyda'r darn blaenorol nid yw'n hysbys. Efallai bod yma draddodiad annibynnol ar hanesion y sychdwr. Ond nid oes amheuaeth am y profiad a gafodd.

Y weledigaeth (adn. 11-12). Gorchmynnwyd Elias i fynd allan a sefyll gyferbyn â'r Arglwydd ac aeth yr Arglwydd heibio. Dyma adleisio eto y datguddiad i Moses ar Sinai (Exod. 33:19). A oedd Elias wedi mynd yno i geisio arweiniad oherwydd ei fod yn gweld cyffelybrwydd rhwng ei amgylchiadau ef a chyfnod Moses, gyda'r bobl wedi cilio ac addoli'r llo aur? Mae'n anodd barnu. Yn y corwynt, y ddaeargryn, a'r tân datguddiodd Duw ei hun yn Sinai. Efallai i Elias obeithio y byddai'r Arglwydd yn amlygu ei hun mewn grymusterau rhyfeddol fel y rhain. Os dyna oedd ei ddymuniad cael ei siomi a wnaeth. Nid oedd Duw yn y rhain. Nid dweud y mae'r awdur na all Duw eu defnyddio, fel yn amlwg y gwnaeth yn yr hanes blaenorol, ond pwysleisio mai cyfryngau i bethau pwysicach o lawer ydynt.

Fel y dywedwyd o'r blaen yn y gyfres hon, nid y weledigaeth ei hun sy'n bwysig, ond y gair a ddaw oddi wrth yr Arglwydd. Nid y symbol na'r darlun, ond y gair bywiol a grymus a ddaw oddi wrth yr Arglwydd. Dyma'n harwain at y "llef ddistaw fain" (William Morgan) neu "sisial tyner" (NIV) sydd yn rhagorach na'r "distawrwydd llethol" yn y BCN. Yr oedd i lais Duw le amlwg yng nghrefydd Israel (gwel. Genesis 3:8; II Sam. 5:24 - ei sŵn yn yr ardd a'i furmur ym mrig y morwydd). Wedi dweud hyn, erys ansicrwydd am union ystyr yr ymadrodd. Yn ôl Gwilym H. Jones pwynt yr ymadrodd yw pwysleisio mai yr un yw'r Duw sy'n llefaru wrth y proffwyd ag sydd yn llefaru yn y cwlt. Y mae'n llefaru nid mewn arwyddion neu symbolau allanol, ond trwy ei bresenoldeb yn ei air bywiol (*op. cit.* td. 333). Ymateb nid annisgwyl Elias oedd, fel Moses, gorchuddio ei wyneb â'i fantell (cymh. Exod. 33:20-22).

Ceir y gair allweddol oddi wrth yr Arglwydd yn adnodau 15-16.

Y maent yn darogan sefyllfa ddiweddarach na dyddiau Elias, cyfnod pan fo bygythiad gwirioneddol i fywyd Israel oddi wrth elynion mewnol ac allanol. Y mae'r ateb yn cynnwys neges driphlyg: Duw sy'n cosbi Israel am ei hanufudd-dod; y rhai sy'n cyflawni'r gosb yw'r rhai a eneinir gan Elias, - Hasael, Jehu ac Eliseus; y mae eto saith mil yn Israel nad ydynt wedi plygu glin i Baal.

Daw'r cymal olaf ag un o themâu cyfoethog yr HD i'r amlwg, sef y syniad o barhad yn y gweddill ffyddlon. Syniad sy'n cynnwys neges o farn a chosb gyda pharhad yr ychydig. Er gwaethaf anffyddlondeb y mwyafrif a'r gosb anochel a gânt am hynny, bydd Duw yn codi gweddill fydd yn aros yn ffyddlon i'w wirionedd a'i farnedigaethau. Mae'r saith mil yn y fan hon yn ffigwr sy'n dal perthynas â'r rhifolyn perffaith, saith. Ym mhob oes a chyfnod nid yw Duw wedi gadael ei hun yn ddi-dyst. Hyd yn oed yn ein cyfnod helbulus ni mae ganddo ei dystion i'w wirionedd. Y mae gwaith hefyd i'r gweddill. Eu pennaf dasg yw aros yn ffyddlon, fel Elias, i air Duw. Geilw hynny am ddycnwch a ffydd gadarn yn wyneb temtasiynau o gyfeiriad y byd a'r betws. Gall yr eglwys, hyd yn oed, ambell waith, gefnu ar y gwir a dilyn pob ffasiwn sy'n digwydd apelio ati. Yn y dyddiau hynny, mae mwy o angen i'r gweddill aros yn ffyddlon nag erioed. Rhy rwydd o lawer yw ymateb i'r gri barhaus am wneud yr eglwys yn berthnasol i'r ifanc neu i ryw ddosbarth arbennig arall o bobl o'i mewn, a chefnu ar y gair y galwyd yr eglwys i weini arno a'i gyhoeddi'n eglur a difloesgni i fyd anghrediniol. Os cyll y gair, neu'r neges, cyll bob diben i'w bodolaeth.

Trafodwch

1. "Trysor pennaf yr eglwys yw ei phulpud, a rhaid iddi drin ei phulpud fel ei thrysor pennaf" (R. H. Williams). A ydym yn rhoi digon a bwyslais ar gyhoeddi'r efengyl yn eglur a digyfaddawd yn ein dyddiau?
2. Aethom fel Cristionogion yng Nghymru yn ddiobaith. Un o ganlyniadau anobaith yw parlysu pob gweithgarwch.
3. Bod yn ffyddlon ar ychydig, heb ddisgwyl gweld llwyddiant i'n llafur yw tasg y gweddill ffyddlon ac nid ildio i'r gri barhaus am foderneiddio. A gytunwch â'r gosodiad hwn?

11/5/97.

MAI
Gwers 33

CREDWN YN NUW
Effesiaid 1:1-6

Y TAD A'N DEWISODD

Yn y bennod agoriadol hon o Lythyr Paul at yr Effesiaid y mae'r apostol am bwysleisio gogoniant a mawredd Duw y Drindod yn ei gynllun rhyfeddol ar gyfer y greadigaeth. Y mae'r Tad a'r Mab a'r Ysbryd Glân oll yn weithredol i gyflawni'r amcan gogoneddus o "ddwyn yr holl greadigaeth i undod yng Nghrist, gan gynnwys pob peth yn y nefoedd ac ar y ddaear" (adn. 10). Molawd i Dduw yw'r bennod fawreddog hon, sy'n ffurfio un frawddeg gymhleth yn y Groeg gwreiddiol. Fel caseg eira (yn ôl William Hendriksen) yn chwyddo wrth ddisgyn i lawr y llethr, mae Paul yn mynd rhagddo i fynegi mawredd ac ysblander Duw.

Gwelodd rhai esbonwyr gynllun trindodaidd cyffelyb i Gredo'r Apostolion neu Gredo Nicea yn y bennod - y Tad yn ethol (adn. 4-6), y Mab yn gwaredu (adn. 7-12) a'r Ysbryd yn selio (adn. 13-14). Cloir pob adran gyda chytgan o glod i Dduw (adn. 6, 12, 14).

Arfaeth neu gynllun y Tad (adn. 3-6). Duw y Tad yw ffynhonnell pob bendith yr ydym yn ei mwynhau. Duw yw goddrych pob un o'r berfau yn yr adnodau hyn: "bendithiodd"(adn. 3), "dewisodd" (adn. 4), "rhagordeiniodd" (adn. 5), "rhoddodd" (adn. 6). Cyfeiria Paul at gariad a gras Duw, ei ewyllys, ei fwriad, a'i gynllun. Duw y Tad o'i gariad a dywalltodd ei ras arnom, ef sy'n cyflawni ei fwriad tragwyddol.

Y fraint sylfaenol a rydd y Tad inni yw "ein bendithio yng Nghrist â phob bendith ysbrydol yn y nefoedd." (Am ystyr y gair 'bendith' gweler gwers 21.) Cyferchir Duw fel "Duw a Thad ein Harglwydd Iesu," er mwyn pwysleisio nad Duw'r Iddewon, Duw Abraham, Isaac a Jacob, yn unig oedd Ef, ond Duw a Thad ein Harglwydd Iesu Grist - Duw ein Hiachawdwr a'n Gwaredwr. Y berthynas hanfodol hon rhwng y Tad a'r Mab yw sail ein perthynas ninnau â'r Tad. Oherwydd nid datguddio unrhyw Dduw a wnaeth Iesu, ond datguddio Duw, ei Dad. Am ei fod Ef wedi anfon ei Fab i'r byd mae gennym ninnau ddyfodfa ato. Am hynny, y mae llwybr ein dynesiad at Dduw wedi ei ordeinio ar ein cyfer, gan mai'r un llwybr ydyw ag y dewisodd Duw ddyfod atom ni. Y Duw hwn sydd wedi ein cymodi ag ef ei hun ym marwolaeth ei Fab yw'r hwn a'n bendithiodd. Sail ein bendith felly yw'r cymod yn Iesu Grist.

Yn ychwanegol at y gair bendith mae Paul yn cynnwys y cymal "ysbrydol yn y nefoedd." Mae'r bendithion yn "ysbrydol" nid yn unig am eu bod yn perthyn i enaid dyn ond am eu bod yn rhoddion yr Ysbryd Glân. Y mae'r gair nesaf yn unigryw i'r llythyr hwn ac nis ceir yn unman arall yn llythyrau Paul. Nid nefoedd fel lle sydd ganddo mewn golwg, ond mae'r pwyslais yn fwy ar y byd neu'r cylch ysbrydol lle mae Crist yn teyrnasu gyda'i bobl. Byd anweledig yw hwn sydd y tu hwnt i gylch ein synhwyrau, byd y meddyliau ac nid y corfforol. Y mae ysbrydion drwg ar waith yn y cylch hwn ("pwerau drygionus yn y nefoedd" 6:12). Gyda diolchgarwch molwn Dduw am ein bendithio yng Nghrist gyda phob bendith ysbrydol. Rhoddir pob bendith yr Ysbryd Glân i ni gan yn Tad os ydym yn y Mab. Manylir ar y fendith hon mewn tair ffordd - yn y gorffennol (adn. 4), y presennol (adn. 7), y dyfodol (adn. 12). Bendith etholedigaeth a geir yn adnodau 4-6: "Cyn seilio'r byd, fe'n dewisodd yng Nghrist..." Cyn creu'r byd, ym mherffeithrwydd ei fodolaeth, cynlluniodd Duw ei fwriad ynglŷn â Christ a ninnau. Yr ydym ni yn un â Christ ym meddwl a bwriad Duw. Ei amcan oedd ein gwneud ninnau yn blant iddo'i hun trwy waith gwaredigol Iesu Grist. Cael rhannu ym mreintiau a bendithion y Mab fel meibion mabwysiedig oedd pwrpas Duw y Tad ar ein cyfer.

Cariad Duw ei hun yw sail y fendith hon - cariad sy'n ethol. Y ffaith Iddo ein hethol yng Nghrist cyn sylfaenu'r byd yw'r fendith sylfaenol ac achos pob bendith sy'n dilyn. Rhan o arfaeth dragwyddol Duw y Tad yw achub pechaduriaid. Oherwydd y bwriad a'r cynllun sy'n cael ei weithredu trwy etholedigaeth, mae gennym efengyl i'w chyhoeddi. Etholedigaeth Duw yn nhragwyddoldeb yw sail y genhadaeth Gristionogol. Dyma wirionedd sylfaenol yr efengyl ac un y mae diwinyddion fel Awstin Fawr, John Calfin a Karl Barth wedi bod yn unfryd arno: "Swm yr Efengyl ydyw etholedigaeth gras...Dyma hanfod y newyddion da" (Barth). Dyma'r hyn a alwodd diwinyddion yn gyfamod gras a luniwyd yng nghyngor Duw cyn bod amser. Fel y canodd Pedr Fardd:

Cyn llunio'r byd, cyn lledu'r nefoedd wen,
Cyn gosod haul na lloer na sêr uwchben,
Fe drefnwyd ffordd yng nghyngor Tri yn Un
I achub gwael golledig euog ddyn.

Yr oedd Duw wedi penderfynu rhoi rhywrai i Grist cyn bod amser er mwyn eu gwaredu. Y rhain yw'r etholedigion. Nid oherwydd iddo ragweld beth fyddai eu penderfyniad oddi mewn i amser, ond yn hytrach, yn ei ddoethineb a'i ras rhoddodd hwy i Grist. Undeb ffederal y gelwir yr undeb hwn rhwng Crist a'i etholedigion ac y mae'n blaenori'r undeb gweithredol oddi mewn i gyfyngiadau amser. Cadarnheir y gwirionedd hwn o rannau eraill o'r Ysgrythur. Dywedir yn Effes. 3:11 bod yr iachawdwriaeth fawr yn cael ei gweithredu "yn ôl yr arfaeth dragwyddol a gyflawnodd efe yng Nghrist Iesu." Gweler ymhellach 2 Thes. 2:13, Rhuf. 8:28-30; 9:11-13.

Pwysigrwydd etholedigaeth i ni, yn gyntaf, yw bod yn sail i hyder a chysur. Cyn ein bod ni wedi gwneud unrhyw beth, na da na drwg, yr oedd Duw wedi'n bendithio yn ei gariad. Nid ar sail ein gweithredoedd ni na rhagwybodaeth o'n penderfyniad ni, ond yn unig ar sail ei drugaredd dihysbydd ef ei hun y dewisodd ni. Y mae Duw wedi gweithredu erioed er daioni y rhai y mae'n ei garu. Os yw gwybod mai ar sail ei drugaredd yn unig y dewisodd Duw ni ac nid ar sail unrhyw beth ynom ni yn achos cysur a diddanwch i ni, y mae hefyd yn achos gostyngeiddrwydd mawr. 'Does dim lle i falchder yma.

Yn ail, y mae etholedigaeth yn achos i foliannu Duw. Deirgwaith yn y bennod hon yn unig fe ddywed Paul mai "er clod i'w ras" y dewisodd ni. Gogoniant ac anrhydedd Duw yw unig sail etholedigaeth ac ofer yw chwilio am reswm arall. Gweithred o eiddo'r Tad yn nhragwyddoldeb ac nid eiddo'r Mab. "Ni all neb ddod ataf fi heb i'r Tad beri iddo wneud hynny" (Ioan 6:65). Ond wedi dweud hynny, yn y Mab y mae'r Tad yn ein dewis. "Crist yw'r drych y gallwn heb dwyllo'n hunain, ddarganfod ein hetholedigaeth. Dim ond mewn undeb â Christ, wedi ein himpio iddo, yr ydym yn feibion y Tad" (Calfin).

Cofier nad athrawiaeth wedi ei dyfeisio gan ddiwinyddion fel Awstin a Chalfin yw hon, ond dysgeidiaeth y Beibl ei hun. Ofer yw ceisio gwadu'r athrawiaeth. Er hynny, rhaid osgoi nifer o gamddehongliadau. Gan mai gweithred yng nghyngor Duw cyn bod amser ydyw, ofer yw ceisio gwybod pwy sydd wedi eu hethol. Mae'r rhai sydd yn ceisio gwybod hynny, medd Calfin, yn euog o fwhwman di-sail. Dim ond Duw ac ef yn unig, sy'n gwybod pwy yw'r etholedig, a diolch am hynny. Mae'r etholedigaeth yn ddirgel ac yn cael ei sylfaenu yng Nghrist. "Pwy bynnag nad yw'n fodlon ar Grist ond sydd am chwilio'r cymylau am ei etholedigaeth y mae'n ceisio cael ei achub yn groes i fwriad Duw ei hun. Y mae etholedigaeth yn ddirgel ac yn gyfrinachol. Datguddia Duw hi mewn amser trwy ein galw" (Calfin).

Dywed eraill bod etholedigaeth yn gwneud ein hiachawdwriaeth yn fecanyddol ac yn dileu ein rhyddid, oherwydd beth bynnag fo'n penderfyniad mewn hyn o fyd all dim newid yr amcan dwyfol. Nid yw etholedigaeth yn gwneud 'robots' ohonom, i'r gwrthwyneb, y mae'n cadarnhau'r ffaith sylfaenol mai Duw personol a chariadus yw ein Duw ni ac yn cadarnhau ein natur fel personau cyfrifol ym mhob peth ger ei fron ef. Ein cred yw bod Duw yn gweithredu ar ein hewyllys fel ein bod yn ymateb yn ***wirfoddol*** i'w ras. 'Does dim yma sydd yn tanseilio'r gwir ryddid y mae Duw yn ein galw iddo. Rhyddid i fod fel y mae ef yn dymuno i ni fod yw ein rhyddid ni, ac nid rhyddid i fod yr hyn yr ydym ni yn ei ddymuno. Yr enw a roes y Beibl ar yr ail fath ar 'ryddid' hwn yw pechod neu wrthryfel dyn yn erbyn Duw. I gyfrifoldeb y geilw Duw ni ac nid i ben-rhyddid.

Yn ei etholedigaeth geilw ni i fod "yn sanctaidd a di-fai ger ei fron." I fod yn sanctaidd y dewisodd Duw ni, i fod yn feibion iddo yn ei Fab. Y mae mabolaeth yn golygu, (i) cyfranogi yn ei natur Ef, cydymffurfio â'i ddelw; (ii) mwynhau ei ffafr trwy fod yn wrthrychau arbennig ei gariad; (iii) cyfranogi fel etifeddion yng ngogoniant Duw. Cariad yw sail ei ddewis a thrwy gofio hynny credwn bod etholedigaeth yn anogaeth i sancteiddrwydd ac nid esgus i barhau mewn pechod. Ffrwyth etholedigaeth yw ein dwyn i gyfiawnder ac nid i bechod; i ddiolchgarwch gostyngedig ac nid i falchder hunangyfiawn. Ar ei sail dylem ymdrechu byw bywydau "sanctaidd a di-fai ger ei fron"(adn. 4) er "gogoniant i'w ras gogoneddus" (adn. 6).

Efengyl y Tad yw'r Efengyl Gristionogol. Ei fwriad achubol ef sydd ar waith ynddi, o'r dechrau i'r diwedd. Fel y canodd Gwilym Hiraethog yn yr emyn trindodaidd rhagorol hwn:

Cariad Duw y Tad -
Rhoes ei Fab yn rhad
A'i draddodi dros elynion
I'w gwneud Iddo yn gyfeillion -
Cariad gaiff y clod
Tra fo'r nef yn bod.

Trafodwch

1. Ofer chwilio yn unman oddi allan i Grist am y rheswm dros ein hetholedigaeth?
2. Duw yn unig a ŵyr gyfrinach ein hetholedigaeth.
3. Mae etholedigaeth yn blaenori cenhadaeth. Etholedigaeth sy'n gwneud cenhadaeth yn bosibl. Heb etholedigaeth nid oes genhadaeth.
   "Eheda, efengyl, dros ŵyneb
   Y ddaear a'r moroedd i gyd,
   A galw dy etholedigion
   O gyrrau eithafoedd y byd.."
4. Mae etholedigaeth yn rhagdybio gwrthodedigaeth ('reprobation'). Dywed y Beibl mai gyda thristwch mawr mae Duw yn mynd heibio i rai, gan ddewis yn haeddiannol eu cosbi am eu drygioni ac felly arddangos ei farn gyfiawn. Edrycher y dystiolaeth feiblaidd yn yr adnodau canlynol: Jwdas 4; Rhuf. 9:17-22; 11:7; 1 Pedr 2:8; Math. 11:25-6. Yr unig reswm a roddir dros wrthodedigaeth yw'r un rheswm a nodwyd wrth gyfeirio at etholedigaeth, sef er mwyn amlygu gogoniant a chyfiawnder Duw. Oni ddylem gofio hynny, gyda gostyngeiddrwydd mawr, wrth ystyried braint ein hetholedigaeth yng Nghrist?

11/5/97

Gwers 34 Effesiaid 1:7-12.

Y MAB - YR HWN A'N PRYNODD

Amlygodd Duw gyfoeth ei gariad tuag atom yn yr hyn a gyflawnodd trosom yn Iesu Grist, ei Fab. Ni cheir yn unman fynegiant uwch o gariad Duw nag ym mywyd a marwolaeth Iesu Grist. Gan fod y ddynolryw gyfan yn gorwedd mewn cyflwr o elyniaeth yn erbyn Duw, heb unrhyw allu i waredu ei hun, symudodd Duw tuag atom, heb gyfaddawdu mewn unrhyw fodd ei sancteiddrwydd na'i gyfiawnder. Darparodd ffordd i waredu ei etholedigion.

"Ynddo ef," medd Paul, "y mae i ni brynedigaeth..." Yng Nghrist ac nid ynom ni ein hunain y mae ein gwaredigaeth. Nid achub ein hunain a wnawn. Crist yw ein Gwaredwr. Y mae'r gair 'prynedigaeth' yn y fan hon yn golygu gwaredigaeth trwy dalu pridwerth. Pridwerth oedd yr hyn a delid i brynu caethweison i ryddid. Cawsom ni ein prynu nid gan arian neu aur, grym neu awdurdod, ond trwy waed Crist. "Trwy ei waed" a geir yn y Groeg, ond ceir tuedd anffodus yn y BCN i gyfieithu'r gair gydag ymadrodd sydd yn cymylu'r ystyr. Arwyddocâd y gair "gwaed" yw'r gwirionedd bod marwolaeth Iesu yn cyflawni tywalltiad gwaed yr ŵyn yn yr aberthau a fwriadwyd i lanhau pechod. Fel y dywed y llythyr at yr Hebreaid, "heb dywallt gwaed ni cheir maddeuant" (9:22 - os cedwir y gair "gwaed" yn y Llythyr at yr Hebreaid, pam na chadwodd y BCN ef yma hefyd?). Trwy waed Crist y mae i ni brynedigaeth. Ef yw Oen Duw "sy'n dwyn ymaith bechodau'r byd."

Y brynedigaeth hon yw sail maddeuant ein pechodau. Nid profiad mewnol goddrychol ynom ni yw'r maddeuant hwn, ond gweithred allanol wrthrychol Duw yng Nghrist. Yn nhywalltiad ei waed dioddefodd ef y gosb a haeddasom ni am ein pechod. Y cyfiawn dros yr anghyfiawn. Marwolaeth ddirprwyol oedd marwolaeth Iesu Grist. Er mor wrthun yw'r syniad i'r meddwl modern, dyma galon ein Cristionogaeth ac oni phregethir hyn darfu am ein crefydd. Yng Nghrist ac ynddo ef yn unig, mae Duw yn ein derbyn ac yn ein ***cyfrif yn gyfiawn*** ar sail ei waed. Dyma gyfoeth anfesuradwy ei ras tuag atom (gweler gwers 19).

Mae adnod 4 yn pwysleisio bod Duw wedi ein hethol yng Nghrist; pwyslais adnod 7 yw bod i ni brynedigaeth trwy waed Crist. Dywed rhai diwinyddion bod Duw wedi rhagweld y byddai gennym ffydd yng Nghrist ac ar sail hynny yn ein hethol i iachawdwriaeth. I'r gwrthwyneb, mae ein hetholedigaeth wedi ei gwreiddio yng "ngwirfodd ei ewyllys." Ni ddywedir yn unman yn yr Ysgrythur bod ein hetholedigaeth wedi ei gwreiddio yng ngwaed Crist. Etholedigaeth yw'r bwriad gwreiddiol yn Nuw i achub person penodol, y cyfrwng i gyflawni hynny yw aberth Crist. Duw ei hun sydd wedi ordeinio'r ffordd hon i'n gwaredu, ofer felly, yw chwilio am waredigaeth mewn unrhyw ffordd arall.

Yn adnod 8 defnyddia Paul yr ymadrodd "pob doethineb a dirnadaeth." Nid unrhyw fath o allu sydd ganddo mewn golwg, ond doethineb Duw yn yr Efengyl, neu ddirgelwch ein gwaredigaeth, a fu yn guddiedig yn Nuw drwy'r oesau, ond y mae Ef wedi ei datguddio yn awr i ni. O gofio i'r un awdur ddweud yn ei lythyr at y Colosiaid bod "holl drysorau doethineb a gwybodaeth" yn gorffwys yng Nghrist (2:3) ac mewn mannau eraill yn pwysleisio bod Duw yn rhoi doethineb a dirnadaeth ysbrydol i'w etholedig (cymh. I Cor. 2:6-13), yn ddiamheuaeth yr Efengyl yw'r dirgelwch hwn. Yn wir, dyma yw awgrym cyfieithiad y BCN.

Y doethineb hwn y mae Duw wedi ei ddatguddio yw cyfrinach ei ewyllys ef ei hun. Dyma'r drydedd fendith fawr mae Duw wedi ei thywallt arnom. Wrth gwrs, nid yw wedi datguddio popeth o'i gyfrinach i ni, dim ond yr hyn sy'n berthnasol i'n gwaredigaeth. Y mae'r gwirioneddau am yr Iawn a'r Gras yn annileadwy ym meddwl Duw ac wedi eu mynegi i ni yn yr Ysgrythurau trwy'r proffwydi a'r apostolion. Chwilio'r Ysgrythurau a wnawn er mwyn dirnad ewyllys Duw ac nid darllen y sêr.

Daw adnod 9 a 10 â ni at rai o osodiadau mwyaf mawreddog yr adran. Ond nid ydynt heb eu hanawsterau. Cred y Cristion nad yw hanes yn ddiamcan a diystyr, ond y mae'r cyfan yn symud tua'i gyflawniad terfynol. Ym mhennod 3 y "dirgelwch" yw bod y Cenhedloedd yn cael eu cynnwys yng ngwaredigaeth Crist. Ond yn y fan hon mae'r weledigaeth yn ehangach gan ei bod yn cyfeirio at "gyflawniad yr amseroedd." Yn y cyflawniad terfynol bydd Duw yn amlygu ei fwriad o drefnu ('oikonomia') popeth trwy Grist. Mae gweithgarwch Crist yn cynnwys nid yn unig ei farwolaeth ar y groes ond hefyd ei holl ddyletswyddau yn nhragwyddoldeb. Gellir aralleirio ystyr yr adnodau yn y modd hwn: "Datguddiodd Duw ei gynllun i ni, cynllun o'i ddewisiad ei hun, yng Nghrist y daw ei holl fwriad i'w gyflawniad. Crist sydd i weinyddu'r cynllun hyd ddiwedd amser, a hynny er mwyn trefnu popeth yn un gyfundrefn, popeth yn y nefoedd a phopeth ar y ddaear."

Ni ddylid cyfyngu'r "popeth" i'r rhai a waredir, ond yn arglwyddiaeth Crist mae'r greadigaeth gyfan yn cael ei haildrefnu. Dyma ystyr y gair rhyfeddol a ddefnyddir yn y Groeg ('anakephalaioô'). Fel y dywed Irenaeus, un o'r Tadau cynnar, mae Crist yn mynd dros yr un tir a'r ddynolryw yn Adda, ond y tro hwn mewn ufudd-dod perffaith. Atgrynhoir yr holl greadigaeth ynddo Ef, y Pen.

Wrth atgrynhoi popeth yng Nghrist nid sôn am iachawdwriaeth pawb, fel y myn rhai, y mae Paul, ond, yn hytrach, datgan y gwirionedd rhyfeddol bod Duw wedi penodi Crist, y Meseia, yn adnewyddwr y greadigaeth ac yn un sy'n gosod pob peth yn ei le penodol. Dywedir yn rhywle arall bod Duw wedi gosod Iesu yn Farnwr. Yn Philipiaid 2:10 dywedir bod pob glin yn plygu i Grist, yn y nef, ar y ddaear, a than y ddaear. Nid yr etholedig yn unig, ond darostyngir hyd yn oed ei elynion yn "droedfainc i'w draed." Mae Rhufeiniaid 8:19-22 yn dweud bod byd natur yn gyfan gwbl gan gynnwys planhigion ac anifeiliaid yn ocheneidio am "ddydd datguddiad meibion Duw." Yn I Corinthiaid 15:24 dywedir bod Crist yn diddymu pob grym, gan gynnwys gallu'r Diafol. Nid yw hynny yn golygu bod y Diafol yn cael ei achub, i'r gwrthwyneb, yn yr uno a'r darostwng terfynol bydd hwnnw, ynghyd â'i ddilynwyr, yn cael eu caethiwo am byth.

Cynllun Duw, felly, yw bod pob peth a grëwyd trwy Grist ac er mwyn Crist ac sydd yn cael eu cynnal ganddo, yn cael eu huno yn derfynol trwy gael eu darostwng o dan ei awdurdod. Ef yw etifedd pob peth. Ond y rhyfeddod yw ein bod ninnau yn cael cyfran yn ei etifeddiaeth trwy ragordeiniad rhad a rhydd Duw. Dyma fydd dydd cyflawni diben yr holl greadigaeth pan fydd bywyd i gyd yn addoliad a ninnau yn cyrraedd ein nod, sef addoli Duw neu fel y dywed Paul, "dwyn clod i'w ogoniant" a hynny o'n gwirfodd.

Cariad Iesu mawr -
Daeth o'r nef i lawr
I gyflawni hen amcanion
Gras yn iachawdwriaeth dynion -
Cariad gaiff y clod
Tra fo'r nef yn bod.

Trafodwch

1. Nid achub ei hun y mae dyn, ond cael ei achub trwy brynedigaeth. Duw yng Nghrist a ddarparodd y ffordd yn ei gariad, onid anniolchgarwch a hyfdra yw gwrthod y ffordd a ddewisodd Efe?
2. Tros etholedigion y Tad y bu Crist farw, ac nid dros yr holl fyd. Pwysleisiodd Thomas Jones o Ddinbych bod yng ngwaed Crist rhyw anfeidrol werth, digon i achub nid un byd, ond miloedd o fydoedd; ond gan mai gwaed y cyfamod ydyw, y cyfamod rhwng y Tad a'r Mab yn nhragwyddoldeb, neu'r bwriad i achub yr etholedigion, y mae'r gwaed ***yn effeithiol*** ('effective') i'r etholedigion yn unig. Felly, dros yr eglwys, neu ei etholedigion y bu Crist farw.

3. Rhyfeddod a bery'n ddiddarfod
Yw'r ffordd a gymerodd Efe
I gadw pechadur colledig,
Trwy farw ei Hun yn ei le...
Dyma'r Efengyl oesol, rhaid ei derbyn yn ddiolchgar, neu ei gwrthod. Bu i lawer yn y ganrif hon ei beirniadu a'i galw'n "efengyl swcwr." Onid anghrediniaeth yw hynny? Onid tristwch ein hoes yw ei bod yn ceisio pedlera "efengyl" nad yw'n efengyl, a chynnig "achubiaeth" nad yw yn achub neb?

18/5/97

Gwers 35 Effesiaid 1:13-21; 4:30

YR YSBRYD GLÂN - RHODDWR BYWYD

"Credwn yn yr Ysbryd Glân, yr Arglwydd a'r Bywiawdwr," yw geiriau Credo Nicea-Caergystennin (381 O.C.). Diffiniad a gyhuddwyd o fod yn "statig a difywyd," ond o'r braidd bod hynny'n gywir yn enwedig pan ystyrir arwyddocâd y geiriau "Arglwydd a Bywiawdwr." Defnyddio delweddau a wna'r Testament Newydd, a cheir gan Paul fwy nag un ddelwedd i geisio rhoi mynegiant i'r hyn yw'r Ysbryd: sêl, ernes, blaenffrwyth, olew. Pan ychwanegir y darluniau eraill sydd yn y Testament Newydd - dŵr, colomen, gwynt, tân - gwelir pa mor gyfoethog yw'r delweddau am yr Ysbryd.

Yn y bennod hon, un o fendithion cyfoethog Duw i'w etholedigion yw'r Ysbryd, sydd yn cael ei dywallt ar y cenedl-ddynion yn ogystal ag ar y Cristionogion Iddewig. Yr esboniad arferol ar y "chwithau" sy'n agor yr adnod hon yw bod Paul, yn awr, yn troi i gyfarch y cenedl-ddynion. Cyn hynny, "ni" oedd yn cael y sylw, sef ef a'r Iddewon Cristionogol. Er mai dyma'r modd traddodiadol o esbonio'r cyfnewidiad yn yr adnod hon, er hynny, nid yw'n foddhaol. Gwell yw cymryd y gair "chwithau" yn yr ystyr bod Paul yn cyfarch holl Gristionogion Effesus gyda'i gilydd, yn Iddewon a chenedl-ddynion, yn enwedig o gofio ei fod yn y bennod nesaf yn condemnio unrhyw wahanu rhwng Iddewon a chenedl-ddynion. Di-sail felly yw'r dehongliad bod y rhagenw, "ni," yn golygu Iddewon a'r rhagenw, "chwi," yn golygu cenedl-ddynion. Mae Paul yn cynnwys pawb yn Effesus ynghyd ag ef ei hun yn y "ni", tra'n troi yma i gyfarch y bobl yn Effesus, fel pregethwr yn cyfarch ei gynulleidfa.

Cydia adn.13 yn thema fawr adn. 11, sef undod â Christ. Y neges fawr a gredwyd ynddi oedd "gair y gwirionedd, Efengyl eich iachawdwriaeth." Mae'r gair "Logos" (= gair) yn hynod o gyfoethog yn y Testament Newydd a chyfieithiad annigonol yw "gair." Yn Efengyl Ioan mae'n golygu "pregeth" neu "meddwl" neu "reswm," yma, arwyddo'r bregeth y mae. Y mae'r bregeth yn wirionedd. Credu'r gwirionedd hwn yw hanfod ein hiachawdwriaeth, sy'n golygu, yn y bôn, mai neges i'w deall a'i derbyn yw'r efengyl. "Ni ellir derbyn gwirionedd trwy'r emosiynau. Y mae neges yn rhywbeth i'w deall" (Gordon H. Clark, *Today's Evangelism*). Nid cael ein cario gan lif emosiynol yw credu ond ymateb gyda'r meddwl i gynnwys y neges - "Efengyl eich iachawdwriaeth" - sef, cynllun tragwyddol Duw ar gyfer yr holl oesau. Cynllun y gellir ei grynhoi i ddau air - Iesu Grist. Mae credu ynddo yn gyfystyr â chredu'r gwirionedd. "Myfi yw'r gwirionedd." Golyga hynny nad oes unrhyw wahaniaethu rhwng credu yn y Person a chredu'r geiriau a lefarodd. Yn wir, ni allwn gredu yn y Person, heb gredu ei eiriau. Os nad ydym yn credu ei eiriau, nid ydym yn credu ynddo Ef ychwaith. Gwaith yr Ysbryd Glân yw cymhwyso'r gwirionedd am Iesu i galonnau dynion.

Sêl yr Ysbryd. Dyma'r cyntaf o'r delweddau cyfoethog a ddefnyddir gan Paul i ddisgrifio'r Ysbryd Glân. Arwydd o berchnogaeth a dilysrwydd yw "sêl." Rhoddwyd sêl ar gŵyr, ar botel o win, hyd yn oed ar bobl ac anifeiliaid. Yn ein gwasanaethau bedydd defnyddir yr ymadrodd, "arwydd a sêl o gyfamod gras y bendigedig Dduw" i gyfeirio at y weithred. Sêl dilysrwydd y Cristion yw bod yr Ysbryd Glân yn ei galon. "Mae Cristionogion hefyd wedi'u selio, am eu bod yn werthfawr i'w diogelu, ac am fod cyfrinach Duw ganddynt" (R.Tudur Jones, *Yr Ysbryd Glân*, td. 202). Gall y selio olygu bod y Cristionogion wedi eu selio ar gyfer dyfodol gogoneddus yng Nghrist. Dywed Eseciel 9:4 yml. bod y rhai sy'n ffyddlon i'r Arglwydd yn dwyn nod ar eu talcennau, syniad a fabwysiedir eto yn Datguddiad 7:4 yml a 9:4. Ond gellir dehongli'r "sêl" fel arwydd cyhoeddus gerbron y byd yn awr. Byddai'r ystyr hwn o bosib yn agosach at feddwl Paul, gan ei fod yn dweud yn I Cor. 14:22 bod siarad â thafodau, un o roddion yr Ysbryd, yn "arwydd nid i gredinwyr, ond i anghredinwyr."

Yr ail ddarlun a ddefnyddir gan Paul i ddisgrifio gwaith yr Ysbryd yw ***"ernes."*** Taliad cyntaf, blaen-dâl ydyw sy'n arwyddo bod y prynwr yn bwriadu prynu'r cwbl. Mae'r blaendaliad a roddir wrth brynu tŷ yn fwy na dim ond addewid neu fwriad i dalu'r gweddill, y mae'n rhan o'r taliad ei hun. Felly gyda'r Ysbryd. Wrth gyflwyno'i Ysbryd i ni mae Duw, nid yn unig yn rhoi i ni addewid o etifeddiaeth yn y diwedd, ond gyda'r rhodd yn rhoi rhagflas o'r etifeddiaeth honno i'w eiddo.

Dyma'r esboniad traddodiadol ar y gair "ernes." Yr anhawster yw bod y ferf yn adn. 11 yn y gwreiddiol yn gallu golygu nid yn unig etifeddiaeth ond hefyd penodi neu ddewis trwy dynnu torch. Ond pa etifeddiaeth mae Paul yn cyfeirio ati? Gall fod yn etifeddiaeth sydd yn eiddo i ni, a dyma'r esboniad a ddefnyddiwyd uchod. Ond gall olygu mai eiddo Duw ei hun yw'r etifeddiaeth. Byddai hynny'n gwbl gyson â llawer o'r hyn a ddywedir yn yr Hen Destament. Israel yw "etifeddiaeth yr Arglwydd" neu ei "gyfran" arbennig ymhlith y cenhedloedd. Pwysleisir y thema hon dro ar ôl tro yn yr Hen Destament (Salmau 106:40; 135:4; Jer. 10:16; Sech. 2:12). Dweud y mae Paul felly, bod yr Iddewon a'r cenedl-ddynion yn etifeddiaeth yr Arglwydd. Cadarnheir hyn yn adn. 14 yn yr ymadrodd a gyfieithir yn llythrennol yn yr hen gyfieithiad fel "hyd bryniad y pwrcas." Y mae'r NIV yn cyfieithu, "until the redemption of those who are God's possession." Y mae'r cyfieithiad hwn yn gwneud cyfiawnder â'r pwyslais mai Duw sy'n gweithredu'r iachawdwriaeth trwy'r brynedigaeth ac mai ei eiddo arbennig ef yw ei etifeddiaeth. Mae'r BCN wedi cymryd mai ein heiddo ni yw'r etifeddiaeth ac nid Duw. Mae'r dehongliad hwnnw yn bosibl gan fod amwysedd yng ngeiriau Paul.

Y mae'r adran hon felly, ynghyd â 4:30, yn dehongli gwaith yr Ysbryd yn llwyr yn nhermau'r cyflawniad terfynol. "Gydag atgyfodiad Iesu Grist, mae'r Ysbryd yn brawf pendant bod y dyfodol wedi dechrau ac mae ei bresenoldeb gyda ni yn warant oddi wrth Dduw y byddwn yn etifeddu popeth a addawyd" (Gordon Fee, *God's Empowering Presence*, td. 671).

Gyda'r ymadrodd hwn daw Paul â'r "fendith" ('berakah') i'w chyflawniad gogoneddus. Y nod o'r dechrau i'r diwedd yw gogoniant Duw, sydd wedi ei ddatguddio yng Nghrist ac yn cael ei sylweddoli trwy rym yr Ysbryd.

Ysbryd doethineb a datguddiad (adn. 17-20). Yn y weddi hon mae Paul yn deisyfu ar i Dduw roi iddynt yr Ysbryd a ddarlunnir yma fel Ysbryd deall a datguddiad. Trwy ddoethineb a goleuni'r Ysbryd deuant: (i) i wybodaeth lawnach o Dduw; (ii) i ddeall am y gobaith gogoneddus sydd yn eiddo iddynt; (iii) i brofi nerth Duw o'u plaid yn y presennol. Mae'r BCN yn groes i lu o gyfieithiadau Saesneg yn cymryd y fannod yn ddealledig yma ac yn rhoi "yr Ysbryd" gan gyfeirio'n ddiamwys at yr Ysbryd Glân ac nid at unrhyw ysbryd (ni cheir y fannod yn y gwreiddiol, ond mae'r cyd-destun yn hawlio mai dyma'r ystyr).

Holl bwrpas gras Duw yw dwyn dynion a merched i wybodaeth a chymundeb ag Ef ei hun. Dyma fydd y cyflawniad terfynol, adnabyddiaeth wyneb yn wyneb, y mae'r Ysbryd yn awr yn ein harwain tuag ato. Ni ŵyr y Testament Newydd am y gwahaniaeth a dynnir heddiw rhwng "gwybod" ac "adnabod." Mae pob gwir wybod yn adnabyddiaeth. Adeiladwyd dadleuon di-sail ar y gwahaniaeth tybiedig rhwng "gwybodaeth" (a uniaethir â gwybodaeth yn y pen) ac "adnabyddiaeth" (a uniaethir â gwybodaeth yn y galon). Y deall yw'r allwedd i'r galon, neu a defnyddio darlun o eiddo Alford, y galon yw "the very core and centre of life, where the intelligence has its post of observation." Y "llygaid" yw'r deall sy'n goleuo'r galon.

Wrth ganoli "llygaid ein deall" ar Dduw mae Paul yn sicr y bydd yr Ysbryd yn datguddio mawredd a sicrwydd y gobaith sydd gan Gristionogion. Gobaith sy'n deillio o'r ffaith iddynt gael eu galw neu eu hethol i etifeddiaeth yn Nuw. Wrth ddod yn bobl i Dduw, mae'r dyfodol wedi ei setlo. Dymuniad Paul yw iddynt ddeall mor ardderchog yw'r gogoniant hwnnw sy'n etifeddiaeth iddynt. Yr un yw'r ystyr os cymerir mai Duw biau'r etifeddiaeth i'w rhoi. Felly, mae'r Ysbryd yn Ysbryd Gobaith.

Ysbryd grymuster a nerth. Wedi ystyried y dyfodol mae Paul yn awr yn arwain ei ddarllenwyr i ystyried y presennol. Mae gan Gristionogion eisoes dystiolaeth eglur o allu Duw yn yr atgyfodiad ac mae'r holl nerth hwnnw yn awr yn gweithredu o'u plaid. Yn yr ychydig ymadroddion hyn ceir casgliad cyfoethog o ansoddeiriau i ddynodi mawredd gallu Duw: 'dunamis' (ohono y cawn y gair 'deinameit'), 'energeia' (egni), 'kratos' (gallu), 'ischus' (cryfder). Y cyfan oll o blaid y "rhai sy'n credu."

Y nerth hwn, grym yr Ysbryd, sydd ar waith ym mywydau Cristionogion yn awr yn yr oes bresennol. Nid yn unig, fodd bynnag, yn yr oes hon, ond yn yr oes a ddaw. Gosodwyd Cristionogion gyda Christ yn ei ogoniant i deyrnasu yn y byd ysbrydol. Y mae'r gallu hwnnw trwy'r Ysbryd yn eiddo iddynt yn awr. Y nod yn hyn i gyd yw gogoneddu Duw y Tad, y Mab a'r Ysbryd Glân. Dechrau gyda realiti nerthol yr Ysbryd Glân ym mywydau pobl y mae Paul, y nerth sy'n eu dwyn trwy aberth Crist ar y groes i gymundeb â'r Tad ei Hun.

Cariad Ysbryd Duw -
Mawr anfeidrol yw;
Gwneuthur cartref iddo'i Hunan
Yn y galon euog aflan -
Cariad gaiff y clod
Tra fo'r nef yn bod.

Trafodwch:

1. Nid dylanwad neu effaith personoliaeth Iesu yw'r Ysbryd Glân, ond Person dwyfol yn ei hawl ei hun. A ydych chwi yn cael anhawster i feddwl am yr Ysbryd?
2. Gwaith yr Ysbryd Glân yw effeithio'r iachawdwriaeth fawr yng nghalonnau'r etholedigion. Ef sy'n ein hatgenhedlu, "ein geni oddi uchod" ac yn ein galluogi i gredu yng Nghrist. Ef yw'r Bywiawdwr. Wrth esgeuluso gwaith yr Ysbryd onid ydym yn cefnu ar y grym bywiol ac adnewyddol sydd gan Dduw ar ein cyfer?
3. Bendith fwyaf y Tad i ni, medd Paul, yw'r Ysbryd. Onid ydym yn ei gymryd yn ganiataol yn ein bywydau ac yn ein heglwysi yng Nghymru?

Gwers 36 Effesiaid 4:1-6

UN DUW - TAD, MAB AC YSBRYD GLÂN

Y mae un peth yn clymu'r themâu mawreddog a fynegir ym mhenodau llythyr Paul at yr Effesiaid wrth ei gilydd. Y peth hwnnw yw Duw y Drindod - y Tad, y Mab a'r Ysbryd Glân. Mewn pregeth ar y Drindod darluniodd Clarence Macartney wirioneddau ac athrawiaethau mawr y Beibl fel perlau gwerthfawr amhosibl eu dal ynghyd i wneud cadwyn heb i edafedd y Drindod wau trwyddynt i gyd. Heb athrawiaeth y Drindod dymchwelai'r holl gyfundrefn athrawiaethol yn llwyr. Yr un syniad a fynegir gan Paul yn yr adran hon. Mae'r anogaeth i fyw yn deilwng o'n galwad trwy gadw undod yr Ysbryd (adn. 1, 3), yn cael ei dilyn gan y rhinweddau angenrheidiol i wneud hynny (adn. 2), ond sylfaen y cyfan yw'r Drindod (adn. 4-6).

Mae'r anogaeth yn adn. 1 yn ddigon eglur a chofiwn mai yng ngharchar y mae Paul pan gyfansoddwyd y geiriau hyn. Duw sy'n galw ei etholedigion trwy eu hatgenhedlu i fywyd, ond rhaid i'r rhai a alwyd fyw yn deilwng o'r alwad honno. Celwydd yw'r hen barodi, "etholedig cyn fy ngeni, etholedig wedi meddwi." Camddeall etholedigaeth Feiblaidd yn llwyr yw ei dehongli i olygu nad oes angen i ddynion a merched ymdrechu i fyw yn ôl gofynion Duw. Antinomiaeth (gwrthddeddfoldeb) yw'r agwedd honno, ac nid oedd Paul yn antinomydd. Mewn gostyngeiddrwydd, addfwynder ac amynedd gan oddef ei gilydd mewn cariad y mae'r rhai a alwyd yn ymdrechu hyd eithaf eu gallu i gadw undod yr Ysbryd yng nghwlwm tangnefedd. Amhosibl i feidrolion fyw'r grasusau hyn heb rym yr Ysbryd. Yn wir, yr Ysbryd yw'r allwedd i'w sylweddoli yn ein bywydau. Nid damwain yw bod pedwar o'r grasusau hyn yn cael eu rhestru ymhlith ffrwythau'r Ysbryd yn Galatiaid 5:22-23.

Dim ond i'r graddau y mae'r grasusau hyn i'w cael ymhlith pobl Dduw y mae ganddynt unrhyw obaith o gadw undod yr Ysbryd. Gwelir yr undod hwnnw mewn cymuned sy'n cael ei nodweddu gan 'shalôm' (heddwch). Byddai'n dda pe cofiai y rhai sy'n ceisio uno'r enwadau mai ffrwyth yr Ysbryd yw'r gwir undod hwn ac nid cynnyrch unrhyw bwyllgorau. Fel y dywed R. Tudur Jones, "Undod yng Nghrist trwy'r

Ysbryd Glân, undod o greadigaeth Duw trwy wirionedd ei Air, yw'r undod a ddarlunnir inni gan yr Arglwydd Iesu a'i apostolion" (*Yr Ysbryd Glân:* td. 159).

Mae'r ymadrodd, "undod yr Ysbryd," yn adlais o'r hyn a ddywedir yn 2:18, "oherwydd trwyddo ef y mae gennym ni ein dau ffordd i ddod, mewn un Ysbryd, at y Tad." Trwy ein hundeb â Christ y mae gennym ddyfodiad yng ngrym yr Ysbryd at y Tad. Golyga hynny ddau beth yn arbennig. Yn gyntaf, ar wastad cysylltiadau personol, yr Ysbryd sydd yn uno Iddew a chenedl-ddyn mewn undod i ffurfio dynoliaeth newydd, pobl newydd yr Arglwydd. Mae'r gair Groeg gwreiddiol a gyfieithir "rhwymyn" yn cyfeirio at rywbeth sy'n dal pethau ynghyd. Fel sment yn cadw'r cerrig ynghyd yn y mur. Crist yw ein heddwch ni, gan ei fod wedi dileu'r elyniaeth rhwng Duw a ni. Am hynny, ef yw sail ein heddwch â Duw ac i wir heddwch rhwng y cenhedloedd. Yn ail, y Drindod yw sail ein dyfodiad at Dduw. Dyma oedd gan y Tadau cynnar mewn golwg pan luniwyd y credoau traddodiadol. Gellir crynhoi hanfod ein dynesiad at Dduw i'r ymadrodd Lladin: *a Patre, per Christum, in Spiritu Sancto, ad Patrem*, "oddi wrth y Tad, trwy y Mab, yn yr Ysbryd Glân, at y Tad."

Y mae llwybr ein dynesiad at Dduw wedi ei ordeinio ar ein cyfer, oherwydd hwn yw'r llwybr a ddewisodd ef i ddod atom ni. Nid ffrwyth dychymyg diwinyddion neu hollti blew diangen yw athrawiaeth y Drindod, ond hi yw ein gwarant dros gredu mai'r gwir Dduw yr ydym yn ei addoli ac nid eilun. Dysg yr athrawiaeth bod Iesu Grist yn ddatguddiad cyflawn a digonol o Dduw y Tad ("Ynddo ef mae cyflawnder y Duwdod yn preswylio'n gorfforol"). Trwy'r Ysbryd Glân y deuwn i weld Crist ac i gredu ynddo, fel y pwysleisiodd Paul dro ar ôl tro yn y penodau hyn. Ond y Tad yw tarddiad y cyfan, ei gyllun ef sydd ar waith, ac fel y deilliodd popeth o'i waith creadigol ef trwy ei Air yn yr Ysbryd, felly y bydd popeth yn dychwelyd ato, trwy y Mab yn yr Ysbryd. Fel y dywedwyd eisoes, Efengyl y Tad ydyw, sy'n cael ei sylweddoli trwy'r Mab a'i gwireddu ym mywydau ei etholedigion trwy'r Ysbryd. Hyn sy'n sylfaen i'r cyfan mae Paul yn ei ddweud yn y penodau yma.

"Y Drindod sy'n gwneud yr Efengyl yn bosibl. Heb Dad nefol, ni byddai neb i ordeinio'r iachawdwriaeth. Heb y Mab, ni byddai

Gwaredwr i sicrhau'r iachawdwriaeth inni. Heb yr Ysbryd Glân, byddai'r cytundeb rhwng y Tad a'r Mab fel darn o hud a lledrith heb gysylltiad â ni. Ond y mae darpariaeth Duw ar ein cyfer yn gwbl ddigonol. A dyna'r newyddion da sydd gennym i'w gyhoeddi. Dyna'r Efengyl" (R. Tudur Jones, *op. cit.* td. 215).

Y geiriau arferol a ddefnyddir gan yr eglwys i roi mynegiant i'r athrawiaeth hon yw: *un hanfod mewn tri pherson*. Dyma eiriau Credo Athanasius: "Dyma'r Ffydd Gatholig: ein bod yn addoli Un Duw yn Drindod, a'r Drindod yn undod; heb gymysgu'r Personau na gwahanu'r Sylwedd. Oblegid Un Person sydd i'r Tad, arall i'r Mab ac arall i'r Ysbryd Glân. Ond Un Duwdod y Tad, y Mab a'r Ysbryd Glân: y gogoniant yn gyfartal, y Mawredd yn gyd-dragwyddol..." Nid paradocs yw'r Un yn dri a'r Tri yn un, ond datganiad elgur bod Duw yn Un mewn un ffordd ac yn Dri mewn ffordd arall. Yn un yn ei hanfod ac yn dri yn ei Berson. Nid tri yn ei hanfod ac un yn ei Berson. 'Roedd y Tadau yn ofalus i gynnal y gwahaniaeth hwn, oherwydd ar sail yr Ysgrythurau 'roedd yn amlwg iddynt fod y Tri Pherson yn gydradd yn y Duwdod, ond nid yr un cyfrifoldebau sydd ganddynt. Y mae Paul yn pwysleisio mai'r Tad yw ffynhonnell a tharddiad pob peth ac ato ef y mae pob peth yn dychwelyd (I Cor. 8:6). Nid yw hynny'n golygu bod y Mab a'r Ysbryd yn israddol iddo, blaenoriaeth trefn a chyfrifoldeb yn unig sydd yma.

Gan mai fel hyn y dewisodd Duw ddatguddio'i hun i ni, ofer yw i ni geisio ei adnabod mewn unrhyw ffordd arall. Fel y dywedodd Athanasius: "Y mae un Duwdod tragwyddol mewn Trindod, ac mae un gogoniant i'r Drindod Sanctaidd...Os yw gwirionedd diwinyddol yn berffaith mewn Trindod, dyma'r unig wir addoliad dwyfol, a dyma'i wirionedd a'i brydferthwch" (*Contra Ar.* 1:18). Mae i hyn oblygiadau mawr i'n dealltwriaeth o Dduw. Pan ddywedir mai cariad yw Duw yr hyn a olygir yw ei fod yn gariad perffaith mewn Trindod. Y carwr, gwrthrych y cariad a'r cwlwm cariad rhyngddynt, oedd dull Awstin Fawr o gyfeirio at y Tad, y Mab a'r Ysbryd. Yn y Drindod nid oes unrhyw beth yn ddiffygiol. O gofio hynny, gwelwn mai yn ei ras yn unig mae Duw yn Iesu Grist wedi penderfynu cynnwys ei etholedigion yng ngogoniant ei fywyd ef ei hun. Golyga hefyd, ein bod yn parchu'r modd mae Duw wedi ei ddatguddio'i hun i ni. Nid darlun o dad daearol wedi ei fwrw ar y nefoedd yw Duw y Tad, ond fel y dywed Athanasius, "ohono ef y cawn ni ei galw yn dadau." Ef yw patrwm ein tadolaeth. Am hynny, nid rhywbeth i chwarae ag o fel y mynnwn yw ein hiaith am Dduw, nid un FEL Tad ydyw, ond ef yw Y Tad. Amhriodol yw cyfarch Duw mewn unrhyw ffordd wahanol i'r un y mae ef wedi ei ddatguddio i ni.

Golyga yn ogystal nad oes Gyfryngwr arall rhwng Duw a dynion ond Iesu Grist. Un sydd yn Dduw ei hun sy'n gallu datguddio'r hyn yw Duw. "Ni welodd neb y Tad erioed; yr unig Un, ac yntau'n Dduw, yr hwn sydd ym mynwes y Tad, hwnnw a'i gwnaeth ef yn hysbys" (Ioan 1:18). Mewn undeb â Christ yn unig y cawn ninnau gyfranogi ym mreintiau'r iachawdwriaeth, wrth i'r cyfan yw ef ddod yn eiddo i ni, a'r cyfan ydym ni yn ein pechod a'n drygioni, yn eiddo iddo Ef. Fel dywed Calfin:

Cyflwyno Crist yn unig i ni a wna'r Ysgrythur,
Enfyn Ef atom a'n gwreiddio ynddo.
Trwy Grist ein genau, llefarwn ninnau wrth y Tad;
Trwy Grist ein llygad, gwelwn y Tad;
Trwy Grist, ein llaw dde offrymwn ein gwasanaeth i'r Tad;
Ni allwn siarad â Duw oni bai i Grist eiriol trosom.

Cyfranogwn yn yr etifeddiaeth gyfoethog hon trwy rym yr Ysbryd Glân, y Rhodd Ddwyfol. Ef sy'n cynnal ein haddoliad a'n mawl. Perygl mawr ein haddoliad ni heddiw yw anwybyddu un neu ragor o bersonau'r Drindod gyda'r canlyniad nad ydym yn rhoi i Dduw y mawl a'r gogoniant y mae'n ei haeddu nac yn ei gydnabod fel y dylem.

Cariad Tri yn Un
At yr euog ddyn -
Cariad heb ddechreuad arno,
Cariad heb ddim diwedd iddo-
Cariad gaiff y clod
Tra fo'r nef yn bod.

Trafodwch

1. Ffrwyth yr Ysbryd yw sail ein hundeb fel Cristionogion ac nid cynnyrch dynion. "I'r graddau y mae gweithgareddau eciwmenaidd yn ymegnio i adeiladu corfforaeth unedig,

ganolog, unffurf, y maent yn ceisio creu anghenfil nad oes rithyn o gyfiawnhad drosto ar dudalennau'r TN. I'r graddau y mae arweinwyr Cristionogol yn ceisio cyrraedd y nod hwn trwy wleidydda cyfrwys a chynlluniau cymrodeddus, maent yn gorseddu clyfrwch dynion yn lle anrhydedd Duw a gwirionedd yr Efengyl" (R. Tudur Jones, *op. cit.* td. 159).

2. Calon gwir addoliad yw dod at y Tad trwy Iesu Grist yng ngrym yr Ysbryd. Nid y Duw Cristionogol yr ydym yn ei addoli os nad ydym yn dyfod ato ar hyd y llwybr hwn.
3. Oherwydd i Dduw ddatguddio'i hun yn Dad, Mab ac Ysbryd Glân, amhosibl yw ei gyfarch fel Mam.
4. Y mae athrawiaeth gadarn yn anhepgor i'r ffydd Gristionogol a ffrwythau hynny i'w weld ym mywydau pobl(Galatiaid 5:22-23). Creulondeb heresi neu au-ddysgeidiaeth yw ***amddifadu*** pobl rhag credu'r gwirionedd. Onid yw hynny yn llawer creulonach na chadw pobl yng "ngharchar" uniongrededd?

1/6/97

MEHEFIN **UN EGLWYS - UN FFYDD**

Gwers 37 **Actau 11:19-26; Effesiaid 4:7-16**

UN ENW

Mae'r ddau ddarn hwn o'r Ysgrythur yn cynnig darlun o'r hyn y dylai'r eglwys fod mewn gwirionedd. Y naill yn cyfeirio at yr eglwys yn ei babandod a'r llall yn manylu ar adeiladu'r eglwys. Eglwys ifanc oedd eglwys Antiochia a sefydlwyd nid gan apostolion ond gan y Cristionogion a ffôdd o Jerwsalem oherwydd yr erlid a gododd ar ôl merthyrdod Steffan. Hwy ddechreuodd ar y dasg o rannu'r efengyl ag eraill, ac nid ymhlith Iddewon yn unig, ond hwy gymerodd y cam beiddgar o ddechrau efengylu ymhlith cenedl-ddynion. Yr oedd Antiochia yn dref fawr a phwysig yn yr hen fyd - y drydedd o ran maint ar ôl Rhufain ac Alecsandria ac yn borthladd masnach o bwys ar yr Afon Orontes lle cyfarfyddai gorllewin â dwyrain - gyda phoblogaeth gymysg yr oedd yn enwog am ei diffyg moesoldeb. Cafodd yr enw hwnnw oherwydd bod cwlt Artemis ac Apolo yn Daphne gerllaw, yno fe addolwyd Astarte trwy gyfrwng puteindra defodol. Gyda dyfodiad y Cristionogion, yr oedd cyfnod newydd ar fin dechrau yn hanes y ddinas.

Cafwyd llwyddiant ar unwaith a daeth tyrfa fawr ohonynt i gredu yn Iesu Grist fel Arglwydd. Cymaint oedd eu llwyddiant nes i arweinwyr eglwys Jerwsalem sylwi ar yr hyn oedd yn digwydd yno ac anfonwyd Barnabas ("mab anogaeth"), Iddew o Gyprus o'i enedigaeth, i archwilio ac arolygu'r sefyllfa. Ar ei ddyfodiad llanwyd ef a llawenydd a chroesawodd yr arwyddion eglur bod Duw yn gweithio ymysg y cenhedloedd. Yr oedd yn ŵr digon craff i sylweddoli mai eu hangen pennaf oedd cael eu gwreiddio yn y gwirionedd ac i'r diben o gynyddu eu dealltwriaeth o'u ffydd aeth i gyrchu Saul neu Paul o Darsus. Wedi dod ag ef i Antiochia buont yno yn dysgu am flwyddyn gyfan, cyn cael eu comisiynu gan yr Ysbryd Glân i fynd ar daith genhadol (Actau 13:1 - 14:21). Mae'n amlwg bod yr apostolion yn rhoi pwys mawr ar ddysgu'r ffydd. Yn Antiochia y cafodd y disgyblion yr enw Cristionogion gyntaf. Gwyddai paganiaid Antiochia amdanynt gan eu bod yn cyhoeddi'r newyddion da lle bynnag yr oeddent. Eglwys

cefnder Marc.

CRISTNOGION

genhadol felly oedd Eglwys Antiochia.

Wrth droi at y llythyr at yr Effesiaid gwelir bod Paul ar ôl trafod undod hanfodol yr eglwys ym meddwl Duw (4:1-6) yn troi yn awr at ei hamrywiaeth. Un corff sydd yng Nghrist, un ffydd ac un teulu, ond nid un "sefydliad" a olygir wrth hynny. Crist yw'r pen, a'r eglwys yw ei gorff (Effes. 1:22-3). Ystyr y gair gwreiddiol am eglwys yw "galw allan" ('ekklesia' = 'ek' a 'kaleo' = 'allan' a 'galw'). Pobl sydd wedi eu galw allan o'r byd yw Cristionogion, er mwyn eu hanfon yn ôl i'r byd. Un Ysbryd a roddir i bawb o'i ddilynwyr a daw'r undeb i'w gyflawniad yn Nuw sy'n "Dad oll, goruwch oll a thrwy oll ac ynoch oll." Yn Nuw ei hun y mae cyfrinach undeb yr eglwys. Wedi pwysleisio hynny, fodd bynnag, nid Ysbryd unffurfiaeth farwaidd a chul yw'r Ysbryd Glân. Nid Cristionogion sy'n gopïau unffurf o'i gilydd y mae'n ei greu, ac yn sicr nid eglwysi o'r fath. I'r gwrthwyneb, mae Cristionogion yn amrywio'n fawr mewn doniau a galluoedd ac felly yn union mae eglwysi Iesu Grist. Y rheswm am hynny yw, nid yn gymaint bod Cristionogion yn dod o wahanol amgylchiadau a diwylliant a chefndir, ond oherwydd mai'r Crist dyrchafedig, trwy ei Ysbryd, sydd yn rhoi rhoddion amrywiol i'w eglwys er mwyn cyfoethogi ei bywyd a'i hadeiladu yn y gwirionedd (adn. 7-9). Nid unrhyw roddion yw y rhain, ond manylir yn benodol arnynt yn adn. 11: "...rhai i fod yn apostolion, rhai yn broffwydi, rhai yn efengylwyr, rhai yn fugeiliaid ac athrawon..."

Rhoddion y Crist dyrchafedig i'w eglwys yw y rhain. Ystyr y gair "gras" (adn. 7) yn arferol yw y gras achubol a gyfrennir i bechaduriaid sy'n eu galluogi i gredu yng Nghrist - "trwy ras yr ydych wedi ei achub" (2:5,8); ond y mae gras arall hefyd, sef yr hyn a gyfrennir i alluogi pobl i wasanaethu. Y gair arferol am ras yn y gwreiddiol yw 'charis' ond yma defnyddir 'charismata' neu roddion yr Ysbryd. Gellir dweud yn gwbl gywir gyda John Stott bod undod yr eglwys yn deillio o'r gras achubol ('charis') oherwydd i Dduw ein cymodi ag ef ei hun; ond mae amrywiaeth yr eglwys yn deillio o'r 'charismata' neu roddion Duw i aelodau'r eglwys. Y mae'r eglwys gyfan yn cael ei nodweddu gan roddion amrywiol yr Ysbryd.

Y mae'r dyfyniad o Salm 68:18 braidd yn annelwig oherwydd yno Duw sy'n esgyn i'w orsedd a dynion yn rhoi rhoddion iddo ef.

Ond gan mai darlun o goncwerwr sydd gan Paul yn ei feddwl, a gallai concwerwr dderbyn gwrogaeth yn ogystal â rhannu'r ysbail, gwelir bod modd dehongli'r geiriau i olygu rhannu bendithion ei goncwest yn ogystal. Gall y gair yn y Salm olygu "dod â" yn hytrach na derbyn ac mae rhai fersiynau (Aramaeg a Syrieg) yn cyfieithu'r ymadrodd "rhoi rhoddion." Diddorol yw nodi mai Salm a gysylltwyd â'r Pentecost, yr ŵyl Iddewig oedd yn dathlu rhoi y Gyfraith, yw hon yn litwrgi'r Iddewon. Mae Paul am "bwysleisio buddugoliaeth Crist a'i esgyniad at y Tad a'i ddychweliad yn yr Ysbryd Glân i rannu ei roddion i ddynion" (Ralph Martin, *Ephesians, Colossians and Philemon,* Interpretation, td. 50). Mae'n bosibl felly mai ystyr y "disgynnodd" (adn. 9) yw bod Crist wedi'r esgyniad wedi dod eto yn ei Ysbryd ar ddydd y Pentecost. Fel Moses yn rhoi'r gyfraith i Israel, rhoddodd Iesu Grist ei Ysbryd i'w bobl er mwyn "ysgrifennu'r gyfraith ar eu calonnau a thrwy yr athrawon a benododd (adn. 11) eu dysgu yn y gwirionedd" (Stott *op. cit.* td. 157). Yn ei Ysbryd mae'r Crist dyrchafedig yn hollbresennol, "y mae'n llenwi'r holl greadigaeth."

Daw y rhoddion i sylw penodol yn adn. 11 a 12. Rhoddir y lle blaenaf i'r apostolion a'r proffwydi (fel yn I Cor. 12:28). Hwy oedd arweinwyr yr eglwys fore a'u prif ddiben oedd tystiolaethu i atgyfodiad Iesu Grist a bod yn gyfryngau dynol i fynegi meddwl Crist i'w bobl. Efengylwyr oedd rhai fel Philip a Timotheus a alwyd i'r gwaith o gyhoeddi'r newyddion da (Actau 21:8 a II Tim. 4:5). Mae'r "bugeiliaid ac athrawon" yn cael eu cysylltu mewn un person a disgrifir eu gwaith yn Actau 20:28. Arweinwyr lleol oeddent ac fe'u hadwaenir fel henuriaid mewn mannau eraill (Actau 20:17).

Erbyn heddiw dirywiodd ein syniad o waith y gweinidog ac aeth bugeilio'r praidd yn gyfystyr ag ymweliadau cymdeithasol yn unig a llwyr esgeuluswyd yr elfen o addysgu. Arfer yr hen weinidogion oedd ymweld ag aelwydydd eu haelodau er mwyn holwyddori'r teulu yn sylfeini'r ffydd.

Adnodau anodd yw 12 a 13, ond mae'r syniad llywodraethol yn eglur. Y mae amrywiaeth gweinidogaethau Crist i'w eglwys er budd i'w holl gorff. Fel mae'r pen yn llywodraethu'r corff, felly mae Crist, Pen Mawr yr eglwys yn ei bendithio hithau. ("Y saint" yma, fel yng ngweddill y Testament Newydd, yw'r holl Gristionogion, ac nid unigolion arbennig.) Pwrpas gweinidogaeth yr holl saint yw adeiladu'r holl gorff. Mae rhai yn dehongli'r geiriau yma ac yn adn. 16 i olygu mai gwaith rhyw ychydig o swyddogion yw arwain y praidd i gyflawnder, a thrwy ddirwyn y syniad i eithafion maent yn ymdrechu cyfiawnhau'r olyniaeth apostolaidd. Ond erbyn heddiw mae'n well gan esbonwyr ddehongli'r geiriau i olygu mai swyddi yw'r rhain sy'n arfogi holl bobl Dduw i gyflawni eu gweinidogaeth i Grist yn ei eglwys. Rhyw fath o alluogwyr neu 'enablers' ydynt. Dyma'r patrwm mwy democrataidd o'r eglwys lle mae'r holl aelodau yn weinidogion i'w gilydd. Y mae rhai o hyd yn cael eu hordeinio i waith arbennig. Prif waith gweinidog mewn eglwys o'r fath yw galluogi pawb arall i gyflawni eu gweinidogaeth i Grist.

Yr amcan mawreddog yw adeiladu corff Crist. Nid chwyddo'r nifer sy'n dod trwy ddrws y capel yw ystyr hynny, ond aeddfedu i gyflawnder Crist. Anelu at Grist y mae'r eglwys ym mhob peth (gwers 40). Deuwn oll i'r aeddfedrwydd sy'n cael ei ddisgrifio fel dim llai na chyflawnder Crist trwy fod yn ffyddlon i'r gwirionedd. Mae'r sawl sy'n caru Crist yn caru ei wirionedd. Mae gwybod y gwir felly yn fater o fywyd a marwolaeth. Cofier bod heresïau yn amddifadu pobl o'r gwirionedd ac felly yn fwy creulon na charcharu rhywun mewn dogmatiaeth. Rhywbeth anhepgor i fywyd eglwys yw cael ei hadeiladu yn y gwirionedd

Trafodwch

1. Aelodau cyffredin o'r eglwys yn Jerwsalem fu'n genhadon yn Antiochia. Beth a ddywed hynny wrthym am bwysigrwydd cenhadu i bob aelod heddiw?
2. Amrywiaeth oddi mewn i'r eglwys ac nid unffurfiaeth oeraidd yw'r nod.
3. Gweinidogaeth addysgol yw gweinidogaeth bwysicaf gweinidog. I ba raddau yr ydym wedi colli golwg ar y wedd allweddol hon heddiw?
4. Trwy gael ei dysgu am Grist mae'r eglwys yn cael ei hadeiladu orau.

Gwers 38 — Actau 17:16-34

UN DUW - UN GENHADAETH (I)

Ceir cipolwg yn y ddwy wers nesaf ar un o deithiau cenhadol Paul. Enghreifftir neges hanfodol yr apostol yn yr adnodau hyn ynghyd â'i ddulliau cenhadol. Gwelir bod gwrthgyferbyniad diddorol rhwng dull Paul yn Athen o gyflwyno neges yr efengyl a'i ddull yng Nghorinth - er mai yr un yw ei neges y bôn. Heb unrhyw amheuaeth ei ddiwinyddiaeth oedd ysgogiad Paul y cenhadwr, a chalon y ddiwinyddiaeth honno oedd y gobaith Cristionogol. Credai fod cenhadu yn rhan sylfaenol o drefn a chynllun eschatolegol Duw, fel y ceisiwyd esbonio wrth drafod y llythyr at yr Effesiaid (1:9,10). Ffydd yn yr atgyfodiad sy'n esgor ar y gred bod arglwyddiaeth Crist eisoes wedi ei sylweddoli. Eiddo ef yw'r oruchafiaeth ar dywysogaethau ac awdurdodau, angylion a phwerau, a rhan o gynllun Duw yw bod y neges hon i'w chyhoeddi i'r holl genhedloedd.

Nid creu ei neges fel pryf cop yn gwau ei we o'i fol ei hun a wnaeth Paul, ond neges a dderbyniodd ydoedd: "Derbyniais i gan yr Arglwydd yr hyn hefyd a draddodais i chwi..." Trosglwyddo yr hyn yr oedd wedi ei dderbyn oddi wrth Grist a wnaeth ac nid dyfeisio na llurgunio "neges syml Iesu Grist," fel y bu rhai diwinyddion yn ystod y ganrif hon yn rhy barod i'w gyhuddo o wneud. Ffynonellau digamsyniol ei bregethu oedd y datguddiad o Grist a gafodd ar y ffordd i Ddamascus (Actau 9); ei ffyddlondeb i dystiolaeth yr apostolion eraill, a'r defnydd a wnaeth o'r Hen Destament wrth ei ddehongli yng ngoleuni Crist.

Cafodd Paul ei hun yn Athen ar ei ben ei hun yn aros y brodyr eraill. Treuliodd ei amser yn mynd oddi amgylch yn sylwi ar bobl a phethau. Yr oedd Athen yn ddinas Roegaidd fawreddog ac yn gartref i ddemocratiaeth, y celfyddydau cain, drama, barddoniaeth a hanes a phob agwedd ar ddiwylliant. Cysylltwyd enwau Pericles, Socrates, Plato, Demosthenes, Sophocles, Euripides ac eraill ag Athen yn y cyfnod sy'n ymestyn rhyw bedwar can mlynedd cyn Crist. Nid gwychder y ddinas a drawodd Paul, fodd bynnag, ond cythruddwyd ef oherwydd ei bod yn llawn o eilunod. Dywedodd Petronius, awdur o'r ganrif gyntaf cyn Crist, ei bod yn hawddach darganfod duwiau na dynion yn Athen! Yr oedd yr holl bantheon o dduwiau yn amlwg iawn yno, gyda delwau i Jupiter, Mawrth a Fenws, Apolo a Mercher a llawer o rai eraill. Fel Iddew yr oedd yr olygfa'n tristáu Paul ac fel Cristion fe'i cythruddwyd. Gwelodd eu bod yn bobl "dra chrefyddgar" gan gadarnhau'r hyn a ddywedwyd eisoes mai bod crefyddol yw dyn wrth natur (gwers 1). Os nad yw'n addoli'r gwir Dduw, y mae'n addoli eilun.

Gan na allai fod yn dawel, yn enwedig ar ôl gweld cymaint o eilunod, dechreuodd Paul rannu'r newyddion da am Iesu a'r atgyfodiad. Yr oedd yno Epiciwreaid a Stoiciaid yn ogystal ag Iddewon a chenedl-ddynion. Yr Epiciwreaid oedd empeirwyr eu dydd, hynny yw, pobl sydd am brofi popeth trwy gyfrwng y synhwyrau. Trwy'r synhwyrau y ceisient ddarganfod ystyr bywyd. Y Stoiciaid oedd rhesymolwyr eu dydd, ac yn bantheistiaid argyhoeddiedig. Iddynt hwy 'roedd y byd yn ddwyfol, y byd oedd "corff Duw, a Duw oedd enaid y byd" (nid annhebyg o ran syniadau i'r 'New Agers' yn ein dyddiau ni). Yn groes i'r Epiciwreaid dilornent yr emosiynau a'r synhwyrau. Dyma athronwyr oedd yn byw i drafod syniadau. I'r cylch hwn y daeth Paul ac fe'i gwahoddwyd i'r Areopagus i annerch arweinwyr y ddinas.

Allor i Dduw nid adwaenir (adn. 23). Yn ystod y 6ed. ganrif C.C. dinistriwyd Athen gan bla. Er i'r boblogaeth offrymu i'w pantheon o dduwiau ni chiliodd y pla, ond parhau i ddihoeni a marw a wnaent. Galwyd am gymorth gŵr doeth o Greta o'r enw Epimenides. Wedi cyrraedd gwnaeth hwn rywbeth rhyfedd yn eu golwg. Gorchmynnodd grynhoi diadell o ddefaid i'r bryniau gerllaw, ynghyd â seiri meini a cherrig. Mynnodd na ddylai'r defaid fwyta drwy'r nos a phan dröwyd hwy allan yn y bore dylai pawb sylwi arnynt yn fanwl. Yr eiliad y peidiai dafad â phori ac y gorweddai, yn yr union fan honno yr oeddent i godi allor ac offrymu'r ddafad. Allorau heb ddelwau oedd y rhain a chysegrwyd hwy "i'r Duw nid adwaenir" oherwydd hwn oedd y Duw mwy grymus a phwerus na'r duwiau eraill a'r un a arbedodd y ddinas rhag y pla. Yr oedd defnydd Paul o'r allor yn dra effeithiol ac yn fan cyswllt gyda diwylliant amlgrefyddol yr Atheniaid.

Yn adn. 24 atebodd Paul ddaliadau pantheistaidd y Stoiciaid trwy bwysleisio mai gwaith Duw'r creawdwr yw'r ddaear, a Duw trosgynnol (uwchlaw'r byd) yw ef ac nid yw'n preswylio ym mhob carreg a nant a chwmwl a choeden, nac ychwaith mewn temlau o waith llaw. Nid yw'r Duw hwn yn ddiffygiol mewn unrhyw beth, ond ef yw egwyddor bywyd yr holl greadigaeth (Gwers 1) - "gan mai ef ei hun sy'n rhoi i bawb fywyd ac anadl a'r cwbl oll" (adn. 25). Ef sydd wedi pennu nifer y cenhedloedd a'u ffiniau, trefnodd hanes a'i gyfnodau, er mwyn iddynt ei geisio a'i ddarganfod. Yn y Duw hwn, medd Paul, gan ddyfynnu Epimenides, "yr ydym yn byw ac yn symud ac yn bod." Nid yn nwylo ffawd greulon na thynghediaeth ddi-dostur yr ydym, ond yn llaw y Duw na ellir ei bortreadu mewn aur, arian neu faen. Duw a Thad yr holl genhedloedd yw hwn. Peidiwch ag edrych ar ddelwau, meddai Paul wrthynt, ond edrychwch arnoch eich hunain oherwydd yr ydych fel dynion yn dwyn ynoch ddelw yr unig wir a bywiol Dduw. Yn eich natur ddynol y gwelir gogoniant y Duw hwn.

Hwn yw'r Duw sy'n dwyn pawb dynion i gyfrif am eu gwybodaeth (gan iddo edrych heibio i "amserau anwybodaeth"). Yn awr, fodd bynnag, mae'n galw pawb i edifeirwch am fod dydd barnu'r byd gerllaw (dyma'r neges eschatolegol) a hynny trwy Iesu Grist, y dyn a benodwyd ganddo yn farnwr pob peth. Y prawf digamsyniol o hyn yw iddo atgyfodi'r dyn hwn o farwolaeth.

Mewn diwylliant oedd yn poeni am farwolaeth a breuder bywyd ac wedi meddwi ar anfarwoldeb, yr oedd neges Paul, yn sicr, yn berthnasol. Gellid disgwyl gwell ymateb nag a gafwyd. Ond i'r meddwl anghrediniol mae'r atgyfodiad yn ffolineb. I empeirwyr fel yr Epiciwreaid, os nad oedd modd "rhoi bys yn ôl yr hoelion" a phrofi gyda'r synhwyrau realiti'r atgyfodiad ni chredent. Mae llawer yn yr un cyflwr heddiw. Geilw Iesu hwynt, fel y galwodd Thomas y disgybl, yn anghredinwyr. Dyma lle daw ffydd i mewn. "Gwyn eu byd y rhai a gredodd, er nas gwelsant." Nid ffydd ddall yw honno, ond un sy'n credu bod gair y dystiolaeth yn wir. Y credu hwnnw yw'r credu i fywyd.

Fe gredodd rhai yn Athen, gan gynnwys un o arweinwyr y ddinas, Dionysius a gwraig o'r enw Damaris. Yr oedd yn werth pregethu'r efengyl yno, fel mae'n werth ei phregethu ym mhob man, oherwydd yn nhrefn rhagluniaeth ac arfaeth Duw pwy a ŵyr pwy ddaw i gredu?

Trafodwch:

1. Pa mor bwysig yw deall amgylchiadau pobl a'u diwylliant yn y dasg o gyhoeddi'r Efengyl iddynt?
2. A allwch gynnig rhesymau pam fod ein diwylliant modern yn y gorllewin mor wrthwynebol i neges yr Efengyl? A ydym ninnau yn ffyddlon yn ein gwaith o rannu'r newyddion da?
3. Fel Paul mae'n rhaid bod yn ymwybodol o'r man cyswllt - y pontydd sy'n cydio yn nychymyg y diwylliant cyfoes - cyn cyhoeddi'r efengyl. Ond yn y bôn onid oes rheidrwydd arnom i fod yn ffyddlon i graidd y neges?
4. Tarddu o gymeriad Duw y mae'r cymhelliad i efengylu. Penderfyniad y Tad yn nhragwyddoldeb i achub pechaduriaid yng Nghrist ei Fab yw ffynhonnell efengylu. Mae etholedigaeth Duw yn blaenori cenhadaeth bob amser.

Gwers 39 Actau 18: 1-11; 1 Cor. 2:1-4

UN DUW - UN GENHADAETH (II)

Yn Athen defnyddiodd Paul eilunod y ddinas fel man cyswllt i bregethu'r Atgyfodiad, yng Nghorinth mae'r sefyllfa'n wahanol. Nid canmol doethineb y Groegiaid a wna y tro hwn ond, gan ddyfynnu geiriau o broffwydoliaeth Eseia, "Dinistriaf ddoethineb y doethion, A dileaf ddeall y deallus," ymwrthyd yn llwyr ag athroniaeth gwlad Groeg. Rhwystr yw'r ddoethineb honno i'r Corinthiaid i dderbyn efengyl Duw. Yr unig beth y mae'n dymuno ei adnabod yn eu mysg yw Iesu Grist, ac yntau wedi ei groeshoelio. Yn Athen canolbwyntiodd Paul ar yr Atgyfodiad ond yng Nghorinth ar y Groes.

Yng Nghorinth yr oedd y Cristionogion yn cloffi rhwng dau safbwynt; y naill yn fwy cadarnhaol ei agwedd tuag at yr hen ddiwylliant paganaidd, a'r llall yn ymwrthod yn llwyr â'r hen arferion. Ni wyddent pa fodd i ymagweddu. Cydymffurfio â'r Groegiaid a'u doethineb a'r Iddewon a'u "harwyddion" neu troi eu cefnau yn llwyr arnynt. Dyma ddilema real iawn i bob Cristion ac eglwys sy'n poeni am rannu'r newyddion da. Ai addasu'r efengyl i ddiwylliant yr oes neu trawsnewid y diwylliant trwy rym yr efengyl? Pa fodd mae bod yn berthnasol i'r oes yr ydym yn byw ynddi ac ar yr un pryd yn ffyddlon i'r efengyl a roddwyd unwaith ac am byth yn Iesu Grist?

Y mae Paul yn gwbl sicr yn lle mae'n sefyll. Nid oes ganddo unrhyw amheuaeth am ei argyhoeddiad. Mynega'n groyw yn I Cor. 2:2, "Oherwydd dewisais beidio â gwybod dim yn eich plith ond Iesu Grist, ac yntau wedi ei groeshoelio." Yng ngoleuni'r groes y gwêl bopeth arall. Y neges hon, "y gair am y groes," yw'r grym sydd wedi cynnull yr eglwys, ac fe geidw hithau ystyr ac amcan ei bodolaeth yn unig trwy fod yn ffyddlon i'r neges honno. I'r Iddew a'r Groegwr ac i bobl o wahanol ddiwylliannau, cenhadaeth unigryw yr eglwys yw cyhoeddi'r Crist croeshoeliedig. Y mae diwylliant yr Iddew a'r Groegwr yn dod o dan farn croes Crist. I'r naill, ffolineb ydyw, ac i'r llall, rhwystr ydyw. I'r Groegiaid athronyddol ffolineb yw sôn am Dduw sydd wedi ymyrryd er mwyn gwaredu dynolryw mewn dyn arbennig yn hongian ar groesbren. I'r Iddew yr oedd yr ymadrodd "Meseia croeshoeliedig" yn dramgwydd, oherwydd nid oedd Eneiniog Duw i farw ac yn sicr nid oedd i farw ar groesbren y gorthrymwyr Rhufeinig.

Diwylliant yr Iddewon a'r Rhufeiniaid, fel ei gilydd, a wrthwynebodd ac a groeshoeliodd Iesu Grist. Mae gagendor mawr rhwng y pethau mae'r byd hwn yn eu hystyried yn bwysig a'r hyn mae Duw yn ei gyfrif yn hanfodol. "Pethau ffôl y byd a ddewisodd Duw er mwyn cywilyddio'r doeth, a phethau gwan y byd a ddewisodd Duw i gywilyddio'r pethau cedyrn" (I Cor. 1:27). Gwrthod y groes y mae diwylliant dynol o hyd gan ei hystyried yn arwydd o wendid a ffolineb. Mae'r gwrthdaro hwn yn digwydd yn barhaus, lle bynnag mae'r efengyl yn cael ei phregethu.

Gwrthod y groes y mae'r diwylliant modern hefyd, am ei fod yn ystyried fod dyn yn sofran ac yn llwyr gyfrifol am ei dynged ef ei hun. Tybia y gall waredu ei hun trwy gyfrwng ei wyddoniaeth a'i dechnoleg. Pa fodd yr ymagweddwn ni yn wyneb y fath honiad? Ai cefnu ar neges y groes a'r Iawn a brynwyd yno trwy farwolaeth Crist a wnawn, fel y gwnaeth diwinyddiaeth radical ein cyfnod? Oni wnaethom Iesu Grist yn bopeth i bawb? Yn ganwr pop, yn 'super star', yn glown, yn wrywgydiwr, yn bopeth ond gwaredwr pechaduriaid. Ai dyma'r pris sy'n rhaid ei dalu er mwyn ceisio gwneud Iesu Grist yn berthnasol i'n hoes? Nid Crist yr Ysgrythur yw hwn.

I Iesu, fel i awduron eraill y Testament Newydd, mae'r groes yn "ddydd barnu'r ('krisis') byd hwn; yn awr y mae Tywysog y byd hwn yn cael ei fwrw allan" (Ioan 12:32). Gwelodd Paul, yntau, bod efengyl y groes yn creu 'krisis' rhyngddo a diwylliant yr Iddew a'r Cenedl-ddyn, ond hefyd mae'n gweld mai trwy'r groes y mae unrhyw obaith i waredu a chyflawni'r diwylliannau hynny. Mae'r groes yn farn ar bob diwylliant dynol, ond y mae hefyd yn cynnig gobaith am drawsffurfiad ac adnewyddiad i bob diwylliant. "Ond i'r rhai a alwyd, yn Iddewon a Groegiaid, y mae'n Grist, gallu Duw a doethineb Duw" (I Cor. 1: 24). Felly, yn yr ystyr hwn, mae'r groes yn cadarnhau pob diwylliant, oherwydd i "ni sydd ar lwybr iachawdwriaeth, gallu Duw ydyw"(I Cor. 1:18). Fel y datganodd yr arysgrif uwchben y groes, yn anfwriadol hollol, mewn Hebraeg, Groeg a Lladin, "Hwn yw'r Brenin." Ef yw coron pob diwylliant, yn eu barnu am ei wrthod, ond yn eu hachub a'u cyflawni oherwydd ef yw'r un y maent hwy yn ei geisio a dim ond yn ei allu ef y cânt wir ryddid.

Yr efengyl hon a bregethodd Paul yng Nghorinth. Nid mewn geiriau deniadol doethineb, ond yng ngrym yr Ysbryd, er mwyn i'w ffydd "fod yn seiliedig, nid ar ddoethineb dynion, ond ar allu Duw" (I Cor. 2:4). Os yw'r neges a gyhoeddir i'w derbyn ymysg y gwrandawyr rhaid i'r Ysbryd Glân fod ar waith ynddynt. Ef sy'n agor calonnau dynion i gredu'r gair. Hebddo ef, ffolineb yw'r efengyl. Neges y groes yw "cyfrinach Duw" (2:7) a'r unig un sy'n ein dwyn i mewn i'r gyfrinach honno yw Duw ei hun trwy ei Ysbryd. Yng Nghorinth, cyhoeddwyd "y gair ('logos') am y groes" a thrwy'r Ysbryd Glân arddangoswyd ei nerth ('dunamis'). Hyn sy'n rhoi bod i'r eglwys yno.

Y mae'r eglwys honno, fel ei Meistr croeshoeliedig, yn edrych yn ffôl ac aneffeithiol yn wyneb y byd. Nid oes rhyw lawer o wŷr o awdurdod nac o dras uchel na dylanwad (1:26) yn eu plith. Ond fel y cyfododd Duw ei Fab croeshoeliedig i fywyd ac i deyrnasu gydag ef mewn gogoniant, felly yn union yr ymddiriedodd i'r gymuned fechan a bregus hon wirionedd yr efengyl a grym yr Ysbryd. Ym mwriad a chynllun Duw y maent am hynny yn ddoethach na'r holl ddeallusion sy'n eu dirmygu, a chryfach na'r rhai pwerus sy'n eu casáu.

Gwaith yr eglwys o hyd, yn ei breuder a'i gwendid, yw cyhoeddi neges y groes ac i weddïo ar i'r Ysbryd agor calonnau pobl i dderbyn gwirionedd yr efengyl. Gwna hynny nid trwy ymneilltuo o'r byd ond trwy ddatgan yn eglur bod yr efengyl yn trawsnewid bywyd yn ei gyfanrwydd gan gynnwys pob agwedd ar ddiwylliant dynion yn gyffredinol. Meddai'r Dr. R. Tudur Jones: "Y mae efengylu Cristionogol felly'n genhadaeth sydd bob amser yn cyfuno'r her bersonol i gredu yng Nghrist â gweithredu ym myd diwylliant, gwleidyddiaeth, byd busnes, addysg , diwydiant, gofal am y tlawd, y newynog a'r gorthrymedig. A gwelir y gwaith hwn nid fel tasg ond fel offrwm diolch am i ni ein hunain dderbyn trugaredd Duw."

Yn yr ystyr hwn nid oes gwrthdaro rhwng yr hyn a ddywed Paul yn Athen a'r hyn a ddywed yng Nghorinth. Nid oes gwrthdaro ychwaith rhwng tasg efengylaidd yr eglwys a'i thasg ddiwylliannol. Mae'r Crist atgyfodedig yn frenin sy'n dod i farnu'r byd, ond yr atgyfodedig yw'r croeshoeliedig sydd eisoes wedi barnu'r byd hwn a'i ffyrdd yn ei farwolaeth ar y groes. Yr un yw'r neges yn ei hanfod, sef cwestiwn Duw i ni - a ydym yn barod i dderbyn Iesu Grist fel unig Arglwydd Bywyd? Gan iddo gael ei benodi gan Dduw, yn Arglwydd Bywyd a Marwolaeth, y mae'n fater o'r pwys mwyaf beth a wnawn ag ef.

Trafodwch:

1. "Efengylu yw cyhoeddi'r Crist hanesyddol fel y tystiolaethir iddo yn yr Ysgrythur, fel Gwaredwr ac Arglwydd, er mwyn perswadio dynion i gredu'n bersonol ynddo a thrwy hynny gael eu cymodi â Duw." A ydym yn ffyddlon i'r neges hon heddiw?
2. Dywedodd Visser't Hooft, "Nid yw efengylu yn cael ei ddiffinio'n ddigonol pan ddywedir mai ateb cwestiynau y mae'r byd yn eu gofyn y mae, er mor ddwfn ydynt. Efengylu, yn y lle cyntaf, yw cyfleu cwestiwn Duw i ni. Y cwestiwn hwnnw, heddiw fel erioed, yw a ydym yn barod i dderbyn Iesu Grist yn unig Arglwydd Bywyd" (*International Review of Missions* 1974). Er y clywir pobl yn dweud mai ateb cwestiynau'r byd y mae'r efengyl, y gwir yw nid yw'r byd yn gofyn y cwestiynau priodol. "The world's questions are not questions that lead to life," medd Lesslie Newbigin, *The Gospel in a Pluralist Society*. A gytunwch â'r ddau osodiad hwn?
3. "Mae'r eglwys heddiw yn ymboeni'n fawr ynglŷn â chyfathrebu'r efengyl, yn enwedig am yr angen i siarad mewn idiom newydd. Ond gwell o lawer yw i'r iaith a'r derminoleg honno fod yn iaith y Testament Newydd ei hun. Mae ceisio cyhoeddi'r efengyl mewn terminoleg newydd yn beryglus, yn enwedig pan gollir am byth lawer o arwyddocâd y neges a'r hyn sy'n allweddol i'r Testament Newydd" (Nigel Turner, *Christian Words,* td. viii). A gytunwch â rhybudd priodol yr awdur hwn?

Gwers 40 **Effesiaid 2:1-10**

UN ARGLWYDD - IESU GRIST - FFYNHONNELL POB GOBAITH

Rhoddwyd i mi ***bob awdurdod*** *yn y nef ac ar y ddaear...*
Fel yn enw Iesu y plygai pob glin, o'r nefolion, a'r daearolion a than ddaearolion bethau; ac y cyffesai pob tafod fod Iesu Grist yn Arglwydd...

Yn ôl y Testament Newydd, Cristion yw un sy'n barod i gyffesu mai "Iesu yw'r Arglwydd." Yng ngeiriau cyfarwydd Paul, "os cyffesi Iesu yn Arglwydd â'th enau, ac os credi yn dy galon fod Duw wedi ei gyfodi ef oddi wrth y meirw, cei dy achub" (Rhuf. 10:9; gwel. hefyd I Cor. 12:3). Yn yr ymadrodd hwn a'r ymadrodd Aramaeg, 'maranatha' (I Cor. 8:6), yr oedd yr eglwys fore yn gwneud honiad aruthrol am Iesu o Nasareth. Y gŵr hwn yr oeddent yn ei adnabod fel mab y saer o Nasareth; un y buont yn cydgerdded ag o, yn cyd-lawenhau a chyd-dristáu ag o. Hwn yr oeddent yn ei gydnabod yn Feseia neu Eneiniog Duw ac yn Arglwydd. Gyda'r term olaf hwn yr oeddent yn cyfarch Iesu Grist gydag enw'r Iddewon ar Dduw ('kwrios' = 'Yahweh,' yr enw sydd goruwch pob enw). I grefydd fonotheistaidd ffyrnig 'roedd hwn yn honiad mawr. Eu pennaf sail drosto oedd atgyfodiad Iesu oddi wrth y meirw. Yr hwn a fu farw, yw'r hwn a gyfodwyd ac sydd eto'n fyw ar ddeheulaw'r Tad. Yr Iesu yw'r Crist dyrchafedig, un a ddaw drachefn i farnu'r byw a'r meirw. Mewn oes a chyfnod lle ceid meistri ac arglwyddi lawer yn hawlio sylw a theyrngarwch pobl, credai'r Cristionogion bore mai Iesu oedd yr unig Arglwydd.

Wrth uniaethu Crist â Duw yr oedd y Cristionogion hyn yn datgan eu cred bod meddwl a gwaith Iesu Grist yn feddwl a gwaith Duw. Cynllun Duw (fel y gwelsom yng ngwers 33) sydd ar waith yma, ei fwriad oesol i achub rhywrai i rannu yng ngogoniant ei enw. Gweithredodd y bwriad hwnnw yn Iesu Grist. Ym mherson ei Fab ei hun darostyngodd Duw i wisgo ein tlodi ni ac i ddioddef y gosb a haeddasom am ein pechod. Wedi cyflawni'r bwriad costus hwnnw trwy dywallt ei fywyd i farwolaeth, a thrwy hynny, rhoi mynegiant i'r cariad mwyaf a fu erioed, cyfodwyd ef ac fe'i dyrchafwyd i eistedd ar ddeheulaw Duw y Tad. Eisoes ym mherson Iesu mae bwriad a chynllun achubol Duw wedi ei sylweddoli. Y mae Crist yn eistedd ***yn ein natur ni*** yn ei ogoniant. Y cyfan sy'n aros yw dwyn ei etholedigion i gyfranogi yn ei ogoniant.

Mynegodd diwinyddiaeth draddodiadol ei chred yng Nghrist trwy gyfeirio at dair stad y Crist. *Y Crist cynfodol*, yn ei ogoniant cyn creu y byd; *Crist yn ei ddarostyngiad*, yn gwisgo ein cnawd; *y Crist dyrchafedig* yn ei ysblander newydd yng ngogoniant Duw. Gyda'r olaf yr ydym yn ymdrin yn y bennod hon.

Gweld gogoniant Crist yw sail a sylfaen ein llawenydd a'n gobaith fel Cristionogion. Gydag Ann Griffiths, "cael syllu ar ei Berson a'i addoli byth yn Dduw" yw ein braint uchaf. Dyma nod y byd a ddaw - cael gweld Iesu wyneb yn wyneb. Ond yn y byd hwn ***trwy ffydd*** yr ydym yn ei weld.

Deuwn yn debyg iddo trwy syllu mewn ffydd arno. Nid er ei fwyn ei hun yr ymgyfoethogodd Crist y Brenin, ond fel y gallem ninnau dderbyn ganddo ras ar ôl gras (Ioan 1:16). Dyma'r ffynnon y mae pob llawnder yn tarddu ohoni (Effes. 4:7). Nid mewn mwynhad a phwysigrwydd bydol mae rhoddion Teyrnas Crist yn gorwedd ond yn yr Ysbryd. Rhaid ymwadu â'r byd, os ydym am gyfranogi ynddynt.

Rhoddodd y Tad bob awdurdod i'w Fab, fel y gallai trwy law'r Mab lywodraethu a chynnal pob un ohonom. Er i ni grwydro oddi wrth Dduw, mae Crist yn sefyll gyda ni i'n tywys gam a cham i undeb llawnach â Duw. Dirprwyodd Duw ei rym i Grist er mwyn iddo amddiffyn yr eglwys yn ei Berson ef. Fel yr eglurodd Paul yn Effesiaid 1, sef bod Crist wedi ei osod ar ddeheulaw'r Tad i fod yn "Ben yr Eglwys...ei gorff ef" (adn. 20-23). Cyfrifoldeb y Crist dyrchafedig yw amddiffyn ei eglwys hyd y dydd y bydd yn ei chyflwyno yn ddifrycheulyd i'r Tad. Dyma, medd Calfin, yw ystyr galw Crist yn Arglwydd. Dewisodd Duw ymarfer ei Arglwyddiaeth trwyddo ef.

Golyga hynny mai Crist yw Bugail Mawr yr eglwys, ef sy'n ei thywys i borfeydd breison ac yn ei chynnal rhag pob perygl. Ei nod hithau yw ufuddhau uwchlaw popeth arall i'w Harglwydd a'i Brenin. I'r anufudd, fodd bynnag, mae Crist yn dwyn "ffon o haearn i'w malurio fel darnau o glai" (Salm 2:9).

Golyga hefyd, ei fod ef wedi agor ffordd i ninnau ddod i Deyrnas Dduw, ffordd a gaewyd gan Adda. Am ei fod wedi mynd i'r nefoedd yn ein cnawd ni, yn ein henwau ni, mae'n dilyn ein bod ninnau eisoes yn "eistedd gydag ef yn y nefoedd" (Effes. 2:6). Nid disgwyl y nefoedd gyda gobaith gwan a wnawn, oherwydd yng Nghrist, ein Pen, yr ydym eisoes yn ei meddiannu. Yng Nghrist y mae'n realiti i ni yn awr.

Trwy ffydd yng Nghrist yr addolwn ac y gweddïwn. O gofio mai gwaith y nef yw moliannu Duw, mae'n gysur mawr i ni i ddeall fod Crist yn eiriol gerbron Duw yn barhaus trosom ni. Try llygaid y Tad i syllu ar ei gyfiawnder ef ac oddi wrth ein pechod ni. Trwy ei enau ef y gogoneddwn ein Tad.

Trwy ffydd hefyd gwelwn ei nerth a'i fawredd. Ynddo ef yn unig y cawn ninnau ein cryfder, nerth a chyfoeth i drechu uffern. Y mae'n cyfoethogi ei bobl yn feunyddiol ar gyfer y frwydr yn erbyn y drwg. Tywalltodd ei fendithion ysbrydol, er mwyn ein deffro i'n tasg a'n sancteiddio yn yr Ysbryd. Rhydd roddion ei ras i'w eglwys i'w chynnal yn erbyn y drwg ac yn y diwedd ei eiddo ef bob gallu ac anrhydedd yn y nef ac ar y ddaear. Bydd yn darostwng ei holl elynion yn droedfainc i'w draed (I Cor. 15:25 a Salm 110:1). Yng nghanol y frwydr hon y mae'r eglwys hyd y dydd y bydd ef yn cyflawni'r weithred derfynol.

Trwy ffydd y syllwn ar ryfeddod ei gariad. Cariad at yr anhawddgaraf. Nid gwrthrych teilwng o gariad perffaith Duw yw dynoliaeth, nid oes unrhyw beth ar wyneb y greadigaeth yn haeddu'r cariad hwn. Yng Nghrist mae Duw yn ein caru a thrwy bopeth a gyflawnodd ynddo ef. Nid am ein bod ni yn ei garu ef, "ond am iddo ef yn gyntaf, ein caru ni."

Y nod yn hyn i gyd yw ein trawsffurfio ninnau i fod yn debyg i Grist. Y mae ef yn rhoi ei hun i ni er mwyn ffurfio'r natur ddynol newydd, ei natur ef ei hun, ynom ni. Cymerodd ein natur bechadurus ni arno'i hun er mwyn ein cyfoethogi ni â'i natur ef ei hun. Dyma yw gwisgo'r Arglwydd Iesu Grist amdanom, trawsffurfio ein bywydau trwy adnewyddu ein meddyliau, gwisgo'r natur ddynol newydd sydd wedi ei chreu ar ddelw Duw mewn cyfiawnder a sancteiddrwydd (Rhuf. 13:14; 12:2; Effes. 4:24). Yn lle ein casineb, cawn ei gariad; yn lle ein haflendid, cawn ei burdeb.

Dagrau pethau, fodd bynnag, yw ein bod i gyd yn ddiffygiol yn ein hedrychiad ar Grist yn ei ogoniant. Onid y rheswm am hynny yw ein bod yn gnawdol ac yn ddiffygiol yn yr Ysbryd (I Cor. 3:1-3)? Fel plantos yn bwhwman neu fabanod yng Nghrist. "Pe baem yn fwy dyfal yn y gwaith hwn," meddai John Owen, "byddai ein bywyd a'n cerddediad gerbron Duw yn fwy melys, - cynyddem yn feunyddiol mewn goleuni a nerth; - adlewyrchem ogoniant Crist yn ein ffyrdd bob dydd..." (*The Glory of Christ,* Works I). Dyma'r pethau y mae angylion yn chwennych edrych arnynt.

Gweld wyneb fy Anwylyd wna i'm henaid lawenhau
Trwy'r cwbwl ges i eto, neu gaf fi fyth fwynhau;
Pan elont hwy yn eisiau, pam fyddaf fi yn drist
Tra caffwyf weled wyneb siriolaf Iesu Grist?

Cans yn ei wên mae hawddfyd, ac uffern yn ei lid,
A chystudd a thrallodau o'r nefoedd ac o'r byd;
Mae ef yn nyfnder dyfroedd yn mynd ei hun o'r blaen,
Ac eilwaith, os bydd achos, yng nghanol fflamau tân.

William Williams, *Golwg ar Deyrnas Crist.*

Mae dau beth yn dilyn yn uniongyrchol o syllu ar ogoniant Iesu Grist. Yn gyntaf, cawn nerth a gobaith i fyw yng nghanol anawsterau a threialon, temtasiynau a phrofedigaethau bywyd. Yn ail, cawn ysbrydiaeth i rannu ac i gyhoeddi'r newyddion da gydag eraill. Nid baich yw hynny, ond llawenydd. "Ewch, gan hynny, a gwnewch ddisgyblion o'r holl genhedloedd..." A rhan o'n braint yw byw bob dydd, gan gynyddu mewn cariad a'r grasusau hynny sy'n ein gwneud yn debyg i'n Harglwydd Iesu Grist. Y gobaith am gael gweld Iesu a bod yn debyg iddo yw'r grymuster sy'n cynnal ein cenhadaeth. Iddo ef bo'r gogoniant a'r anrhydedd trwy'r ddaear a'r nef.

Trafodwch

1. A yw Crist yn ogoneddus yn ein golwg ni? A ydym yn gweld y Tad ynddo ef?
2. A yw pob meddwl a phob rhan ohonom o dan ei lywodraeth ef?
3. Beth bynnag yw ein gwaith, gogoneddu enw Iesu Grist yw ein braint. Dwyn pob meddwl o dan ei arglwyddiaeth.